本书受山东省高校人文社会科学研究计划"基于单一税理论的个人所得税税制改革研究"（项目编号 J13WG11）、泰山学院学术著作出版基金资助

U0657218

个人所得税的
现状及改革研究

GE REN SUO DE SHUI DE XIAN ZHUANG
JI GAI GE YAN JIU

王铁萍 ◎ 著

经济日报出版社

图书在版编目（CIP）数据

个人所得税的现状及改革研究 / 王铁萍著. —北京：
经济日报出版社，2018.1

ISBN 978-7-5196-0234-5

Ⅰ.①个… Ⅱ.①王… Ⅲ.①个人所得税—税收管理
—研究—中国 ②个人所得税—税收改革—研究—中国
Ⅳ.①F812.424

中国版本图书馆CIP数据核字（2017）第281858号

个人所得税的现状及改革研究

作　　者	王铁萍
责任编辑	梁沂滨
责任校对	郝媛媛
出版发行	经济日报出版社
地　　址	北京市西城区白纸坊东街2号（邮政编码：100032）
电　　话	010-63584556（编辑部）63588446（发行部）
网　　址	www.edpbook.com.cn
E-mail	edpbook@126.com
经　　销	全国新华书店
印　　刷	北京天宇万达印刷有限公司
开　　本	710mm×1000mm　1/16
印　　张	16
字　　数	229千字
版　　次	2018年1月第一版
印　　次	2018年1月第一次印刷
书　　号	ISBN 978-7-5196-0234-5
定　　价	58.00元

收入分配问题是伴随着人类社会生产活动剩余的出现而产生的。随着生产力的发展与经济增长及社会制度的变迁而引起的社会各阶层、阶级等利益主体结构的变化，收入分配问题始终备受关注。而在处理收入分配问题上，政府具有不可替代的作用，政府主要是通过调节再分配进而改变国内的收入分配差距，而在再分配方面，个人所得税因其良好的收入调节潜力而被寄予厚望。

我国现行个人所得税制运行三十多年来，在组织收入、调节收入分配、调控经济运行方面发挥了重要职能。改革开放三十多年以来，我国的经济社会也发生了翻天覆地的变化，我国居民收入渠道和形式不断发生变化，收入差距也呈扩大趋势，这对个人所得税职能定位和课税模式不断提出新任务、新要求。我国多次修正个人所得税实施条例，并陆续出台了一系列关于政策和征管的规范性文件。但从目前情况看，尽管我们政府做了很多尝试和努力，与百姓的期待仍存在不小差距。近年来，我国居民收入分配差距一直较大，基尼系数持续在0.4的警戒线之上，我国个人所得税收入总额较低，且在整个税制中所占的比重过小，大大限制了其调节收入分配作用的有效发挥。伴随着我国贫富差距日益加大等社会问题的暴露，个人所得税改革正在受到社会各界的广泛的关注。尤其是近年来个人所得税在税收中的地位日益突出，个人所得税自2001年起成为继增值税、企业所得税、关税的第四大税种，我国的主体税种越来越向个人所得税方面转移。在这样的背景下，个人所得税改革的意义就显得更加重要和深远。

个人所得税改革是一项系统而复杂的工作，个人所得税改革直接关系到所有纳税人的安居乐业，同时个人所得税改革也将影响在经济全球化的背景下我国的竞争力问题，当然个人所得税改革的顺利推进也将提升我国政府的公信力和制定政策和执行政策的能力。然而，如何改革，是改为综合所得税制，改为单一税制，还是改为综合与分类相结合的个税税制，如何逐步推进改革步骤，等等。这一系列问题仍需要我们进行认真研究和探索。

本书在评价了现行个税运行情况的基础上，对个人所得税职能进行了准确定位，对不同的个人所得税课征模式进行了梳理，对各种课征模式在中国的适用性进行了深入分析。按照我国个人所得税职能定位、不同课征模式的测算比较及税制适用性分析，本书认为我国应逐步建立健全综合与分类相结合的个人所得税制。

本书共有八章，具体内容如下所示。

第一章是引言，主要包括问题的提出、研究背景、研究的理论价值与实践意义。

第二章是文献综述。本书从个人所得税职能定位、西方最优所得税理论、综合所得税的公平效应、单一税的公平效应、以家庭为课税单位四方面分别进行了文献综述。

第三章对我国个人所得税的现状进行评价。从我国个人所得税的发展历程，现行的个人所得税税制介绍，现行个税与居民收入的配比性分析，现行个税的避税空间，完善个人所得税制的必要性，现行个人所得税运行评价几方面展开。

第四章对我国个人所得税职能定位分析和研究。第一节以西方经济学派发展脉络为主线，系统归纳了十一个学派对个人所得税职能定位的认识。第二节归纳了主要国家不同时期个人所得税职能定位的变迁。第三节个税职能定位的影响因素。第四节分析了影响了我国个人所得税职能定位的外部环境，指出我国个税职能定位于实现税收收入持续稳定增长，确保调节收入分配机制更加科学合理，促进经济发展方式的加快转变，提高我国税制国际竞争力。

第五章对我国个人所得税课税模式进行了探索。第一节比较分析了个人所得税历史上主要的税制改革指导思想、税制改革方案、课税模式及其在税收立法中的应用，探讨了影响税制改革的关键问题。第二节以俄罗斯为例详细介绍了单一税制。第三节对单一税模式与综合所得税模式进行了比较分析。

第六章对现行个人所得税制与实施单一税制个人所得税收入、基尼系数进行了模拟测算，结果显示实施单一税会促进个人所得税收入增长且更好地调节收入再分配。虽然客观上单一税有如上好处，主观上却不具有政治可行性，故我国可以借鉴单一税的重要原则，但并不能完全改为单一税。

第七章分析了我国个人所得税改革的模式选择。第一节介绍了我国个人所得税模式选择的约束因素。第二节阐述了不同课税模式在我国的适用性。结合我国个人所得税职能定位、不同课征模式的测算比较分析，本节认为我国应逐步建立健全综合与分类相结合的个人所得税制。

第八章对我国综合与分类相结合税制设计研究，指出合理划分综合所得与分类所得的范围，加强二者间的协调问题，包括税率结构调整、课税单位选择、成本费用扣除、无住所纳税人课税义务的界定以及完善征管体系等，是确保税制改革顺利进行的关键。

论文的创新之处是：首先，明确了个人所得税改革必须结合我国具体国情进行设计并逐步推行，不可盲目借鉴；其次，对现行个人所得税制与假设实施单一税制后个人所得税收入、基尼系数进行了模拟测算，分析了不同税制在我国的适用性。论文的不足之处是：获得美国与俄罗斯的相关数据较困难，使得与研究相关的国外数据证据方面存在一定欠缺。

目
Contents
录

第1章　引言

收入分配问题是伴随着人类社会生产活动剩余的出现而产生的。随着生产力的发展与经济增长以及社会制度的变迁而引起的社会各阶层、阶级等利益主体结构的变化，收入分配问题一直是各界学者广泛关注的问题，并形成了一个庞杂的理论体系，从产生到现在，先后经历了古典分配理论、新古典主义收入分配理论和当代收入分配理论三个阶段，随着理论体系的不断发展，经济学家考虑的研究因素越来越多，且研究角度越来越多元化，使得整个收入分配理论体系乃至经济理论体系获得了长足的发展和进步。经济学意义上的收入分配，是指对社会物质财富的分配，它是社会再生产过程中的一个环节，是联系生产和消费的中介。按收入的顺序、层次、主体，可建立三个主要的收入分配分析结构：即主要依靠市场调节的初次分配和依靠政府调节的再分配，还有依靠社会力量的第三次分配。其中主要借助政府力量来进行调节的再分配是调节收入分配的最主要力量，政府主要通过税收政策和政府支出政策对国民收入进行再分配，其中税收政策调节是极其重要的手段，一国政府主要是通过所得税和财产税来调节国内的贫富差距，而就所得税而言，主要是个人所得税，是税收调节政策的重中之重。

个人所得税，是指国家对纳税人取得的各项所得征收的一种税，是调整征税机关与自然人（居民纳税人与非居民纳税人）之间在个人所得税的征纳与管理过程中所发生的社会关系和法律规范的总称。缴纳个人所得税是公民义不容辞的义务，它关系着整个社会的健康发展。对于国家来说，征收个人所得税除了扩大财政收入，更重要的是可以调节社会分配。个人所得税通过对居民收入征收一定的税来实现对居民收入分配的调节，对高收入者多征税，对低收入者少征税或者不征税，这样可以调节个人收入净值，有效地缩小收入分配差距，以真正达到调节收入差距、缓解社会不公的目的。

时代在发展，社会在进步，由于转型期的某些制度不完善，当前我国的贫富差距越来越大，进而引发了许多社会问题。作为中产阶级及以下的纳税人，纳税压力不断加大；而高收入人群却没能做到有效的承担相应的纳税义务，所缴纳的税金对于这部分人群来说没太大的影响。为抑制贫富差距的不断扩大，应减少中产阶级及以下纳税人的纳税压力，同时提高高收入人群的纳税额并做到有效纳税。因此，采取各种有效措施，确保个人所得税调节收入分配的功能充分发挥，逐步缩小社会贫富差距，成为公平社会的必然选择。国家统计局网站近期公布的数据显示，2016年我国居民收入的基尼系数为0.465，并且自2003年以来，我国的基尼系数一直处于高位，在0.45-0.5之间徘徊。我国的贫富差距已经显著超过了国际上通用的0.4的警戒线，这样的事实足以引起社会各界的关注。然而，并非只有中国，收入差距拉大是世界各国自20世纪80年代以来的共同趋势。OECD国家2008年一篇题为"失衡——OECD国家收入分配和贫困"（Growing Unequal-Income Distribution and Poverty in OECD Countries）的报告指出，在这个代表34个较发达市场经济体的组织中，自20世纪80年代来，有24个国家的收入差距拉大了，其中收入差距拉大增长最快的是美国。自1979年之后的29年里，美国前10%最富有人群所占总收入的比重再次飙升，并在2007年达到了50%，已经超过了1929年的水平，1%最富有人群所占比重更是达到24%。虽然美国经济自20世纪80年代以来也有不俗表现，但经济增长带来的实惠并未能为广大美国大众所享有，而是其中80%的增长归了占人口1%的最富有人群。在收入差距逐渐拉大的现实下，缩小国内收入分配差距成为很多国家亟需解决的问题。此时，政府的作用开始凸显，政府主要是通过调节再分配进而改变国内的收入分配差距，而在再分配方面，个人所得税因其良好的收入调节潜力而被寄予厚望。长期以来，发达国家政府一直比较注重调节国内的收入分配差距，且效果也一直是不错的，发达国家国内的收入差距一直保持在一个合理的范围内，但是这种状态自20世纪80年代以后就被打破了。而这种收入分配差距拉大的情况在世界第一大经济体的美国尤其严重，诺贝尔奖经济学家克鲁格曼在他的著作《一个自由主义者的良知》中，将20世纪80年代称为"收入差距恶化的年代"（Great Divergence），这种状况的出现直接跟政府采取的个人所得税政策相关联。而且，20世纪80年代至今，国际社会上大多数国家陆续发生了大规模影响深远的个人所得税制度改革，比如1986年美国里根总统的税制改革和东欧国家的单一税制度改革等等，这些国家税制改革的经验对我国有较大的参考价值。

我国的个人所得税从产生发展到至今，已经经过了三十多年的变革，税收收入呈逐年递增模式，无疑给国家的财政收入积攒了巨大的财富。个人所得税与人们的生活紧密相关，随着社会形势更替、经济飞速发展、生活质量提升，人们获得收入的渠道和方式变得丰富多样，征税机关对个人所得税的征管明显变得困难。征收个人所得税可以说实现了社会收入的再分配，它的目的是缩减贫富距离、调节收入平衡，缓解社会矛盾，促进公平竞争，进而推动社会经济健康稳步发展。但是在现实生活个税实施过程中，出现了反向调节的副作用，富人更富，穷人更穷，这足以说明我国个人所得税存在严重漏洞。首先是横向不公，即纳税能力相同的个人缴纳不相同的税。现行的课税模式仅仅考虑了纳税者自身，而对于纳税者的家庭环境、经济背景和他实际缴纳税款的能力并没有去权衡，容易发生纳税者改变或者重组自己经济活动的行为，影响个人所得税对调节收入分配的作用；其次是纵向不公，即纳税能力不相同的个人应当缴纳相同的税，我国边幅辽阔，经济发展不均，纳税条件不一，但还是采用一盘棋的征收方式，并且对来源不同的费用分类征收，同种类的"一刀切"；再次是分类征税范围缺乏合理性，社会在进步，经济在发展，对于如今多样化的经济活动、多元化的收入来源，现行的分类所得税制的分类范围已不再适用。随着收入差距的扩大，分类征收制对纳税人的整体所得把握得不一定全面，易于造成实际税负偏离公平；再次是费用扣除制度不够灵活，存在诸多缺陷；最后，综合收入高的纳税人所得渠道日渐宽广，缴纳税款恐怕更少，这与社会公平的"量能负担"原则相背离，同时在分类征收制下，一部分个人所得使用的是累进税率，另一部分个人所得则采用比例税率，这无疑削减了个人所得税的累进作用。由于我国个人所得税的税基比较低，在一定程度上限制了其调节收入分配的功能。税收公平决定了各经济主体间的平等竞争与收入公平分配。税收公平是保证税收制度正常运转的必要条件。然而，我国现行的个人所得税由于在税制模式、税率、费用扣除等方面存在不足，导致其本身无法体现公平原则，更无法承担公平收入分配、缩小贫富差距的重任。我国贫富差距呈现不断拉大的趋势，收入不平等反映在日常生活的方方面面，一直被寄予厚望的个人所得税制度也有很多有待完善的地方，故我国的个人所得税制度亟需改革。我国个人所得税税制的革新，就是要构建一种顺应我国经济发展趋势以及能够真正体现"以人为本"、税收公平公正的个人所得税税制，增加社会公共福利，达到社会公平。

2005年8月，第一轮个税改革落定，其最大变化就是个税费用扣除额从800元调至1600元，同时高收入者实行自行申报纳税。2008年3月，在个税第二轮改革中，个人工资、薪金所得减除费用标准由1600元每月提高到现行的2000元每月。2011年6月30日，人大常委会决定，个税免征额将从现行的2000元提高到3500元，并将工薪所得9级超额累进税率缩减至7级。至此，我国已是五年内第三次对个税免征额进行提高调整。由此可以看出我国政府对于个税改革尤为重视，也体现了个人所得税在各种税收中所占的地位很高。为了应对持续存在的诸如社会保障、人口老龄化、城镇化等财政压力的需求，充分发挥税收作为国家宏观调控的工具调节收入分配、促进经济发展等方面的积极作用，目前要优化税制结构、向社会公平方向调整税收，要逐渐提高税制结构中的直接税比重，个人所得税的地位日益突出。然而，我国重构个人所得税制度毕竟仅有三十多年的历史，个人所得税制度还不够成熟，有待于进一步改进与完善。在各种税制的改革中，个人所得税的改革已经明显的滞后，成为整个税制体系的"短板"。为此，应当对我国个人所得税做出客观的评价，在肯定其发展成果的同时，认真分析其存在的不足，并研究改进对策，以便跟上改革和发展的步伐。如今我国个税改革的首要任务就是构造一种与我国现阶段经济社会发展进程相同步且相适应的、能够增强居民幸福感、真正反映税收公平的个人所得税征收模式。通过个税的征收拉近社会的贫富差距，缓解社会贫富差别，在保证效率的前提下，最大限度的实现社会的公平正义，推进和谐社会的建设。所以，研究个税的改革就显得非常重要，对于加快我国的社会主义现代化建设意义重大。

第2章　文献综述

2.1　关于个人所得税职能定位的文献综述

党的十八届三中全会以来，随着经济领域深化改革的推进，以及复杂多变的国内外经济环境，这些因素都对个人所得税的职能定位提出了更高的挑战。准确把握我国个人所得税职能定位，是个人所得税制度安排的首要因素，也是发挥其职能的首要条件。

国内专家学者关于个人所得税职能定位的研究和讨论从未停止，仁者见仁、智者见智。在我国关于个人所得税的职能定位主要存在三种观点：一是个人所得税的职能应该以筹集财政资金为中心。支持这一观点的专家认为，经济环境、税制结构、征管水平直接影响了个人所得税的职能定位，而我国税收收入以流转税为主体，个人所得税占税收收入的比重不高，所以个人所得税在调节收入分配方面的作用非常有限。二是个人所得税的重点应该放在调节收入分配上。持有这种观点的专家认为，改革开放以来我国经济快速发展居民收入明显提高，贫富差距不断拉大，收入分配矛盾日益突出。在这样的背景下，个人所得税被赋予的首要的功能应该是调节收入分配。以促进社会公平。第三种观点是个人所得税的职能应该做到调节财政资金和调节收入二者的并重。面对当今世界日益复杂的国内外经济环境，我们应该对个人所得税的职能进行重新定位。不同观点间关于个人所得税职能定位的分歧，核心在于对个人所得税调节收入分配职能的不同认识。

主张以组织财政收入为重心的观点认为，受社会主义初级阶段、税结构、征管水平、纳税意识和国际税收竞争等综合因素影响，当前我国个人所得税定位仍应以组织财政收入为主。造成我国居民收入差距的原因是多方面的，既有市场经济原因又有制度机制原因，既有增量原因影响又有存量因素影响。于国安（2010年）将收入分配不合理问题产生的主要直接原因归结为"梯度推进"的区域经济发展战略和长期以来以"二元经济"，为主的城乡分割发展战略、以市场为主导的初次分配体制不规范、以政府为主导的再分配体系不完善以及社会力量为主导的第三次分配体系不健全。因此，在初次收入分配环节形成的收入分配差距过大，难以通过个人所得税在再分配环节进行调节。刘尚希（2003年）认为，我国高收入阶层的收入来源的复杂性决定了其极大部分收入是个人所得税所无法调节的，而高收入者对税收的有意逃避更使个人所得税最高边际税率成为"聋子的耳朵"。在我国以流转税为主体的大背景下，个人所得税在税收收入中的比重还比较低，调节收入分配职能有限。20世纪80年代以来，世界税制改革在公平与效率选择上更加重视效率，税收朝着功能单一化和中性化方向发展。在世界减税浪潮大环境下，过于强调税收调节收入分配职能，不利于提高我国税制竞争力，也容易扭曲市场经济行为，增加税收成本，降低税收效率，无益于公平的实现。美国个人所得税实践充分证明了这一点。在累进税制下，为实现经济增长目标和特定利益集团需要，一般会增加许多扣除、减免等优惠条款，结果证明最高收入者享受到更多的税式支出，最终难以实现税收公平的目标。部分持该观点的专家学者主张实行单一税（Fat Tax）。

主张以调节收入分配为重心的观点认为，调节收入分配是现行税制结构赋予个人所得税的主要职能，当前我国居民收入差距不断扩大，为维护社会公平、促进和谐，个人所得税应进一步强化调节收入分配职能。刘丽坚（2006年）认为，个人所得税立法的目的是为了维护国家税收主权，经过十多年的发展，形成了以调节收入分配为主体、兼具筹集财政收入职能的格局，当前和今后一段时期内，个人所得税职能作用仍要维持以调节收入分配为主、兼具筹集财政收入职能的格局，并随着以所得税为主体税制结构的建立，最终形成以筹集财政收入职能为主、调节收入分配职能为辅的格局。现阶段个人所得税成为我国税收体系主体税种的条件尚不具备，因此组织收入和调控经济职能有限，其重心是调节收入分配。高培勇（2011年）认为，作为直接税类下的个人所得税，不仅在中国，而且在全世界，从来都是主要基于调节居民收入分配和实施宏观调控的目的而课征的，当然要基于调节居民收入分配和实施宏观调控的需要而展开。贾康、梁季（2011年）也认为，我国个人所得税的理论定位和现实状况都决定了其以调节分配职能为首要职能，同时，我国财产税体系完善尚需时日，在一个相当长的阶段中，个人所得税改革的重点必须是促使其发挥收入分配再调节作用，待财产税基本到位后，未来个人所得税的定位也仍将成为调节分配的税种。进入20世纪90年代中期后，我国经济快速增长，居民收入明显提高，但渐进式改革和经济转轨所积累的收入分配矛盾也开始激化，收入分配格局整体出现比较明显的失衡现象，收入分配不公、贫富差距过大等社会问题凸显为重大社会矛盾，这就意味着我国个人所得税主要任务就是调节收入分配，即实现公平分配为目标。同时，因为历史、文化传统、体制等多方面因素，我国社会对公平的尺度较为敏感，社会普遍要求采取更为有效的措施来缩小收入及财富差距，个人所得税作为国家调节居民收入分配的重要手段，势必成为人们关注的焦点。持该观点的专家学者多主张通过改变税率、费用扣除、税收优惠和课税单元等方式提高个人所得税累进性。

主张组织财政收入与调节收入分配并重的观点认为，从个人所得税不同发展阶段来看，其功能在实践中演变路径为：组织财政收入——调节收入分配——调节经济稳定——各种功能相互协调。从理论上分析，个人所得税财政收入功能、收入分配调节功能和经济稳定功能的实现，都要取决于一定条件，如组织财政收入功能在整个财政格局中的影响要具备几个前提：一是在当期收入分配格局中个人所得所占的比重较大；二是当期个人所得税收入规模较大，或在未来预计增速较快，财政收入取得对个人所得税具有较大依赖性。只有当满足上述两个前提条件时，强调个人所得税财政收入功能才有实际意义。再如调节收入分配功能的作用有多大，要看纳税人收入是否全部被列入纳税范围，而且纳税人所纳税额占其收入比重是否足以影响其经济行为选择，等等。2003年我国人均历史性地突破了1000美元，2006年人均达到2042美元，2007年达到2460美元，2016年我国人均GDP达到了53817元。这表明我国社会总体上已初步实现了小康，这为我国个人所得税的征收提供了日益丰富的税源。但与此同时，收入分配不公问题也越来越突出，2007年我国基尼系数达到0.48，超过了0.4的国际警戒线，2012年到2015年，中国居民收入的基尼系数依次为0.474、0.473、0.469、0.462。2016年是0.465，收入分配调节力度要进一步加大。由于目前我国个人所得税收入占GDP的比重太低，所以通过个人所得税来调节宏观经济波动在当前阶段的意义还不太大。因此近中期我国个人所得税应定位于主要发挥财政收入和分配收入调节。

2.2　关于西方最优所得税理论的文献综述

西方学者对关于什么样的税收才是最优的这个问题进行了大量的研究。最优税收理论以税收超额负担问题为出发点，福利经济学为基础，研究如何选择税收工具，确定税制结构，实现社会福利的最大化，其中最优所得税理论是其重要的组成部分，且论文研究的是调节收入分配差距的个人所得税政策，故在此简要回顾一下最优所得税理论。

如何实现所得税征收上效率与公平的平衡，是各国政府一直不断探索的问题，过分强调效率，则会拉大国内的贫富差距，而过分强调公平，则有可能损害经济增长。西方学界根据不同的公平观，产生了不同的所得税政策主张，主要涉及两个学派的理论：功利主义立场的最优所得税理论和现代最优所得税理论。功利主义立场的最优所得税理论：Edgeworth（1897）从功利主义的角度出发，对最优税收问题得出了自己的观点，即他认为税收政策应该实现个人效用之和的最大化。其假定每个人的效用函数是完全相同的，并且收入边际效用递减。根据这些假定，Edgeworth的结论是实行累进程度很高的税率结构，也就是说最高收入者的边际税率应该为100%，即Edgeworth是过分强调公平的。但是这个模型并不是天衣无缝，因为其假定社会总收入固定，即便是没收性的税率，也假定为对产出水平没有影响，但现实恰恰相反；现代的最优所得税理论对习以为常的累进所得税制提出了质疑，因为累进所得税制是建立在信息不对称的基础上的，政府无法了解到每个纳税人的真实负税能力，故只能凭借个人的收入情况对个人进行征税，如果政府对高收入者课以高税，则会出现负激励问题。

Vickrey（1945）对Edgeworth的结论提出了不同意见，他认为对高收入者课以重税，会打击他们工作的主动性和积极性，从而降低整个社会的福利。并且政府不能观察和认识到各种不同类型的人的生产能力差别，只知道他们的收入，而每个人都清楚知道自己的私人信息，并且常常低估自己的生产率。他认为在这种信息不对称的情况下，政府在设计最优所得税结构时，必须考虑私人信息的影响和激励问题，以便在公平和效率这两个目标之间找出一个最佳的平衡点。Mirrlees（1971）就计划者怎么处理不可观察到的异质性纳税人问题做了形式化处理，认识到不可观察的异质性、消费的边际效用递减与激励效应，他的方法对政府面对的经典的公平与效率之间的权衡取舍问题进行了形式化。莫里斯研究了劳动所得的边际税率，他认为，税率结构应该是"倒U形"，即个人适用的税率应该先是累进的，然后转向累退，最高收入者适用的边际税率应该是零。莫里斯模型得出的一般性重要结论是：第一，边际税率应该在0-1之间；第二，高收入个人的边际税率应该是零；第三，如果最低收入的个人是按最优条件工作的，他的边际税率也应该是零。

不同于Mirrlees的结论，Diamond（1998）和Saez（2001）作了数值模拟，他们得出的结论是中等收入与高收入者之间的边际税率应该上升，高收入者适用的税率应该不低于50%，并且可以高达80%。其中P.Diamond（1998）指出，对于最高收入的个人，边际税率为零是荒谬的，并给出了

"U形"的最优边际税率的设计。该税制结构要求对低收入的个人，边际税率应该高，对高收入的个人，边际税率也应该是高的，而对中等收入者，其边际税率应该是低。

Stern（1976）在研究中考虑了劳动激励的问题，这个模型与Edgeworth模型比较相似，该模型假定，从一个人那里收到的税款可以表示为：税款=-a+t×个人收入，其中，a和t都是正数。虽然线性所得税的边际税率不变，但从个人收入越高，收入中越需要较大比例纳税的角度看，该所得税还是累进的。累进程度取决于a和t，最优所得税问题是要找到a和t的"最优"组合，也就是在取得一定量收入（在必需的转移支付之外）的条件下，使社会福利达到最大。Stern发现，在闲暇与收入之间有较小的替代关系，且要求政府收入约等于个人收入的20%的条件下，t约为19%时，社会福利达到最大。这个数值比Edgewo地模型中的100%的t值要小很多，也比现在许多国家实际边际税率要低得多。Stern重点分析的是社会对富人和穷人的效用赋予不同的权重有什么影响。根据最大——最小标准，社会福利函数中唯一被赋予权重的人是效用最小的人，所以他发现基于最大——最小标准的边际税率为80%。Stern的研究范围只限制于线性所得税，但是也有其他学者对非线性所得税即含有不同边际税率的所得税课税方式进行了研究，其中Seade（1977）要求最高收入者的边际税率应该是零，以此来实现社会的最大福利。

最优所得税理论在20世纪70年代取得了丰硕的成果，但是因为其有着较多的假定，并且现实社会不同国家不同时期有着不同的经济背景，所以最优税收理论较为理想化，与现实世界存在一定的脱节，下文探讨的美国在上世纪80年代后进行的几次影响深远的税制改革、俄罗斯单一税改革和世界上其他国家进行的税制改革并不是以最优税收理论为直接依据的。但是即便如此，最优税收理论的贡献也是不可忽视的，它不仅在经济学一般理论上有贡献，而且在税收政策选择上也有一定意义，该理论是对现实问题的抽象，将现实中的复杂问题通过构建模型进行简化。所以最优所得税理论被广泛应用在现实社会中。

2.3 关于综合所得税的公平效应的文献综述

（1）国外的研究

关于OECD国家个人所得税制度和收入分配差距之间关系的研究得出的结论大体一致，自20世纪80年代至今各国国内收入差距拉大已是不争的事实，而拉大的很大原因在于政府实施的各种财政政策。这主要是因为滞涨的影响，政策制定者对增长的关注超过了公平，其中20世纪80年代开始的大规模减税浪潮，使得许多国家国内个人所得税的累进性大大降低，调节功能大大下降，各国对收入分配的调节主要依靠的是政府支出政策。

在累进税制各要素对收入分配的影响方面，多数学者认为边际税率相比其他要素来说，对收入分配的影响更为重要。Altig和Carlstrom（1996）研究了一个生命周期模型，指出在该模型中，边际税率的改变对收入分配有着极其重要的影响，并且以美国为例，指出美国在1984-1989基尼系数的上升有一半是因为边际税率的变化。Auten和Carroll（1999）则采用了美国1986年税制改革前后的个人收入数据，考察税前收入对于税率变化以及其他非税因素的反应，发现税率变化对纳税人的行为和应税所得申报额有着重要的影响。Verbist（2004）研究了欧盟15个国家的直接税税制，发现在这些国家中个人所得税都是累进的，并且是最重要的缩小收入分配差距的政策工具，论文进一步对个人所得税缩小收入分配差距的原因从税率结构、免税、宽免、扣除和抵免五个方面进行分解，研究发现税率结构的累进性是缩小收入分配差距的主要原因，免税和宽免有助于增进税制的累进性，但是扣除和抵免的效果不确定。Alm（2005）研究了美国1986年的税制改革，指出虽然该改革在税基上的改变使得所得税更有累进性，但是税率上的改革却使个人所得税的累进性大大降低，并且后者的影响大于前者，由此使得美国在1978-1998年所得税的累进性大大降低，扩大了美国国内的收入分配差距。

有关税收政策与政府支出政策在调节收入分配方面各自发挥的作用，

各国学者得出的结论大致一致，即政府支出政策在调节收入分配方面发挥的作用更大。Douglas和Christopher（1988）主要研究了政府的宏观经济政策和转移支付对美国收入分配的影响，其关于税收方面的研究说明二战后美国个人所得税的累进性大大降低，尤其是里根总统的税制改革以后，个人所得税在本质上可以认为是一种比例税，故个人所得税对收入分配的影响比较小，主要对收入分配起作用的是政府的转移支付政策。Johannes（1996）则研究了德国统一前后的收入分配差距的变化情况。他得出的结论是：科尔政府的税收和转移支付政策对收入差距的缩小有很大贡献，尤其是西德向东德的转移支付政策大大降低了统一后德国的收入分配不平等。Herwiglmmeroll（2005）则分析比较了欧盟15个国家的所得税、社会保障税和现金转移支付的收入再分配效应，发现各国的税收、转移支付体系都是调节收入分配的重要体制，其中面向所有国民的公共养老金支出的再分配效果最为显著，其次是个人所得税，再次是专门面向低收入群体的补助支出，最后是社会保障缴款。公共养老金支出这一项使得15个国家的基尼系数从0.47降至0.41，而税收和转移支付则使基尼系数进一步降低至0.3。Kim和Lambert（2009）的论文则分析了美国1994-2004年的收入分配情况，他们认为虽然美国的收入分配差距一直在扩大，但是政府的税收政策和转移支付政策大约减少了30%的不平等，而在全部收入再分配的净效应中，转移支付的作用要远远大于税收政策发挥的效应，其贡献的份额约占85%，而税收政策的作用只占到约15%左右。

同时，还有很多学者对OECD国家间、发达国家与发展中国家间的收入分配状况进行了比较分析。Burkhauser和Poupore（1997）比较分析了美国和德国在20世纪80年代以后的收入分配不平等现象，他们发现德国在劳动收入不平等和总收入不平等方面都要小于美国，这在很大程度上归功于德国政府更多的介入和德国工会的重要作用。Wagstaff等（1999）对12个OECD国家的个人所得税再分配效应进行了系统的测量和考察，并且得到的结果在各个国家之间具有可比性。而Bird和Zolt（2005）对发达国家与发展中国家比较研究发现，很多发展中国家的个人所得税制度在调节收入分配方面收效甚微，源于其个人所得税制度并没有被广泛地贯彻执行。

（2）国内的研究

学者对我国现行的个人所得税的调节作用研究基本也是得出了一致的结论，即个税收入再分配效果甚微，甚至出现了逆向调节现象。究其原因，刘尚希等（2004）认为，个人所得税的主要功能是筹集财政收入，而调节功能仅是次要功能，我国对个人所得税调节功能的过于重视，对其收入功能的忽视是导致现行个人所得税调节功能弱化的主要原因。谷成（2010）认为由于发展中国家高昂的税收征管成本和遵从成本，故累进综合个人所得税对于发展中国家来说不是实现社会公平的最优选择。胡鞍钢（2002）认为，我国居民贫富差距扩大的重要原因是现行的个人所得税及其征收方法的"制度失效"，不能有效发挥其"公平分配、调节差距"的作用，具体表现为个人所得税占税收总收入和GDP的比例均低于其他发展中国家，城镇居民实际缴纳个人所得税税率远低于名义税率，个人所得税主要来自于工薪收入，私营经济的税收贡献低于经济贡献，偷逃税现象猖獗。王小鲁（2007，2009）通过对城镇居民家庭收支情况的两次调查，估算出全国城镇居民收入中没有统计到的隐性收入占国民总收入的20%以上，并且这些隐性收入高度集中于20%高收入家庭中，这些隐性收入无法纳入有效地税收监控，是导致我国贫富差距扩大的主要原因。汤贡亮（2007）认为，个人所得税的税基、税源难以准确界定和掌握，是影响个人所得税调节功能发挥的首要原因，并且列出了影响个人所得税税基拓宽的主要因素有居民的收入水平、收入差距、征收力量和征收成本、人们对纳税的理解和认同。岳希明等（2012）则研究了2011年我国个人所得税改革的收入再分配效应，认为平均税率的高低是影响个人所得税公平效应的最主要因素，2011年改革因为平均税率的降低弱化了本就十分微小的个人所得税的公平效应，同时得出我国个人所得税整体累进性随着工资、薪金所得费用扣除标准的提高呈现倒U型，而3500元的费用扣除标准恰好处于倒U型的顶端。刘扬等（2014）则实证比较了中、美两国个人所得税对收入分配的影响，研究发现，整个税制结构问题和个人所得税设计的自身缺陷双重阻碍，导致了我国个人所得税的调节作用有限。徐建（2013）利用微观住户调查数据考察了1997年以来我国个人所得税的收入再分配效应，研究发现，与发达国家相比，我国个人所得税的累进性较高，但平均税率偏低，导致了个人所得税的调节作用有限，而这与当前居民收入水平和政府征管能力有关。陈建东和罗涛（2013）研究了我国的个人所得税对区域间城镇居民的收入分配的调节作用，发现我国的个人所得税确实能够对收入分配起到一定的调节作用，但是效果十分有限。其中工薪收入对区域间城镇居民收入分配的调节作用相对显著，财产性收入的调节作用比较微弱，而经营净收入甚至出现了逆向调节的作用。

在解决对策上，刘尚希（2004）和李文（2011）在我国现行税制基础上，比较分析了累进所得税制和单一税制在调节收入分配方面的作用，研究发现累进税率增加了个人所得税的征收成本，而发展中国家征管水平低，复杂的累进税制增加了富人偷税的机会，反而加剧了整个社会收入分配的不公平，而单一税率使得效率、公平和国际竞争力本来互相矛盾的几个原则实现了戏剧性的统一，所以单一税对发展中国家来说有很多好处，我国在接下来的个人所得税改革中可以借鉴单一税的原则。杨志勇（2009）认为，我国应该将现行的个人所得税改为综合课征，采取分步突破的策略来完善个人所得税，在短期内，改革的重点应该主要放在征管基础条件的完善和弥补现有不足上。马骁（2011）认为，个人收入理论值与实际值之间的巨大差距表明加强税收征管能力对个人所得税的改革至关重要。白彦锋（2011）分析了2011年个人所得税新政策对居民收入分配的影响，指出收入分配问题有赖于经济政策的整体推进，税收政策应以个人所得税的"综合化"和税制的"直接化"为着力点。刘生元和杨澄宇等（2013）通过建立一个包含人力资本投资和税收的两阶段世代交替模型讨论了个人所得税费用扣除标准和税率对收入和财富分配及经济增长的影响，研究发现，个人所得税的费用扣除标准与基尼系数呈现U型关系，为缩小收入分配差距，费用扣除标准应该随收入分布的变化进行调整。周鹏飞和贺俊程（2013）测算分析了工薪收入、经营净收入和财产性收入的不平等性。测算结果显示，我国居民财产性收入的基尼系数最高，经营净收入的基尼系数增长幅度最大。认为应该在优化现有个人所得税制的基础上，与其他制度设计配套以协同推进。高亚军（2015）运用中国健康和营养调查数据，对我国个人所得税对居民收入分配的调节作用进行了微观分析。研究发现，采用9级超额累进税率、7级超额累进税率和综合所得税都对我国收入分配有一定的调节作用，其中综合所得税的调节效果最好。故建议我国实行综合所得税制度，费用扣除标准要考虑到居民家庭负担情况，且税制要素要实行动态调整。

2.4 关于单一税的公平效应的文献综述

（1）国外的研究

美国斯坦福大学经济学家霍尔和拉布什卡在所著《单一税》（1981）这本书中首次提出了单一税的改革方案，并且总结了单一税"单一税率、消费税基、整洁税基"的三大特征。虽然税制改革方案并没有被美国政府采纳，但是1986年美国的税制改革借鉴了这一思想。亨瑞·J·艾伦和威廉姆·G·盖尔编著的《美国税制改革的经济影响》（1996）阐述了单一税思想的优势与劣势，并且提出了单一税及其修改方案对美国经济的影响。

关于单一税制是否会促进社会公平一直是学者们不断争论的话题，有的观点认为，单一税会使得社会收入分配差距扩大，不利于社会公平。Gustavo Ventura（1999）假定将美国现行的对收入和资本收入的所得税制代之以单一税率，从生命周期的角度，对取代现行税制的单一税制对资本积累、劳动供给和再分配的影响进行了动态的一般均衡分析。研究发现，现行的施加于资本的税率的改变对资本积累有一个重要的、积极的效果；平均劳动供给保持不变，但是总的劳动供给的效率提高了；单一税制改革有保持财富和激励聚集的效应，在所有分析到的情形中，即从1%、5%、10%最高收入和五等分收入人群的财富集中程度来看，单一税制都使得收入和财富变得更为集中。Iyer等（1996）用洛伦兹曲线和衡量总体税收累进性的税收曲线分析单一税制对社会公平的影响，研究发现股息、利息和资本收入的取得不受单一税的影响，均向高收入群体集中。实证分析的结果也是实行单一税会提高10%最低收入者的税收负担，而其余收入阶层的纳税人的平均税率则会降低。Denvil（2012）对俄罗斯2001年单一税改革对收入分配的影响进行了估测。首先，俄罗斯单一税改革带来的税前收入分配变化，直接导致了总体纯收入的不公平，产生了不好的影响；其次，因为单一税改革造成的偷逃税现象，在拉大国内贫富差距的同时也间接减少了消费。

另一种观点则是实施单一税率能够促进社会公平。Paulus，Peichl（2009）认为单一税是否能够促进社会公平，激励社会劳动取决于税制要素的设计和所处的政治环境。通过EUROMOD研究发现，只有在收入分化较严重，且中等收入阶层较弱的国家，单一税才能够在效率、公平和税制简化方面实现一个好的均衡。Davies，Hoy（2001）研究了单一税的不平等测度，研究发现如果税率不是设置得特别高的话，单一税确实能够使收入分配变得更加公平。Mitchell（2005）认为在现在的税收竞争愈演愈烈和国际经济一体化的大环境下，美国现行的累进所得税制对经济产生了一系列的负面效应，而单一税制却会避免这些负面效应，并且能处理好效率和公平的博弈，他认为将单一税制取代现有的累进税制将会使美国在税收竞争中更有竞争力。Mitchell（2008）认为因为国际税收竞争愈演愈烈，所以单一税改革在世界范围内会越来越普遍，越来越多的国家会采用单一税。而那些已经采用单一税率的国家，为了使本国的税制更有竞争性也倾向于降低税率。Hall，Rabushika（2003）认为单一税制比任何多税率级次、累进性的税制更能够促进公平。即单一税虽然实施的是比例税率，但是免征额的存在却使得税率随着收入的增加而提高，故单一税仍然具有整体上的累进性。

还有第三种观点，持该观点的学者认为单一税对社会公平的具体影响，取决于很多因素，比如个人所得税税制要素的设计、国家的政治经济环境、一国国内贫富差距的现状等等。Iyer，Seetharaman and Englebrecht

（1996）研究了用两种不同类型的单一税取代现有的累进所得税的再分配效应。研究发现，无论用哪一种单一税取代现有税制都会使收入最低的10%人口的适用税率提高，而对其他收入阶层的纳税人来说，税率则会降低。在税制的累进性方面，对申报营业收入的纳税人，现有的累进所得税累进性更好，而两种单一税制都具有部分的累退性；对不申报营业收入的纳税人，单一税累进性更好一些。并且对于所有收入阶层的纳税人来说，这两种单一税制在减少税前收入不平等和税后不平等方面的效果都不如现行税制。

（2）国内的研究

国内方面关于单一税对公平的影响的研究也是各抒己见，有不同的观点。前文中提出，刘尚希（2004）和李文（2011）认为单一税率使得效率、公平和国际竞争力本来互相矛盾的几个原则实现了戏剧性的统一，所以单一税对发展中国家来说有很多好处，我国在接下来的个人所得税改革中可以借鉴单一税的原则。而邓子基和张华东（2008）则提出了不同的观点，认为单一税的累进性和由此产生的收入分配结果并不能像表面上那么容易地得出结论，我国现行的累进所得税充分发挥了调节功能，双主体的税制结构对效率和公平具有一定的自我调节功能，是符合我国现阶段的基本国情的，而如果实行单一税不一定能够符合我国的公平效率观。石子印（2013）基于工薪收入分布密度函数，模拟了单一税在我国的再分配效应，模型表明，无论在何种情形下，单一税总能够实现累进税制的再分配效应，这表明在我国实行单一税不仅可简化税制，而且也会对收入分配差距起到一定的调节作用。杜莉（2015）利用2012年城镇住户调查数据，对隐性收入进行测算的基础上，运用基尼系数、广义熵指数和中位数相对极化指数等指标对我国实行单一税后对收入分配的影响进行了模拟分析。研究发现，实行单一税可减弱对高收入群体的收入调节作用，但总体的公平效应却比综合所得税制、分类所得税制和分类、综合相结合所得税制都要强，更有助于缩小我国的贫富差距。关于单一税理论，唐娟（2005）指出立足我国国情的情况下，借鉴国外有益的经验将有利于我国的制度转型。

单一税的精神实质不在于单一的税率，而在于取消繁杂的税收优惠。同时作者认为，单一税于我国而言是一个好的建议但是并不是一个好的政策。作者提出了我国个人所得税改革的远景应为税制的简化和建立综合的个人所得税制度。吕建锁（2007）阐述了单一税的思想内涵及经济效应，并且提出基于单一税思想基础上的我国个人所得税改革模式。冯兴元（2014）论述了什么样的税政才是良好的税政，探讨了单一税制其优势所在，并且结合我国国情，针对我国的税制改革提出了具体的意见。邓子健与张华东（2015）从单一税对社会公平以及经济增长的影响入手，对国际的研究成果进行了较为全面的综述，探讨了单一税对我国新一轮税制改革的借鉴意义，并且提出了具体的改革建议。

2.5　关于以家庭为课税单位的文献综述

（1）国外的研究

西方国家开征个人所得税始于1799年的英国，已经历经上百年历史，现今许多发达国家普遍将个人所得税作为国家的主要税种。从20世纪80年代中后期开始，西方主要发达国家先后实施了新的个人所得税税制改革，个人所得税税制有了重大变化，在政策取向方面反映出发达国家在经济自由化与国家干预、公平与效率、增税与减税上重新平衡。例如在美国，缴纳个人所得税不仅考虑个人的收入，而且十分重视家庭其他成员尤其儿童的数量情况。同样收入的两对夫妇，有儿童和没有儿童所交纳的税收相差很大。而在法国，所得税税率是高额累进制，即收入高的人多交税，收入少的人少交税。实际上，法国的个人收入所得税是按家庭来征收的，根据经济状况和子女多少不同，每个家庭所交纳的所得税均不同。同样的，其他许多发达国家的个税体制也一直在趋于完善，尽可能的照顾到每个家庭每个人的情况。

个税创立以来，各国学者始终奋斗于个人所得税制度改革的一线，对于纳税主体的讨论从未间断过，经过日积月累的研究实践，各国关于个税的理论体系日渐成熟。如今，美国、德国、法国等国家采用的征税方式是以家庭为单位征收个人所得税。对于如何选择课税单位的研究，Boskin（1975）和Sheshinski（1983）提出的采用以个人为课税单位有利于提高效率的观点广为接受。之后，John Whalley和John Piggott（1996）提出，在评估课税单位选择何者为最优时，不仅要考虑劳动供给弹性方面的影响，还应当考虑课税单位的选择对家庭生产的'扭曲'，这种扭曲并不一定是坏的，也可能通过对家庭生产进行重新安排，实现家庭福利的优化。

（2）国内的研究

随着经济的快速发展，个税体制暴露出越来越多的问题，如征收模式不公平、征税范围不公平、征收方式不合理。由此，该为哪些收入缴纳个人所得税，该缴多少，以及如何保证在依法纳税的同时维护好纳税人自身利益等一系列问题，也越来越为人们所关注。近年来，对于个人所得税制度的改革，许多学者进行了深入研究。

在个人所得税征税主体方面，王旭东（2008）指出，个税征收多年的实践表明，受个税影响的主要的是工薪阶层与中低收入阶层，基于这个前提，以及税收调节贫富差距的目的性和公平性，我们有必要多为低收入者考虑，对其实施低税率，按家庭来课征个税最为合理。王宪榕（2011）认为，时下我国实施按家庭征收所得税的做法处于起步阶段，条件比较稚嫩，尽管如此，把家庭作为课税单位必将成为个税改革的方向。我国政协委员、南开大学法学院副院长侯欣一（2016）认为，以家庭为单位课征个税，能够保证税收均衡。

在以家庭为单位课征个人所得税的税制模式的挑选上，阙红艳（2012）表示，在构造初始"综合与分类相结合"的个人所得税制度的前提是保持现行分类所得税制要素的稳定，进而使个税在调节收入分配上取得更大成效，将来个税改革的方向会是建立健全税负更加公平的综合与分类相结合的个税制。财政部部长楼继伟（2016）强调，简单抬高个税免征额作用细微，忽视了每个家庭所存在的差异。倘若一个人一个月挣五千块，那么他完全可以让自己生活得还不错，但假如他成立了家庭，再养个孩子，这点收入就过于拮据了。因此，下一步要做的就是将分类征税改为综合征税。

基于以家庭为单位课征个人所得税的税制模式下，在税前费用扣除方面，王宪榕（2011）提议，对那些用以维持基本生活水平的工薪所得、劳务报酬、个体生产经营等收入一并按照同一累进税率征收并且运用统一的费用扣除标准；而对财产转让、租金、偶然所得、利息、股息、红利等收入应用比例税率。殷英（2012）指出，需要将所有必要性支出纳入费用扣除标准，细化费用扣除项目；充分考虑不同地区的物价差异，适时调整物价指数，使两者相适应。在十二届全国人大三次会议上，我国人大代表兼华侨大学法学院的副院长戴仲川（2015）提倡，践行按家庭进行费用扣除的纳税申报制，费用扣除要注重弹性，即首先应该综合统计一个家庭的所有薪资所得，紧接着平分到每一位家庭成员。

以家庭为单位课征个人所得税的税率结构方面，王宪榕（2011）觉得，费用扣除项目可以包含抚养儿女和赡养老人的费用，对老人获得的退休金及养老保险进行限额抵扣。并且通过支付单位代为扣缴，支付单位需依法出示拥有一定法律效力的收入证明，纳税人将全部的家庭收入进行合并后，再向税务机构申报缴税，再通过全国统一的个税征管信息系统对应补或应退税款进行计算。

在以家庭为单位进行课税的税收征管方面，王宪榕（2011）指出，完善个人收入源泉管控，实现个人收入信用支付。阙红艳（2012）提出，建立完备的个人收入监控系统，联系网络监管系统，充分把握纳税人信息；并且大力推行非现金结算；实现税务警察制度。

第3章　我国个人所得税的现状

我国现行的个人所得税采用分类所得税制，即根据收入的性质、来源不同，将纳税者的全部所得进行区别征税，这种征收模式能够体现国家的政治、经济与社会政策，并且在征管上最为简便，成本低，效率高。

3.1　我国个人所得税的发展历程

1950年7月，《税政实施要则》中个人所得税被称为"薪给报酬所得税"。由于当时我国生产力水平低下，国人平均收入水平低，尽管开设了税种，却一直没有应用于实际。

1978年我国确立了改革开放的基本国策，我国的税制建设也因此进入了全新的阶段。为了加强对外籍人员高收入的调节，1980年9月我国全国人大三次会议通过了《中华人民共和国个人所得税法》，这是新中国首部《个人所得税法》，是新中国税制建设的一个里程碑。税法规定的征收对象包括本国公民和中国境内的外籍人员，但是由于税法规定的免征额远远高于当时国内民众的工资水平，使绝大多数中国公民都不在纳税范围内，所以该法主要针对外国来华工作人员和外商。开征36年以来，个人所得税在筹集财政收入方面，的确发挥了积极的作用。

20世纪80年代中期，我国私营经济越来越活跃，当时社会上出现了一批先富起来的个体工商户和私营业主，为了调节收入分配差距，国务院于1986年先后出台了《中华人民共和国城乡个体工商户所得税暂行条例》《中华人民共和国个人收入调节税暂行条例》，两个条例只适用于中国公民，而个人所得税法适用于从中国取得所得的个人。这样就形成了内外两套个人所得税制度，随着社会经济的发展，我国的个人所得税制度的各种矛盾逐渐暴露出来。

为了解决我国个人所得税制度存在的弊端，适应市场经济发展的要求，我国在1993年进行了税制改革，将20世纪80年代颁布的《中华人民共和国个人所得税法》《中华人民共和国城乡个体工商户所得税暂行条例》《中华人民共和国个人收入调节税暂行条例》合并为统一的《个人所得税法》，并于1994年1月1日开始实施。1994年1月28日，国务院发布《中华人民共和国个人所得税法实施条例》。新的个人所得税法将原来按纳税人类型分别征收的个人所得税、个人收入调节税和个体工商户所得税合并为个人所得税，并且在纳税人、税率、扣除减免以及税收优惠等方面都做了比较明确的界定。同时开始采用分类征收的模式，有别于世界大部分国家如今所采用的综合征收制，在"调节收入差距与缓解分配不公"方面，并没有很好地发挥其功能。从规范的角度来看，新的税法开始走向比较适合市场经济的发展轨道。至此，我国的个人所得税制度正式建立起来。

1999年我国全国人大委员会通过《全国人民代表大会关于修改<个人所得税法>决定》将所得税法第四条第二款"储蓄存款利息免征个人所得税"删去，并且授权国务院研究制订个人储蓄存款利息所得税。

2000年1月1日起，对个人独资企业和合伙企业投资者征收个人所得税。

2002年1月1日起，个人所得税实行中央与地方按比例分享。

2005年10月，第十届全国人大常委会第十八次会议中，对《个人所得税法修正案草案》再次审议并表决通过，确定了关于设立免征额的决定，即2006年1月1日开始执行个税免征额为1600元。

2006年，"十一五"规划采纳了党的十六届三中全会上，《中共中央关于完善社会主义市场经济体制若干问题的决定》明确指出改进个人所得税，实行综合和分类相结合的个人所得税制度，税前扣除项目和标准以及税率适当调整的个税改革方向。

2007年6月，第十届全国人大常务委员会第二十八次会议通过了《关于修改〈中华人民共和国个人所得税法〉的决定》，这是我国第四次修订个人所得税。其中将第十二条更改为："对储蓄存款利息所得开征、减征、停征个人所得税及其具体办法，由国务院规定"。

2007年12月，第十届全国人大常委会第三十一次会议表决通过了关于修改个人所得税法的决定。个人所得税免征额由1600元提高到2000元，并于2008年3月1日起开始实施。

2008年对我国个人所得税制度做了进一步的完善。包括暂免征收储蓄存款利息个人所得税、为全面的促进残疾人就业的税收优惠出台、明确职工购买单位的低价房需缴纳个人所得税、明确外籍董事高管的个人所得税政策、规定关于股权转让收入征收个人所得税等问题。

2011年9月，我国内陆的个人所得税免征额上调，达到了3500元。同时，还规定："将个人所得税的一级税率由以前的5%修改为3%；九级超额累进税率修改成七级；撤销15%和40%两个高档税率，扩大3%和10%两个低档税率的适用范围"。

2012年7月，我国政府相关部门对启动全国税务系统个人信息联网工作进行筹备，这为个人所得税改革提供了技术扶持。

自1994年开始，我国政府对个人所得税的调整相当的频繁，我国的个人所得税改革与国际接轨的趋势越来越明显，并且综合征收的改革方向也越来越明朗。考察整个个人所得税改革的过程我们不难发现，我国个人所得税调节收入分配的职能日益加强。同时，我国个人所得税不断改革取得的效果也是非常显著的，自1994年以来，个人所得税无论从数量上还是从规模上都有了很大的发展。从数量上来说，个人所得税从72.67亿元增加到6054.09亿元，同期其他税收收入的增长速度远不能与个人所得税的增长速度相比。从规模来看，个人所得税占我国税收的比重也从1994年的1.52%提升到2011年的6.57%（见表3-1）

2011年个人所得税改革之后，我国全年个人所得税税收大约减少了1600亿元。调整以后工薪收入者的纳税范围由改革前的28%下降到7.7%，纳税人数由原来的8400万减少到2400万，大幅度减轻了中低收入者的经济负担。

表3-1 1994-2015年税收总收入、个人所得税收入及其比重

年份	个人所得税收入（亿元）	税收总收入（亿元）	个人所得税占税收总收入的比重（%）
1994	72.67	4788.81	1.52
1995	131.39	5562.18	2.36
1996	193.06	6430.75	3
1997	259.55	7998.42	3.25
1998	338.59	8874	3.82
1999	414.24	9920.48	4.18
2000	660	12125.88	6.9
2001	995.99	14429.5	6.9
2002	1211.04	17003.58	7.12
2003	1417.18	20461.56	6.93
2004	1737.18	25718	6.75
2005	2093.91	30866	6.78
2006	2452	37636	6.52
2007	3184.98	49449.29	6.44
2008	3722	54219.62	6.86
2009	3949.27	59514.7	6.63
2010	4837.17	73202	6.61
2011	6054.09	89720.31	6.75
2012	5820.24	10060.88	5.79
2013	6531	110497	5.91
2014	7377	103768	7.11
2015	8617	124922	6.90

资料来源：《中国统计年鉴》。

3.2 现行的个人所得税税制

自1980年我国个人所得税开征以来，通过征收个人所得税所获得的财政收入在税收总收入中所占比重持续上升，一跃成为我国第四大税种。中国改革开放三十多年来，国民收入渠道拓宽，收入来源多样、收入水平提升，现行的个税税制已经难以满足新形势下社会经济发展的需求，在调节收入分配方面暴露出很多弊端，与此同时社会公平问题也不断显现。

党的十八大报告中指出，通过我国的税制改革，要形成对结构优化、社会公平有利的税收制度。而调节收入分配最有效、最直接的工具和手段就是征收个人所得税。本质上，开征个人所得税最重要目的就是缩减贫富差距、均衡社会收入。目前，我国个人所得税采取的是分类个人所得税制模式征收办法，即"将个人各种不同来源、性质有所差异的所得进行分类，再针对不同类型的所得，扣除不同的费用，并根据不同的税率征税"，我国税法上规定的应税所得包括工资薪金所得、个体工商户的生产经营所得、对企事业单位的承包承租经营所得、劳务报酬所得、稿酬所得、特许权使用费所得、利息股息红利所得、财产租赁所得、财产转让所得、偶然所得等共计十一类。

（1）工资薪金所得个人所得税的计算

应纳税额=（工资薪金所得-三险一金-免征额）×适用税率-速算扣数

（公式1）

其中，"三险"包括养老保险、医疗保险、失业保险；"一金"指住房公积金。

表3-2 2015年工资、薪金所得适用个人所得税税率表 单位：元

级数	全月应纳税所得额为 X	税率（%）	速算扣除数
1	X≤1500	3	0
2	1500<X≤4500	10	105
3	4500<X≤9000	20	555

级数	全月应纳税所得额为 X	税率（%）	速算扣除数
4	9000＜X≤35000	25	1005
5	35000＜X≤55000	30	2755
6	55000＜X≤80000	35	5505
7	80000＜X	45	13505

（2）劳务报酬所得个人所得税的计算

a. 含税劳务报酬所得不超过4000元

劳务报酬应纳税所得额=含税劳务报酬所得800元 （公式2）

b. 含税劳务报酬所得超过4000元

劳务报酬应纳税所得额=含税劳务报酬所得×（1-20%） （公式3）

c. 劳务报酬应纳税额=应纳税所得额×适用税率-速算扣除数 （公式4）

表3-3 劳务报酬所得税税率表 单位：元

级数	每次应纳税所得额为Y	税率（%）	速算扣除数
1	Y≤20000	20	0
2	20000＜Y≤50000	30	2000
3	50000＜Y	40	7000

3.3 现行个税与居民收入的配比性分析

由于我国的个税收入基本来自城镇居民，本节主要分析城镇居民收入变动趋势与个税的变动趋势是否配比。

（1）城镇居民收入来源的变动趋势

城镇居民收入来源数据来自《中国统计年鉴》。《中国统计年鉴》中城镇居民收入来源可分为工资薪金收入、经营性收入与财产性收入。由表3-4可知，2000年至2015年，城镇居民收入来源中，工资薪金收入占绝大比重，最低占总收入的74%，最高达总收入的92%；经营性收入与财产性收入的比重较小，其中，经营性收入的最低比重为5%，最高比重为14%；财产性收入的最低比重为2%，最高比重为12%。

表3-4 城镇居民收入来源占比

年份	工资薪金收入	经营性收入	财产性收入
2000	92%	5%	3%
2001	92%	5%	3%
2002	93%	5%	2%
2003	92%	6%	2%
2004	92%	6%	2%
2005	90%	8%	2%
2006	89%	8%	3%
2007	89%	8%	3%
2008	86%	11%	3%
2009	86%	11%	3%
2010	86%	11%	3%
2011	84%	12%	4%
2012	84%	12%	4%
2013	75%	13%	12%
2014	74%	14%	12%
2015	74%	14%	12%

由图3-1可以清晰地看到城镇居民收入中工资薪金收入、经营性收入与财产性收入的变动趋势。2000年至2015年，工资薪金收入占总收入的比重均超过70%，2000年至2007年所占比重基本稳定，2008年至2015年工资薪金所占比重持续下滑，其中2012年至2013年下降幅度最大，达到9%。经营性收入所占比重总体呈上扬态势，由5%稳步上升到14%，变化趋势较小。财产性收入总体也是上扬趋势，其中2002年至2005年有小幅下调，2013年大幅上涨，由4%上涨至12%。

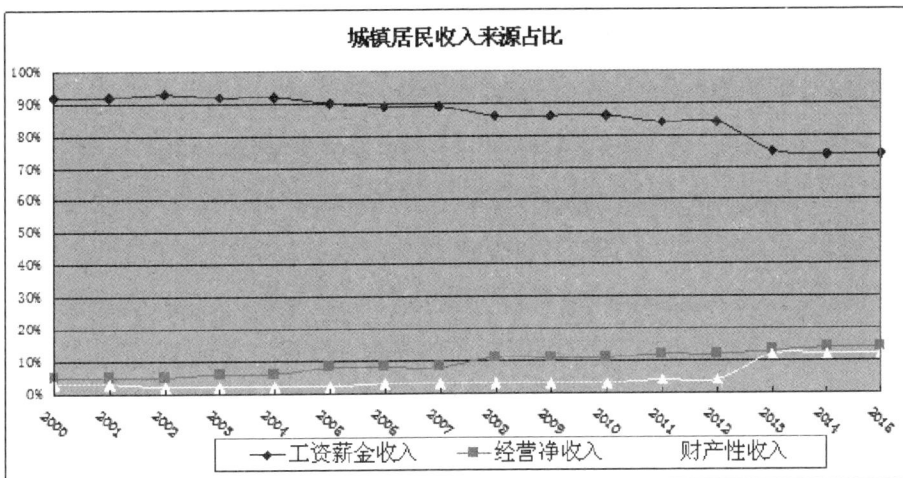

图3-1　城镇居民收入来源占比趋势图

（2）城镇居民收入个税的变动趋势

城镇居民收入个税的数据来自于《中国税务年鉴》。本节为与上文城镇居民收入来源相对应，将个税分为了工资性个税、经营性个税、财产性个税与其他所得个税。由表3-5可知，四种个税收入中，工资性个税占到绝对比重，由2000年的45%逐步上升至2015年的68%，其中2000年的45%为例年最低值，2015年的68%为例年最高值；经营性个税所占比重逐年下降，由2000年的23%下降至2015年的9%，其中2000年的23%为例年最高值，2015年的9%为例年最低值。财产性个税所占比重有小幅波动，最高值为2001年的35%，最低值为2006年的9%，近年来一直稳定在20%左右；其他所得个税波动幅度很小，维持在2%至3%之间。

表3-5　城镇居民收入来源个税占比

年份	工资性个税	经营性个税	财产性个税	其他所得个税
2000	45%	23%	29%	3%
2001	43%	19%	35%	3%
2002	48%	17%	32%	3%
2003	54%	16%	27%	3%
2004	56%	16%	26%	2%

年份	工资性个税	经营性个税	财产性个税	其他所得个税
2005	58%	15%	25%	2%
2006	55%	15%	9%	2%
2007	57%	14%	27%	2%
2008	62%	14%	21%	2%
2009	65%	14%	18%	2%
2010	68%	14%	16%	2%
2011	67%	13%	19%	2%
2012	64%	12%	21%	3%
2013	65%	11%	21%	2%
2014	68%	9%	20%	3%
2015	68%	9%	20%	3%

　　由图3-2可更清晰地看到四种个税占比的变化趋势。工资性个税所在比重均在40%之上，位于整个图表的上半部，2000年至2015年呈逐年上升趋势，波动幅度很小，近年来稳定保持在68%左右；财产性个税的比重普遍低于工资性个税的比重，但高于其他两种个税比重。2000年至2015年财产性个税的比重呈平缓下降态势，其中2006年下降幅度最大，2007年又反弹回正常水平，近年来稳定保持在20%左右；经营性个税的比重同样呈平缓下降态势，最高为2000年的23%，最低为2005年的9%；其他所得个税所占比重维持在2%至3%之间。

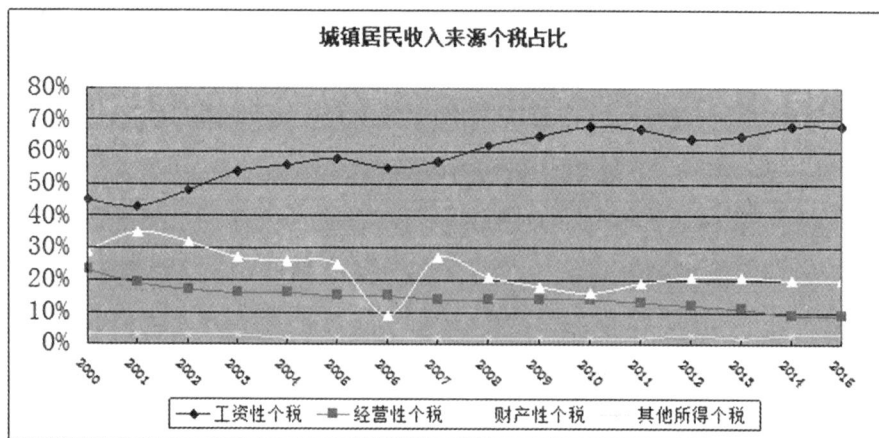

图3-2　城镇居民个税变动趋势图

（3）城镇居民收入来源与个税构成变动趋势相反

我们通过比较城镇居民收入来源占比与城镇居民收入个税占比可以发现，各种城镇居民收入的变动趋势与各种个税的变动趋势是相反的。

由城镇居民收入来源占比可知，工资薪金收入占绝大比重，2000年至2015年，工资薪金收入占总收入的比重由92%逐步下降到74%，下降趋势明显；在城镇居民收入来源个税占比中，我们可以看到，工资性个税的比重是逐年上升的，2000年至2015年间由最低45%上升至最高68%，上升趋势明显。两者比较可知，工资薪金收入比重下降的同时工资性个税逐年上升，变动趋势相反。

由城镇居民收入来源占比可知，相对于工资薪金收入，经营性收入所占比重较小，但上升趋势也很明显，2000年至2015年间由最低5%上升至最高14%；在城镇居民收入来源个税占比中，我们可以看到，经营性个税占总个税的比重呈下降趋势，由2000年最高23%稳步下降至2015年最低9%，下降趋势明显。两者比较可知，经营性收入比重上升的同时经营性个税逐年下降，变动趋势相反。

由城镇居民收入来源占比可知，相对于工资薪金收入，财产性收入所占比重也较小，但上升趋势也很明显，2000年至2015年间由最低3%上升至最高12%；在城镇居民收入来源个税占比中，我们可以看到，财产性个税占总个税的比重呈下降趋势，2000年至2015年间由最高35%稳步下降至最低20%，下降趋势明显。两者比较可知，财产性收入比重上升的同时财产性个税逐年下降，变动趋势相反。

（4）城镇居民个税与收入的匹配性

a. 工资性个税与工资性收入的匹配性

工资性收入是城镇居民收入的重要组成部分，占据绝对比重，但变动趋势呈逐年下降。2000年至2005年，工资性收入占城镇居民收入的比重达到92%，其他各种收入只有8%，2006年至2012年由89%下降至84%，2013年至2015年稳定保持在74%左右。2000年至2015年间工资性收入占总收入的比重由92%下降至74%，下降了接近二十个百分点，这说明工资性收入在居民总收入的比重逐渐减弱，而其他各种收入的比重逐渐增强。

工资性个税是城镇居民个税的重要组成部分，占据绝对比重，但变动趋势呈逐年上升。2000年至2002年保持在45%左右，2003年至2007年保持在57%左右，2008年至2015年保持在68%左右。2000年至2015年间工资性个税占总个税的比重由45%上升至68%，上升了23%。说明工资性个税在总个税中的地位越来越重要，个税收入越来越倚重工资性个税。

一方面是工资性个税占个税总额的比重在逐步上升，另一方面却是工资性收入占居民收入的比重在逐步下降，说明工资性收入对居民总收入的贡献越来越小，但对个人所得税的贡献反而越来越大。工资性个税以工资性收入为税基，工资性收入比重下降时，工资性个税的比重也应随之下降，但两个比重却呈现了相反的变动趋势，这说明目前个人所得税对工资性收入征税过重。

b. 经营性个税与经营性收入的匹配性

经营性收入在城镇居民收入中占比不高，但变动趋势呈逐年上升。2000年至2007年，经营性收入占城镇居民收入的比重由5%上升至8%，2008年至2015年由11%上升至14%。2000年至2015年间经营性收入占总收入的比重由5%上升至14%，上升了接近250%，这说明经营性收入在居民总收入的比重逐渐增强，经营性收入在总收入中发挥着越来越重要的作用。

相对于工资性个税，经营性个税在城镇居民个税的占比较小，但变动趋势呈逐年下降，2000年保持在23%左右，2001年至2013年由19%下降至11%，2014年至2015年保持在9%。2000年至2015年间经营性个税占总个税的比重由23%下降至9%，下降幅度超过50%。说明经营性个税对总个税中的贡献越来越小。

一方面是经营性个税占个税总额的比重在逐步下降，另一方面却是经营性收入占居民收入的比重在逐步上升，说明经营性收入对居民总收入的贡献越来越大，但对个人所得税的贡献反而越来越小。经营性个税以经营性收入为税基，经营性收入比重下降时，经营性个税的比重也应随之下降，但两个比重却呈现了相反的变动趋势，这说明目前个人所得税对经营性收入征税过轻、征管不严。

c. 财产性个税与财产性收入的匹配性

财产性收入在城镇居民收入中占比不高，但变动趋势呈逐年上升。2000年至2012年，财产性收入占城镇居民收入的比重由3%上升至4%，2013年至2015年维持在12%。2000年至2015年间财产性收入占总收入的比重由3%上升至12%，上升了接近300%，这说明财产性收入在居民总收入的比重逐渐增强，财产性收入在总收入中发挥着越来越重要的作用。

相对于工资性个税，财产性个税在城镇居民个税的占比较小，变动趋势有一定波动性，但总体呈下降趋势，2000年至2005年保持在29%左右，2006年忽然下降至9%，2007年又反弹回27%，2008年至2015年维持在20%左右。2000年至2015年间财产性个税占总个税的比重由29%下降至20%，下降幅度接近30%。说明财产性个税对总个税中的贡献越来越小。

一方面是财产性个税占个税总额的比重在逐步下降，另一方面却是财产性收入占居民收入的比重在逐步上升，说明财产性收入对居民总收入的贡献越来越大，但对个人所得税的贡献反而越来越小。财产性个税以财产性收入为税基，财产性收入比重下降时，财产性个税的比重也应随之下降，但两个比重却呈现了相反的变动趋势，这说明目前个人所得税对财产性收入同样存在征税过轻、征管不严等问题。

d. 个税比重与城镇居民收入比重变动趋势不匹配

三类个税收入占个税总额比重的变动趋势与对应的三类居民收入占城镇居民总收入比重的变动趋势正好相反。这种相反的变动趋势反映了以工资性收入为主的中低收入群体税负有日益加重的趋势，而以财产性收入和经营净收入为主的高收入群体税负有日益减轻的趋势。税收收入与税基变动相反，体现了个税对不同居民收入征税有失公平。

3.4　现行个税有较大避税空间

随着国家税制的完善和征税的日趋正规化，个人所得税作为国家宏观调控的一种重要手段，很多时候会因避税行为而被扭曲，难以发挥其应有的作用。收入最大化是每一个经济主体的追求，但纳税人必须将其中一部分作为赋税上缴给国家。作为纳税人总有将保留给自己的份额最大化（上缴金额最小化）的倾向，避税正是纳税人追求经济利益最大化在税收和法律领域的体现。

（1）工资、薪金所得的避税

a.工薪收入均衡化

由于我国应税工资薪金所得适用七级超额累进税率，纳税人适用的税率随着应纳税所得额的增多而升高。因此，在高收入时期，相应应纳税额也会高。为了避免不同时期收入差异过大，高收入时期适用高税率导致个人整体税负大幅上升，工薪收入均衡化是降低个人税负的必要选择。所谓工薪收入均衡化是指把工资、薪金平均分摊在每个月，使工资、薪金的发放相对平均，可以达到少缴税、递延纳税的目的。

例：小王作为一家合资企业的业务员销售轮胎，平时的工资每月只有3000元。预计2016年底，小王由于销售业绩极好可获得30万元年终奖。小王应缴纳的个人所得税的金额计算如下：

2016年1-12月，根据第六次修正的个人所得税法，小王的每月收入未达到费用扣除额3500元，因此不用缴纳个人所得税。由于小王全年的收入低于国家规定的免征额，其一次性奖金符合纳税规定的情况为：奖金应纳税所得额=300000元。

［300000-（3500-3000）］/12=24958.33元，所以奖金应纳税所得额适应的税率为25%。

奖金应纳的个人所得税额=［300000-（3500-3000）］×25%-1005=73870元。

如果小王全年的奖金平均到2016年各月发放，假设其月均收入无变化，则应纳税额将有很大变化。

每月的工薪收入=（300000+3000×12）/12=28000元

每月应纳税额=（28000-3500）×25%-1005=5120元

年应纳税额=5120×12=61440元

进行税收筹划后，小王全年节约税额=73870-61440=12430元。

b. 工资、薪金福利化

工资、薪金福利化是指企业为员工提供免费的住房或者收取少量租金的房屋，企业向员工免费提供餐饮或者由企业进行支付员工的伙食费，企业为职工安排住宿，由企业专门提供车辆供职工使用，企业为职工子女成立教育基金等。在这种情况下，企业只是把本应付给职工的工资、薪金转换为福利的形式发给职工，企业的成本并没有发生变化，但对于职工来说，在工资及福利总和未发生改变的情况下可以减少个人的收入所得，从而减少税负并增加可支配收入。

例：2016年10月，某公司王师傅从单位得到当月工薪收入总额8500元。由于租住一套房租为每月2000元的两居室，王师傅扣除房租后的当月收入为6500元。

王师傅应纳的个人所得税=（8500-3500）×20%-555=445元

如果单位有免费的房屋供王师傅居住，每月工薪收入减少到6500元，则王师傅应纳的个人所得税=（6500-3500）×10%-105=195元

筹划后王师傅可以减少税款=445-195=250元，而单位也没有损失。

c. 应税项目转化

工资、薪金所适用七级超额累进税率，而劳务报酬适用的三级超额累进税率。由于工资、薪金与劳务报酬同等金额时可能适用不同的税率，我们可以按照工资、薪金所得纳税，也可以按照劳务报酬所得纳税，从低纳税。

例：李小姐因为每月2000元的工资太低，便在私营企业做兼职，当月李小姐获得3000元的报酬金额。

如果李小姐与该企业是临时的雇佣关系，那么李小姐的工资没有达到免征额3500，因此不用纳税。而李小姐的劳务报酬应纳税额=（3000-800）×20%=440元。

如果李小姐与该企业存在固定的雇佣关系，那么该企业支付的3000元与单位支付的2000元作为工薪收入合并缴纳个人所得税，应纳税额=（2000+3000-3500）×3%=45元。

由此看出，如果李小姐与企业存在固定的雇佣关系，则每月可以少缴税额440-45=395元。

d. 纳税人以减少申报收入的方式直接避税

我国目前个人所得税的征收对象主要是工薪阶层，而不是高收入阶层。高收入阶层避税比较严重，个人所得税的实际负担并没有落在高收入阶层，反而由工薪阶层负担，征收个人所得税的初衷被扭曲，个人所得税对收入的调节作用不明显。同样的收入水平，诚实的纳税人缴纳税款更多，而少申报的避税者则少缴纳税款，不符合公平原则。由此我们可以得出这样一个结论：目前，对高收入者和高收入行业个人所得税的监管是非常薄弱的，并且税务机关的查处率和处罚程度也相对较低，因此导致偷逃个人所得税成为一种"有利可图"的社会普遍选择。

e. 纳税人选择低报个人所得的方式避税

由于稽查率、罚款率、心理成本的影响，避税者选择更易于隐蔽其收入的职业，比如通过在地下经济中寻找工作来欺骗政府，通过利用税法上的各种漏洞尽量避免纳税义务。

f. 纳税人多缴住房公积金避税

根据我国个人所得税征收的相关规定，每月所缴纳的住房公积金是从税前扣除的，也就是说住房公积金是不用纳税的。而公积金管理办法表明，职工是可以缴纳补充公积金的。也就是说，职工可以通过增加自己的住房公积金来降低工资总额，从而达到减少应当交纳个人所得税的目的。

（3）劳务报酬的避税

a. 增加支付次数筹划法

劳务报酬适用三级超额累进税率，对于可以获得连续性收入的同一个项目，劳务报酬以一个月为一次缴纳个税。若劳务报酬的税基较高，可能会适用30%～40%的高税率。我们可以通过筹划使纳税人在长期内分次、平均领取，从而使得该项所得适用较低的税率。

例：孙老师是当地一所大学的教授，拥有注册会计师资格。受朋友的邀请，孙老师每年年末的三个月到朋友所在的会计师事务所指导工作，在年底三个月，每月可能获取30000元报酬。

如果按上述约定，那么孙老师应纳的税款为：月应纳税额=30000×（1-20%）×30%-2000=5200元。

应纳税总额=5200×3=15600元

为了节约孙老师所缴纳的税款，经孙老师同意，事务所分十二个月平均支付7500元给孙老师，则月应纳税额=7500×（1-20%）×20%=1200元。

应纳税总额=1200×12=14400元

通过筹划，孙老师实际节税15600-14400=1200元。

b. 劳务收入费用化

接受劳务的一方通过为提供劳务以取得报酬的个人提供一定的福利，承担个人的费用，从而达到规避个人所得税的目的，比如为对方提供食宿、报销交通费等。

（4）稿酬所得的避税

a. 系列丛书筹划法

个人同一作品不论以书本、报纸还是期刊方式出版，不论出版单位是提前支付或者分期支付稿费，或者增加印刷该作品的数量而再次支付稿费，都需要合计所有稿费缴纳一次个人所得税。由于作品的性质不同，需要分别计算税款，为纳税人的筹划提供了可能。如果一本书由几个部分组成，以系列丛书的方式呈现，那么该作品可以被分为几个独自的创作。而且这种发行方式不会严重影响发行数量，因此可以分别计算税款，并且能够节约纳税人的大量税金。

例：某高校一位德高望重的教授，准备出版关于社会文明的一本书，期望报酬为12000元。

如果该教授以书本的形式出版该著作，则应纳税额=12000×（1-20%）×20%×（1-30%）=1344元。

假如在允许的条件下，该教授以系列丛书的形式分为四本书出版，则该纳税人的纳税情况如下：

每本书的稿酬=120000/4=3000元

每本书的应纳税额=（3000-800）×20%×（1-30%）=308元

应纳税总额=308×4=1232元

实际节税1344-1232=112元

从中看出，该教授用这种筹划法可以少缴112元的税款。

b. 著作组筹划法

如果预期可以获得大量的稿酬，那么需要成立一个著作组，由多名组员共同创作一本书。就像系列丛书，该筹划方法利用低于4000元稿酬的800元费用抵扣标准，该项抵扣的效果大于20%的抵扣标准。此种筹划方法可以加快创作速度，帮助社会上急于需要的书籍提早问世，各种新观点迅速展现出来，进而加快知识进步的步伐。其次，集思广益，团队的努力必定大于个人的结果。

例：某地质专家准备写一本地质学教材，与出版社商议预计可获得24000元稿酬。如果该地质专家独自写作，则可能的纳税情况为：

应纳税额=24000×（1-20%）×20%×（1-30%）=2688元

假如地质专家采用著作组筹划法，并设定该团队共10人，每人可获得稿费2400元，则应缴纳税款的计算步骤为：

10人应纳税额=（2400-800）×20%×（1-30%）×10=2240元

如果该著作组的收入分配方案为其中9人的收入均为800元，1人的收入为16800元（=24000-800×9），则纳税情况为：

应纳税额=16800×（1-20%）×20%×（1-30%）=1881.6元

c. 再版筹划法

个人以书本的方式对同一作品在多处出版社出版、发表或再版而获得的稿费收入所得，可以将不同地方取得稿酬收入按照获得的次数分别计征个人所得税。

此种筹划方法是待出版物市场前景可观，即预期销售量较大时运用。与出版社协商后，采取分批印刷的方法，以减少每次收入量，从而节省税款。

例：某历史学家计划出一套书（共10册），估计市场销量至少为8万套。该历史学家和出版社商议的结果是，基本稿酬是20万元，每出版2万套另付稿费10万元。

通常来说，个人在较短的期限内很难完成整套书，那么可以选择的方法是，邀请多名教授配合完成创作。

假如邀请9名教授分别完成一本书，该历史学家自己也写一本书。同时假设有8万套书能够一次性出版，出版社共计需要支付60万元的稿费，并且每本书都由这10名作者挂名出版，则人均每本书6000元稿费收入。

人均应纳税额=6000×（1-20%）×20%（1-30%）×10=6720元

若与出版社商量决定需要两次完成出版，均需要支付30万元稿费，那么每次的计税金额均为3000元。

人均应纳税额=（3000-800）×20%×（1-30%）×10=6160元

那么人均减少税额=6720-6160=560元。

（5）保险投资避税

居民在购买保险时可享受三大税收优惠：第一企业和个人按照国家或地方政府规定的比例提取并向指定的金融机构缴付的医疗保险金，不计个人当期的工资、薪金收入，免缴纳个人所得税。第二由于保险赔款是赔偿个人遭受意外不幸的损失，不属于个人收入，免缴个人所得税。第三按照国家或省级地方政府规定的比例缴付的医疗保险金、基本养老保险金和失业保险基金存入银行个人账户所取得的利息收入，也免征个人所得税。

（6）利用捐赠抵减避税

据相关规定，个人将所得通过中国境内的社会团体、国家机关向教育、其他社会公益事业以及遭受严重自然灾害地区、贫困地区捐赠，其赠额不超过应纳税所得额30%的部分，计征时准予扣除。金额未超过纳税人申报的应纳税所得额30%的部分，可以从其应纳税所得额中扣除。这就是说，个人在捐赠时，必须在捐赠方式、捐赠款投向、捐赠额度上同时符合法规规定，才能使这部分捐赠款免缴个人所得税。只要纳税人按上述规定捐赠，既可贡献出自己的一份爱心，又能免缴个人所得税。

由于现行个人所得税具有较大的避税空间，纳税人会采用各种方法尽量减少自身税负，从而影响个人所得税收入调节功能的实现效果。

3.5 完善个人所得税制的必要性

个人所得税是国家针对每一个纳税人的个人所得征收以用于调节社会分配和国家经济建设的税种，个人所得税的征收对于推进国家的进一步发展和调节社会公平是必不可少的，无论是对国家还是对个人，个人所得税制的完善具有较强的现实意义。

目前据相关部门统计，我国个人所得税收入所占财政收入的比重还是较低的。根据有关资料，个人所得税收入所占财政收入的比重在6%到10%之间是低收入国家的比重，个人所得税收入所占财政收入的比重在10%到20%是中等收入国家的比重，40%以上是发达国家的比重。然而我国个人所得税收入占税收收入的总比重，从1995年的1.43%到2003年的7.13%，每年都在递增；而从2003年开始到2009年，所占的比重一直维持在6.44%到6.63%，2010年到2015年，个人所得税占税收的总比重有小幅波动，最高是2014年的7.11%，最低是2012年5.79%，基本上是稳定增长的趋势。这些数字显示我国个人所得税的收入增幅在最近几年是大的，但在税收收入中还基本上是处于小税种的位置。

在市场经济条件下，随着社会成员之间收入水平的差距逐渐拉大，政府用来调节社会个体之间收入差距以达到收入分配公平而使用的一个非常重要的手段便是个人所得税。目前个人所得税在提高我国财政收入，解决财政困难方面发挥了积极作用，但是在调节作用上，在如何消除由收入差距越来越大而引起的负面效应上，没能充分发挥在收入二次分配中的公平调节作用。基尼系数国际公认的警戒线是0.40，而我国的基尼系数达到0.47，说明我国的社会财富集中在少数人手中，大多数人不富裕，贫富差距越来越大，两极分化很严重，将会产生越来越多的社会影响。因此，我国经济发展的当务之急是完善个人所得税制，调节收入分配，提高分配效率，促进社会公平。

目前我国个人所得税制并不完善，个税的收入调节作用并没有得到充分发挥，社会贫富差距较大，不利于社会的良性发展。因此，进一步完善个人所得税制，有利于实现社会收入分配的公平性，使得公民的负担水平大体相同，消除因分配不公而带来的诸多社会问题；缓解因纳税而给部分群体带来的生活压力，同时提高部分高收入人群的纳税额以达到减小贫富差距的效果等等。完善个人所得税制，是我国由发展中国家迈向发达国家的必经之路，是实现公民平等的重要保障。

3.6　现行个人所得税运行评价

3.6.1　现行个人所得税发挥的积极作用

（1）税收收入持续快速增长

自1981年中国全面实行个人所得税以来，其收入规模逐年递增。尤其是进入新世纪以来，个人所得税收入规模随着个人收入水平的提高而呈显著增长趋势。2015年，全国个人所得税实现收入8617亿元，为1994年的72.67亿元的118倍。随着收入规模的增长，其占税收收入的比重也不断提高。2015年，个税收入占税收收入的比重由1994年的1.52%提高至6.90%。税收收入的快速增长，为经济社会发展提供了财力支持，组织收入职能得以较好发挥。

（2）调节分配职能不断强化

随着个人所得税收入占地区生产总值比重的提高，其调节收入分配职能也不断强化。2016年，全国工薪所得税款占个人所得税收入比重由2009年的50%提高到70%。个人所得税对高收入者调节力度明显增强。同时个人所得税通过实行全员全额扣缴申报、源泉扣缴和所得万元以上个人自行申报等制度，切实加强了对取得年终奖金、股权激励、限售股、大额劳务报酬和财产转让所得等收入的高收入者的管理。

（3）调控经济职能持续增强

通过对上市公司股票和基金转让所得免征个人所得税，促进了资本市场发展。通过对外籍个人从外商投资企业取得股息免征个人所得税，优化了国内投资环境。通过对储蓄存款利息所得暂免征收个人所得税，增加了居民储蓄存款利息收入，减少了因物价上涨对利息收入的影响，对拉动内需、鼓励消费起到了积极的促进作用。通过对外籍人实行优惠政策，推动了国家人才战略的实施。通过加强房地产转让所得个人所得税征管，切实加大了对房地产市场调控力度。通过支持中关村发展优惠政策，推动了国家创新战略的实施。通过对个体工商户和个人从事种植业、养殖业、饲养业、捕捞业经营所得免征个人所得税，切实减轻了农民负担。

（4）保障民生职能成效明显

自个人所得税法实施以来，连续三次提高了工薪所得费用扣除标准。2011年9月1日，工薪所得费用扣除标准由2000元提高到3500元以后，全国纳税人数由8400万人减少到2400万人，6000万人不再需要纳税。北京市454万工薪所得纳税人中，229万人不再需要纳税，工薪所得纳税人面由原来的57%下降到28%，受工薪所得费用扣除标准提高影响，人均月增45元。同时，通过认真落实再就业、残疾人、捐赠扣除等税收优惠政策，有力地促进了再就业工作和和谐社会建设，保障和改善了民生。

3.6.2　现行个人所得税存在的问题

我国现行个人所得税制已经运行36年，其间经过不断改革完善，总的来讲，个人所得税调节收入分配和组织财政收入的职能作用得到比较好的发挥，在税制结构中的地位逐步增强，税制的基本框架是可行的，但现行税制在执行中也暴露出不少亟待解决的问题。

（1）横向不公平

横向公平亦称"水平公平"。税负横向公平指的是对于有着一样经济能力的人群应该征收同等数额的税款。也就是说，征税依据的是税收对象自身的实际情况，而不能因为纳税地位、等级、种族、肤色等有所差异而对其施行歧视性待遇。但在实际生活中，横向公平原则的贯彻首先遇到的问题就是如何来判定纳税人的经济能力或纳税能力，这就需要一个合理的衡量标准。当前我国实行的个税模式是按照个人来征收税款的分类所得税制，即"将所得按性质划分为若干类别，针对不同性质的所得设计不同的税率和费用扣除标准，分别计算不同类别所得的应缴税额"。应用这种课税模式是有优势的，它的优势在于征管简便，可以通过源泉扣缴的办法，一次征收，降低征税成本；对不同性质的所得，分开课征，区别对待有利于贯彻特定的政策意图。但这种征收模式也是有劣势的，它难以将税收要求的公平性原则落到实处，因为在我国，一般每个人都属于家庭组织的一员，纳税人实际的经济状况及纳税能力是依附于家庭之上的，而现行课税模式并没有顾及这一点，因此容易产生公平缺失的问题；甚至会滋生纳税人改变经济行为的不法作为，如逃税避税，这种经济效率的扭曲严重影响个税在调节收入分配中的作用。

a. 所得相同的纳税人可能会因为税收来源各异而承担不一的税负。例如：甲方每个月的收入只有单一来源，仅仅为工资薪金所得，数额为5500元；乙方有两个收入来源，工资薪金所得为3000元、另外劳务报酬费为2500元；丙方收入来源多样，工资薪金所得为3500元、劳务报酬所得为750元、稿酬所得为600元、租金所的为650元。（假设该地区的三险一金标准为养老保险8%、医疗保险2%、失业保险1%、住房公积金8%。）

甲方：工资薪金所得应纳税额

$= [5500-5500×（8\%+2\%+1\%+8\%）-3500] ×3\%-0=28.65元$

乙方：工资薪金所得应纳税额=0元；劳务报酬所得应纳税额

=（2500-800）×20%=340元

丙方：工资薪金所得应纳税额=0元；劳务报酬所得应纳税额=0元；稿酬所得应纳税额=0元；租金所得应纳税额=0元（见表3-6）。

表3-6　同一地区所得相同来源不同的三个人税负比较（单位：元）

纳税者	所得来源	所得额	应纳税额	应纳税额合计	可支配收入
甲方	工资薪金	5500	28.65	28.65	5471.35
乙方	工资薪金	3000	0	340	5160
	劳务报酬	2500	340		
丙方	工资薪金	3500	0	0	5500
	劳务报酬	750	0		
	稿酬所得	600	0		
	租金所得	650	0		

由表3-6可以看出，同一地区，甲乙丙所得相同而收入来源不同的税负存在差异，容易反向促使纳税者通过分散来源获得所得，进而降低需要缴纳的税款，甚至不缴税款，这种逃避应纳税额的行为严重影响国家税收收入。

b. 所得相同的纳税人可能会由于收入结构各异而承担不一的税负。例如：Ⅰ、Ⅱ、Ⅲ、Ⅳ四个家庭的月收入均为7000元，家庭Ⅰ仅由甲获得月收入7000元；家庭Ⅱ收入结构组合为甲乙各为3500元；家庭Ⅲ收入结构组合为甲5000元、乙2000元；家庭Ⅳ收入结构组合为甲6000元、乙1000元。（见表3-7）

表3-7　所得相同的不同家庭结构的税负比较（单位：元）

	月收入总额	收入结构	应纳税额	可支配收入	税负
家庭Ⅰ	7000	甲：7000	245	6755	3.50%
家庭Ⅱ	7000	甲：3500 乙：3500	0	7000	0.00%
家庭Ⅲ	7000	甲：5000 乙：2000	45	6955	0.64%
家庭Ⅳ	7000	甲：6000 乙：1000	145	6855	2.07%

由表3-7我们可以看出，Ⅰ、Ⅱ、Ⅲ、Ⅳ家庭的月工资薪金收入相同，却由于收入结构不同导致税收负担相差很大。家庭Ⅱ甲乙两人都有薪资来源且税收负担为零，而家庭Ⅰ只有甲有薪资来源，甲承担的家庭压力明显大于Ⅱ家庭，但税负却为3.5%。Ⅱ、Ⅲ、Ⅳ三个家庭总工资相同，且甲乙均有薪资来源，但是却由于各自收入不尽相同，因此应缴纳的税款也不一样。Ⅲ、Ⅳ两个家庭中，甲均缴交了税款，而乙均不需缴交税款，但所缴的税款也不一致。根据"以人为本"的视角，明显有失公平。

c. 所得及结构相同的纳税人可能会由于所处地域各异而承担不一的税负。我国国土面积960万平方公里，幅员非常辽阔，这样就不可避免的造成了地区经济发展的不平衡。但是我国个人所得税制对于各地区的政策却是相同的，这样就造成了收入分配的不公平。我国东西部的发展情况差异很明显，沿海地区的经济发展程度比内陆地区要强许多但同时经济发达地区和欠发达地区又没有明显的界线，这样就造成了不公平性的存在。发达地区与欠发达地区的人们的收入差距越来越大，社会收入没有做到公平分配，随之就会带来很多不稳定的因素。同样是1万元的收入，在北京和在泰安就会过着完全不同两种生活，而纳税额对于他们的影响也是不同的。地区性的差异带来的消费水平的不同产生着很大的影响，同样的收入同样的纳税额对于这些人产生的压力是完全不同的。例如：Ⅰ、Ⅱ、Ⅲ三个家庭的月收入均为12000元，家庭收入结构均为甲乙各为6000元，由于所处经济发展程度不一的地域，日常支出不同，可支配收入存在差异。

表3-8　家庭收入结构和所得相同地域的税收负担（单位：元）

	月收入总额	收入结构	应纳税额	其他支出	可支配收入
家庭Ⅰ	12000	甲：6000	40.8	3000	8918.4
		乙：6000	40.8		
家庭Ⅱ	12000	甲：6000	40.8	5000	6918.4
		乙：6000	40.8		
家庭Ⅲ	12000	甲：6000	40.8	8000	3918.4
		乙：6000	40.8		

由表3-8可以看出，Ⅰ、Ⅱ、Ⅲ家庭所得相同、收入结构相同，却由于所处地域不同使得可支配收入存在很大差异。原因在于我国各地经济发展程度不同，贫富悬殊大。如在贫困的西北地区，人们觉得2000元的个税免征额高了；而在富裕的东南地区，5000元的个税免征额让人觉得低了。导致每一次个税调整，缴纳个税困难的人认为免征额过高，而有能力缴纳个税的人则认为免征额过低。我国个人所得税"一刀切"，各地区统——盘棋，税收无差别，有利于避免各地在税收优惠问题上产生分歧，导致恶性竞争。如果个税将城乡、地域等差别因素撇开一边不管，影响税收公平和居民幸福感，所谓收入调节功能就无法有效发挥作用。

（2）纵向不公平

纵向公平也称为"垂直公平"。税负纵向公平，指的是对于有着不同经济能力的人群应该征收不同数额税款。我国个人所得税规定，对于企业债券利息应征收20%的个税，但出于国家战略目的，国务院批准发行的金融债券利息、财政部门发行的债券利息、地方政府债务及国债免征个人所得税，这对于维护税收纵向公平也是有害无利的。另外，中国居民和外国居民均属于中国的纳税人，本国居民适用的个税免征额为3500元，但外国居民却拥有更高的个税免征额为4800元，在一定程度上，这也违背了税收的纵向公平。

a. 与所得来源渠道广且综合收入高的高收入者比较而言，个人所得税的来源主要集中于所得来源窄的工薪阶层，而对于高收入者，征缴税款却比较低。根据调查报告：在2001年，我国拥有7万亿的总存款量，其中少于20%的富人占有高达80%的总存款量，但所缴交的个人所得税却远远低于10%的存款总量。广东省地税局公布的消息称，"在2014年，广东省一共征收的个人所得税达到239.6亿，其中70%左右均来自于工薪阶层"。国家税务局的局长谢旭人表示，"在2015年，中国的个人所得税大约有65%都来自工薪阶层"。这种现状至今一直没有任何改变。

b. 税收费用扣除"一刀切"，没有顾及工薪阶层的真实性负担，即纳税者所在家庭的状况，诸如养育孩子、赡养父母、家庭成员在职情况等，均没有被考虑在内，严重凸显了税负的不公。每个人都是4000元的月收入，就业人数相同而家庭人数不同的两个家庭，人均税负却存在很大差别。举例说明：王先生在泰安某事业单位工作，妻子自从3年前生孩子后就一直没有工作，而且夫妻双方都是独生子女，4位老人均没有退休金。这样一来，7口之家就他一个人在工作。按照现在的申报方式，他月收入6500元，缴纳完个税后所剩无几。每次领工资条时，看着被扣除的所得税，王先生心里很不是滋味。看到身边的同事有钱买房买车，有时还可以出去旅游，而他的收入连养家糊口后很难。王先生这样的条件却还要和那些单身同事缴纳同样的税，这明显不合理。王先生因为要赡养老人还要维持家庭开销相信应该很大，但是他却要和那些不需要赡养老人的同事交同样的个税。也就是说，目前的个人所得税征收制度没有考虑个人的支出情况，其实就个人所得而言，家庭是最小的经济单位，而非个人，家庭状况决定着这个人的支出状况。如果实施以家庭为单位的个人所得税征收制度，可以进一步缩小收入差距，改善人民生活质量，促进和谐。

c. 附加福利与隐形收入多的人往往少纳税，偷税、逃税现象严重，违背税收公平原则。比如：公费医疗、免费用餐、住房补贴、交通补贴等，这些现象层出不穷，严重影响税收公平，现行税制的诸多缺陷没有真正体现税负公平、负担合理。

d. 个人所得税的征收与管理不善也容易导致税收负担的不公平。在我国，对于拥有透明且规范的工资薪金收入的人群，个人所得税采用源泉代扣代缴为主、个人自行申报纳税为辅的税收征收方式。这种征收方式不仅成本低廉，效率还比较高，工薪阶层纳税人也不会寻思着偷税逃税；反之，高收入者收入来源渠道广。对于大批金额交易，税务机关的监督、控制和稽查变得困难与复杂，税收征收管理的成本高且征收效率低，这群高收入者就会利用征管漏洞来偷税、逃税、避税。税务部门员工的执法不严更加成为偷逃避税的催化剂。

e. 我国的地域广阔，经济社会发展极度不均衡，各地的纳税条件也不尽相同，发达地区多征，落后地区少征甚至不征的情况甚为严重，难以体现税收的纵向公平。

（3）费用扣除制度不完善

我国现行的以个人为单位征收的个人所得税的费用扣除标准为"分类计征，分项扣除"。当然，与个人所得税开征初期相比较，我国个人所得税费用扣除制度的改革已经有了长足的进步，但是和国际平均水平相比较，我国个税的费用扣除制度明显存在很多不足，这会导致税收公平原则无法实现，甚至妨碍了个人所得税的改革进程。

a. 费用扣除未考虑通货膨胀的因素。我国的费用扣除方法采用统一的费用扣除标准，没有考虑通胀的影响，因此随着物价的上涨，纳税人的生活开支也相应地在增加，然而个人所得税的费用扣除标准却没有改变，这是不合理的。在这种情况上，部分被归入缴纳个人所得税的纳税人原本不必缴税，因通货膨胀导致实际免征额的降低而被归入这列。纳税"档次爬升"效应是由于通货膨胀，使得个人所得税的名义收入提高，在实际收入没有提高的情况下纳税人却以高税率纳税。通货膨胀引起相邻应纳税档次之间的差值减小，同时也使纳税人的税收负担加重。这样对那些低收入者来讲，考虑到其税负上升的幅度大于高收入者增加的幅度，通货膨胀使低收入纳税阶层的利益得到更多损害，使个人所得税难以达到公平分配的效果。所以在我国应该考虑费用扣除标准与居民的生活收支、通货膨胀等因素进行挂钩。

b. 费用扣除范围过窄。对于纳税人赡养老人、抚育子女的支出、住房贷款利息等对于居民的生存发展必不可少的支出不在可扣除项目范围内。个税的费用扣除范围的设定应遵照"以人为本"原则，而不能为了高效而草率地设定一个窄小范围的费用扣除项目，不仅有损我国居民基本的权利，甚至可能影响社会的稳步发展。

c. 针对不同性质的收入费用扣除标准不一。征税口径不一致，纳税人趁机进行收入转移，多次扣减应缴纳费用来逃避税款，降低税收负担。这不仅有违公平，而且导致税款的流失。同时，这些行为也让税收征管变得更加困难。

（4）现有税率结构不合理

分类税制根据应税所得项目不同分别适用超额累进税率和比率税率，对于不易计算应纳税所得额的，还有应税所得率、核定征收率和核定征收额等方式。不同所得项目税率之间存在较大差异，为纳税人税收筹划提供了空间，进而影响到纳税人对生产经营组织形式的选择，增加了征管难度。我国个人所得税由于税率形式的多种多样不仅使税制变得更加复杂，也使经济效率得到损害。

a. 最高边际税率偏高。我国现行的个人所得税制度中工资薪金所得的最高边际适用税率是45%，个体工商户的生产、经营所得和对企事业单位的承包、承租经营所得最高边际税率是35%，与许多其他国家的税率相比，处于较高的水平。实施单一税的国家的个人所得税税率大都在20%以下，如我国周边的俄罗斯，自2001年实施单一税以来，其个人所得税税率一直为13%，远远低于我国的税率；如表3-9所示，即便是发达国家，其中央政府的个人所得税最高边际税率在45%（以上的也很少见，过高的税率，会导致较高的税收超额负担，进而扭曲资源的配置，造成效率损失）。同时，工薪所得税率档次偏多、高边际税率偏高，不利于鼓励就业和提高中国税收竞争力。工薪所得边际税率最高可达45%，某些级次的税率在这种高边际税多档次的累进税率结构中形同虚设且事实上无实际意义。

表3-9　主要OECD国家中央政府个人所得税率（%）

国家	1986年		2016年	
	最低税率	最高税率	最低税率	最高税率
澳大利亚	24.42	57.08	19	45
加拿大	16	34	15	29
丹麦	14.4	39.6	6.83	21.83
芬兰	—	—	6.5	31.75
法国	5	58	14	45
德国	22	56	42	45
日本	—	70	5	40
挪威	3	40	12.95	24.95

国家	1986年		2016年	
	最低税率	最高税率	最低税率	最高税率
英国	29	60	20	45
美国	11	50	10	39.6

资料来源：OECD Tax Database。

b. 工资薪金所得的课税级次过多。我国现行个人所得税中工资薪金所得的课税级次是7级，由表3-10可看出，近30年来OECD主要国家个人所得税的税率级次是呈显著下降趋势的，且2016年很多国家的税率级次都小于7。较多的税率级次会使税制更加复杂，强化了纳税人偷逃税的动机，降低了纳税人偷逃税的成本，而增加了税收征管成本和遵从成本。

表3-10　主要OECD国家中央政府个人所得税税率级次

国家	1986年	2016年	国家	1986年	2016年
澳大利亚	6	4	瑞典	5	2
丹麦	3	2	奥地利	10	3
加拿大	9	4	挪威	8	3
法国	12	4	英国	6	3
德国	2	2	美国	15	7

资料来源：OECD Tax Database。

c. 税率结构复杂存在筹划空间。纳税人的劳动报酬所得包括工薪所得和劳务报酬所得，但两者差别在适用的税率形式和实际的税收负担上，劳务报酬所得的税负多数时候重于工薪所得原因是劳务报酬所得的适用税率为20%，且通常对一次性收入畸高时实行加成征收，纳税人可根据实际情况选择工资薪金或劳务报酬进行纳税，存在纳税筹划空间；财产转让所得、财产租赁所得、股息利息红利所得、特许权使用费所得、稿酬所得、偶然所得、经国务院财政税务主管部门确定的其他所得实行比例税率，个体工商户的生产经营所得和对企事业单位的承包、承租经营所得与其他各项应税所得适用的税率又不相同（适用5级超额累进税率），税率结构复杂，现行个人所得税存在筹划空间。

（5）个人所得税的运行出现逆向调节

个人所得税法设立之初，中国实行公有制经济体制，居民收入主要来源于工薪所得。但随着中国社会主义市场经济体制的建立和完善，居民收入分配形式发生深刻变化。涉外企业的进入、国有企业改革的推进、金融市场和房地产市场的发展、产权制度的创新和完善、城乡一体化进程的加快及非公有制经济的壮大，在不断提高居民收入水平的同时，也丰富了居民收入形式，使得居民收入呈现出多元化、国际化和隐性化趋势，并成为居民收入差距的主要影响因素。随着经济社会制度发展，个人所得税11项所得之间的竞合现象越来越突出：工薪所得与劳务报酬、劳务报酬与生产经营所得、生产经营所得与财产转让所得、财产转让所得与特许权使用费所得、特许权使用费所得与稿酬所得等等。分类税制模式下，个人所得税的运行出现逆向调节现象。

a. 我国个人所得税的数量过少，调节作用很有限。表3-11列出了近年来我国个人所得税的收入及占税收总额和GDP的比重，1999年以来，个人所得税的绝对数额基本呈现上升的趋势，个人所得税占税收总额的比重则呈现先升后降的趋势，但是，即使在比重最高的2005年，个人所得税占税收总额的比重也不过7.28%，而个人所得税占GDP的比重则在1.2%左右波动。表3-12为OECD主要发达国家个人所得税收入占税收总额和GDP的比重，可看出，无论是个人所得税收入占税收总额的比重还是占GDP的比重，我国的水平与发达国家相比确实很低，对收入分配的调节作用十分有限。

表3-11　1999–2015年我国个人所得税收入及占税收总额、GDP比重（%）

年份	收入（亿元）	占税收总额比重	占GDP比重	年份	收入（亿元）	占税收总额比重	占GDP比重
1999	413.66	3.87	0.46	2008	3722.31	6.86	1.19
2000	659.64	5.24	0.66	2009	3949.35	6.64	1.16
2001	995.26	6.50	0.91	2010	4837.27	6.61	1.20
2002	1211.78	6.87	1.01	2011	6054.11	6.75	1.28
2003	1418.03	7.08	1.04	2012	5820.28	5.78	1.12

年份	收入 （亿元）	占税收 总额比重	占GDP 比重	年份	收入 （亿元）	占税收 总额比重	占GDP 比重
2004	1737.06	7.19	1.09	2013	6531.53	5.91	1.11
2005	2094.91	7.28	1.13	2014	7376.61	6.19	1.16
2006	2453.71	7.05	1.13	2015	8617.27	6.90	1.25
2007	3185.58	6.98	1.20				

资料来源：根据《中国统计年鉴（2016）》计算得来。

表3-12 2015年OECD主要发达国家个人所得税收入占税收总额、GDP比重（%）

国家	占税收总额比重	占GDP比重	国家	占税收总额比重	占GDP比重
加拿大	36.6	11.3	日本	19.2（2013）	5.8
丹麦	54.4	27.7	挪威	25.1	9.8
芬兰	30.6	13.4	瑞典	28.6	12.2
法国	18.6	8.4	英国	27.5	9.0
德国	26.3	9.5	美国	38.2	9.9

资料来源：OECD Tax Database。

b. 就我国个人所得税内部结构而言，第一，工资薪金所得的比重过高，众所周知，高收入并不等于高工资，而工资薪金所得税在我国个人所得税收入中占比较大。2016年，全国工薪所得税款占个人所得税总收入的70%。工资性收入占居民收入的比重在逐步下降，而工资性个税占个税总额的比重在逐步上升，说明对工资薪金所得征税过重。经营性收入占居民收入的比重在逐步上升，而经营性个税占个税总额的比重在逐步下降，说明经营性收入的税负过轻。其结果是个人所得税对收入相对较低的群体进行了力度较大地调节，而收入相对较高的群体则脱离了个人所得税的调节范围；不同个税收入占个税总额比重的变动趋势与对应的居民收入占城镇居民总收入比重的变动趋势正好相反。这种相反的变动趋势反映了以工资性收入为主的中低收入群体税负有日益加重的趋势，而以财产性收入和经营净收入为主的高收入群体税负有日益减轻的趋势。税收收入与税基变动相反，体现了个税对不同居民收入征税有失公平。第二，不同种类的所得费用扣除额和税率差异也很大，导致收入额相同的纳税人因收入类型不同而税负不同，按月申报的制度使得收入取得时间不同的纳税人税负不同；第三，在确定费用扣除额和计算应纳税额时，并不考虑纳税人的赡养、抚养以及婚姻状况，从而导致经济状况不同的纳税人未被区别对待，从而违背了税收的量能负担原则。

（6）个人所得税的征管不到位

a. 由于我国税收征管条件有限，个人所得税收入存在大量流失。工资薪金所得税缴纳方式为源泉扣缴，流失较小，而个体工商户生产经营所得则主要依靠纳税人自主申报，由于税务机关对纳税人的收入信息等掌握有限，使得大量的经营所得并没有主动申报，逃避了个人所得税的纳税义务，脱离了个人所得税的监管。分类税制下，个人所得税主要实行源泉扣缴。随着全员全额扣缴申报工作的不断推进，取得较好的征管效果。但随着居民收入形式的多元化和国际化，自然人之间支付应税所得的现象越来越多，这对自行申报纳税服务管理工作提出了更高的要求。然而目前我国社会综合治税体系不完善，自行申报纳税比例还比较低，征管漏洞较大。我国在征管制度方面采用两种方法对个人所得税的征税，即代扣代缴和自行申报。由支付所得的单位或个人代扣代缴，此办法的缺点是代扣代缴义务人的法律责任没有得到明确解释，员工的各种所得项目很难进行根本上控制，大量税款极易丢失，所以此方法没有严格地被执行于实际操作中。纳税人自行申报纳税，当前人们的收入除了工资、薪金可以掌控外，其他收入基本上处于无法掌控状态。我国征收的个人所得税中50%以上来源于工薪阶层，个人储蓄总额60%以上的高收入者，其缴纳的税额还不到个人所得税纳税总额的10%。个人所得税的累进税率的本意是加强对高收入群体的征收，调节贫富差距，但在实际情况中，由于高收入者想尽办法隐藏其财富，税务部门又缺乏有力的手段，对其征税难度很大。这是因为国家没有正式的个人收入申报法规和准确的个人财产登记制度，并且银行现金管理要求不严，现金形式使得社会上大量的收付行为得以实现而且，对于个体工商户，应纳税款的生产经营所得须按年计征，分月预缴，年终汇算清缴，这就导致个体工商户实际上根本没有账目核对，在征收中难以划清，难于操作所适用的税种和税率。

b. 纳税申报制度尚不健全。由于个人所得税的征管工作主要是由各级地方税务机关来实施，目前存在以下不足：第一，税务机关缺乏科学、有效的内部管理模式。征管机构职责不清、职能交叉，征管环节过多，流程不畅；第二，税务干部素质参差不齐，缺少税务专业性强、计算机专业水平高，综合素质高的复合型人才；第三，个人所得税的征收管理办法未得到贯彻落实；第四，税收征管手段落后。个人所得税是纳税人最多、征税范围最广、税源最分散的税种，因此其征收要求有先进的征管手段。第五，政府各部门各自为战，没有相互协作的制度规范。个人所得税的征管工作涉及工商、金融、公安等多个部门，然而目前我国还未建立网络协作的方案，税务部门处在孤军奋战的境地；第六，法律赋予税务机关的执法权力得不到有力保障，如税务机关依法要求有关部门提供纳税人的存款和其他财产情况，以及封存、拍卖纳税人的财产时，暴力抗税事件时有发生。

（7）部分优惠政策滞后

因个人所得税法制定时间较早，部分优惠政策已滞后于经济社会发展的需要，不利于个人所得税服务科学发展、促进改善民生功能的发挥。而且因部分优惠政策规定优惠标准不明确，在实际执行中难以把握，影响了税收职能作用的发挥。一是部分工薪所得税前扣除项目仍带有计划经济特征，如安家费、差旅费津贴、家属副食补贴、伙食补贴、通讯补助、交通补贴等，不同经济部门、不同行业、不同地区执行标准存在较大差异，不利于维护税法的权威和统一；二是外籍人据实列支或实报实销费用支出项目缺乏可操控标准，征管中漏洞较大；三是残疾人士取得工薪等应税收入及军转干部、城镇退役士兵、随军家属从事个体经营免征生产经营所得个人所得税幅度没有明确规定，各地执行标准不统一。

（8）国际协调需要进一步突出

涉外税收管理通常涉及境外已缴税款抵扣或税收优惠饶让（指居民在国外得到减免税优惠的部分视同已经缴纳，不再予以补征）问题，这对税制结构的趋同性提出了更高的要求。世界主要发达国家个人所得税尽管税制模式有所不同，但按年征收仍是最主要的方式之一。中国现行分类税制下按月或按次征收方式，不利于境外已纳税款抵扣。同时，中国现行税法关于居民纳税人的判定标准与主要国家一般判定标准和税收协定存在一定差异，也对涉外税收管辖权行使造成一定难度。

（9）公民自觉纳税意识差

个人所得税是我国征收管理难度最大，偷逃税面最宽的税种。由于税源具有隐蔽性和分散性，个人收入来源渠道比较广，存在许多隐蔽性收入及灰色收入等，税务机关存在较大的监控难度。另外纳税人尤其是高收入层纳税意识还很淡薄。在我国，"纳税是公民应尽的义务"的观念和意识还未深入人心，不少人缺乏纳税意识。中国经济监测中心公开发布的对北京、上海、广州三大城市700余位居民的纳税调查结果显示：51.6%的人承认只交纳了部分个人所得税或完全未交纳个人所得税。一位有海外生活经验的创业者在接受《青年时讯》杂志记者采访时说："我现在愿意回来投资做公司，因为我发现这里是商人的天堂。我想中国可能是世界上做富人成本最低的国家了，大家都不会问你缴税了吗？好像你只要有钱成功，就会理所当然地接受公众的尊敬，而且富人总是最有话语权，大家都着急和你做朋友，甚至还有人给你献计献策帮助你逃税，以此获得你的好感"。因此，公民的纳税意识的薄弱，已经成为制约依法治税，阻碍税收征管水平提高的重要因素之一。

总的来讲，我国现行个人所得税制在调节收入分配和组织财政收入的职能作用得到比较好的发挥，在税制结构中的地位逐步增强，税制的基本框架是可行的。但现行税制在执行中也暴露出不少亟待解决的问题。根据我国个人所得税运行面临的宏观经济社会环境，针对现行税制存在的不足，应及时的采取相应的策略，不断地完善个人所得税的法律体系，建立健全税收征管制度，加大税收宣传力度，切实提高广大公民的自觉纳税意识，从根本上推动个人所得税的发展，使其在社会主义市场经济中发挥更大的作用。

第4章　我国个人所得税职能定位分析

职能定位是个人所得税税制设计的前提和基础，决定着个人所得税修改和完善的方向。纵观西方经济思想史和主要发达国家个人所得税立法实践，随着近代西方经济思想从"自由放任"到"全面干预"再到"适度干预"的演变，个人所得税职能定位走出了一条从"税收中性"到"税收调控"再到"税收中性"的"否定之否定"道路。任何时期或国家个人所得税职能定位，都要受到当时或本国财政收入、经济发展、政治环境、税制结构、征管基础等一系列因素的综合影响。

4.1　个人所得税职能定位理论分析

英国1799年开征个人所得税的目的是筹集战争经费、弥补财政经费不足。组织财政收入是个人所得税首要功能和基本功能。19世纪下半叶，德国经济学家阿道夫·瓦格纳将个人所得税的基本功能定为筹集财政收入和调节收入分配。后来，美国著名经济学家、凯恩斯主义的集大成者保罗·萨谬尔森又总结提出了所得税稳定和发展经济功能。至此，个人所得税三大功能得到公认，但西方经济学家关于个人所得税功能及其各功能间关系的研究远非顺利。自1799年个人所得税开征以来，关于个人所得税功能定位的讨论，一直伴随着西方主流经济思想的发展而演进。

（1）古典主义学派

古典主义经济学产生于17世纪中期，完成于19世纪初期。这一时期资本主义经济制度还处于发展和成长阶段，无产阶级与资产阶级的斗争还处于潜伏状态，社会主要矛盾是资产阶级同封建地主阶级之间的矛盾。作为同封建地主阶级及其残余做斗争的理论武器，古典主义经济学应运而生，主要代表人物有威廉·配弟、亚当·斯密和大卫·李嘉图。

古典主义经济学派提出了"自由放任"口号，主张由市场力量自发调节经济运行，反对国家干预私人经济活动。他们认为，在经济生活中占统治地位的是客观的、自然的和永恒的规律，而国家干预只会破坏这些规律的作用，并给整个社会带来不幸和灾难。与此相适应，他们提出廉价政府消极财政观点，主张压缩国家职能以及非生产性财政支出，并把政府活动限制在抵御外敌入侵、维持各种事业与设施运行以及执行法律和维护正义等最低限度以内。

在税收职能方面，古典主义经济学根据资本主义自由放任需要，提出以税收中性为特征的资产阶级原则，反对通过税收来过多地干预经济。亚当·斯密认为，最好的政策是听任事业自然发展，不对货物征税，也不给予补贴，征税不应改变私人经济的资源配置，并提出了"平等、确实、便利和征税费用最省"四项征税原则，认为这是税收在满足最低限度财政需要前提下，促进经济自由发展和企业公平竞争的条件。大卫·李嘉图认为，任何赋税都会妨碍资本的积累，最轻、最少的赋税便是最好的赋税。他反对一切形式的国家干预，包括国家以征税方式对经济的干预。同时，该学派以"利益说"为基础，建立了自己的税收平等观，即纳税人税收负担应与其享受的国家利益相对应，受益多的多纳税，受益少的少纳税，所以在税率上倾向于比例税率。

英国1779年开征个人所得税后，普鲁士、瑞典也分别于1808年和1810年开征了个人所得税。受当时盛行的古典主义经济学"自由放任"思想的影响，各国开征个人所得税的主要目的是筹集财政收入和弥补战争经费的不足。

（2）庸俗经济学派

在18世纪末到19世纪初，资本主义生产逐渐从工场手工业向机器大工业过渡，无产阶级与资产阶级间的斗争不断升级，直接威胁着资产阶级。

1825年，经济危机爆发后，资本主义制度的矛盾日益显露出来。面对这种形势，资产阶级急切需要对资本主义制度进行辩护。适应这一需要，便产生了庸俗经济学派。该学派的代表性人物包括让·巴蒂斯特·萨伊、托马斯·罗伯特·马尔萨斯和约翰·穆勒。

在经济理论方面，庸俗经济学派继承了古典主义自由放任思想，从发展资本主义经济的立场出发，反对国家对资本主义生产和经营的任何干预，主张发展生产和鼓励生产性消费，限制政府的非生产性消费和赋税规模。让·巴蒂斯特·萨伊提出了"萨伊定律"，即"生产给产品创造需求"。约翰·穆勒将政府职能分为必要职能和选择职能。必要职能是指与政府观念密不可分，并由政府行使的习惯性职能，其目标是保护人民使之不受强者的侵扰和诈者的欺诈。选择职能是指在政府可履行的各项职能中，尚未确定或尚有疑问的职能，如保护本国产业、实行商品价格统制等。履行职能意味着对社会生活的干涉，并可区分为由政府发布命令、强制执行的权威性干涉和采取劝告等方式的非权威性干涉。约翰·穆勒认为，政府权威性干涉弊害较多，应当尽可能限制在最小的范围内。对非干涉不可的社会事业，也应尽可能根据放任自由的要求，采取非权威性干涉方式。对选择职能，约翰·穆勒持否定态度。

在税收职能方面，庸俗经济学派认为，课税本质上是国民所做的牺牲或对社会应尽的义务，即税收"牺牲说"，这不同于古典主义经济学派主张的"利益说"。让·巴蒂斯特·萨伊认为，所谓赋税是指一部分国民产品从个人之手转到政府之手，以支付公共费用和公共消费。萨伊认为，一个产品是生产另一个产品的手段，征税会减少社会用于生产的产品数量，进而减少生产。租税负担也不能促使各个生产阶级加倍努力工作，因此无助于扩大社会再生产。他认为，最好的赋税是税负最轻的赋税，高税率政策对统治者来说，无异于自杀。同时，税收负担的分配必须公平，而累进税是实现公平的最好方式。约翰·穆勒部分继承了亚当·斯密的赋税四原则，但是对平等原则有不同的理解。斯密主张的税收平等观是以"利益说"为基础的，约翰·穆勒的平等观是以杰瑞米·边沁的功利主义为基础的，主张按照平等牺牲理论求得课税公平和最小牺牲。他认为比例税率即可实现平等牺牲，又可实现牺牲最小，而累进税是对勤勉和节约的课税，会侵犯私有权，是不合理的。同时提出了对所得课征比例税率的条件：对所得课征比例税率时，应扣除最低生活费用。

该学派以"牺牲说"为基础阐述税收本质，并认为比例税率是实现税收公平的最好途径。尽管萨伊认为累进税较比例税更能体现税收公平原则，但也认为，最好的赋税是税负最轻的赋税，高税率政策对统治者来说，无异于自杀。因此对于个人所得税的职能，该学派仍比较重视其组织收入职能。

（3）社会政策学派

19世纪后半期，资本主义开始从自由竞争转入垄断经济时期，资本日益集中，分配失衡，贫富差距扩大，阶级矛盾激烈。针对这些日益激化的社会问题，许多资产阶级学者为维护资本主义制度，缓和阶级矛盾，提出了社会改良思想，其中包括税收政策的改良，即通过政府课税矫正社会财富悬殊。社会政策学派就是其中之一，代表人物包括瓦格纳和布伦塔诺。

社会政策学派根据德国当时的历史条件及经济发展状况，提出了"社会国家"概念，抛弃了英国古典学派的自由主义经济理论、消极的国家观和财政观，广泛地拓展了国家职能及其财政税收的范畴；竭力宣扬国家在经济生活中的重要作用，认为只有由国家作为社会经济的中心而发挥作用，国民经济才能获得高度发展；积极谋求解决当时分配不公带来的阶级矛盾的有效途径，为德国资本主义发展创造条件。同时，该学派否认人类社会经济发展存在着普遍的客观规律，认为各个国家和民族都应当努力寻找适合自己社会经济发展的特殊道路，主张采取"历史统计方法"，对个别行业或个别城市的历史统计资料进行搜索、整理和描述，以说明这些行业或城市发展特点。他们批评古典学派偏重物质而忽视国家和精神的作用，并把伦理道德和心理因素引入经济生活，特别重视国家对经济发展的特殊作用。

社会政策学派税收思想是该学派理论的精髓。该学派一反古典学派

"中性税收"的理论和政策，主张推行积极的社会政策税收，不再仅把税收作为筹集国家经费的纯财政手段，更将其作为改变国民收入分配的工具，赋予税收广泛的经济调节和社会职能。史泰因提出了税收再生产学说，在税收国家经济原则中指出，负税力产生税收，税收产生行政，行政再生产负税力，即"经济——税收——经济——税收"原则。谢夫勒主张通过累进税率，使纳税能力与税收负担水平相适应，试图通过税收再分配作用调节财富分配，缓解当时德国日益尖锐积极矛盾。瓦格纳在1905年出版的《财政学》一书中指出，"从财政意义上讲，所谓租税就是公共团体为满足财政上的需要，凭借其主权，作为对公共团体事务性设施的一般报偿，根据一般原则和准则，以公共团体单方面所决定的方法及数额，强制地征收来自个人的赋课物；从社会政策意义上说，所谓赋税就是满足财政需要的同时，或者不管财政上有无需要，以纠正国民收入的分配和国民财富的分配，达到矫正个人所得与个人财产的消费为目的所征收的赋课物"。

瓦格纳从自己关于税收可矫正个人所得和财产分配这一思想出发，设计了理想的租税体系，提出了著名的"四项九端"税收原则，即财政收入原则、国民经济原则、社会公平原则和税务行政原则。其中，国民经济原则是指，国家征税不得阻碍国民经济发展，防止危及税源，在可能范围内，要尽量有助于资本形成，以促进国民经济发展，包括税源和税种选择原则。瓦格纳根据自己的税收原则，进一步总结出税收问题上的九项内容：税收收入要充分，要有弹性，要保护资本，选择税种要不妨害经济、对所得税不要侵烛税本，征税要普遍，征税要考虑到不同支付能力，征税数额要确实，要方便纳税人遵从和征收费用要少。从瓦格纳提出的这九项内容可看出，税制功能同财政功能相适应，为保证国家对经济体系和社会生活进行某些干预所需要的资金，要求税收收入要充分；同时，他还把税制系统与国民经济运行系统相联系，尽管这还是受到"课税不要影响经济"的消极思想影响，但他毕竟认识到税收机制同经济体系之间的联系。与英国古典经济学派相比，瓦格纳已逐步从中性税制的思想中解脱出来。

该学派不仅指出了税收调节收入分配职能，而且提出了一系列矫正社会收入分配的税收政策措施。对个人所得税，为适应对各种不同负担能力纳税人平等课税的需要，主张采用累进税制，即高收入者适用高税率，低收入者适用低税率，贫困者免税；同时，对财产和不劳而获所得加重课税，以符合社会政策目的。

（4）新古典学派

该学派是现代财政学的重要分支之一，其财政理论盛行于19世纪末20世纪30年代凯恩斯主义产生前的这一阶段。代表人物包括阿尔弗雷德·马歇尔、亚当士、道尔顿和庇古等。该学派没有自己统一的价值观念和严密的经济理论体系，但在财税思想方面却有着自己的共同特征，其中最为突出的是开始采用经济学方法研究财政问题，以边际效用为理论分析的基础工作，并试图用经济学的一些范畴，如价值、欲望、满足等概念，来解释税收职能和本质问题，如沙格斯把税收看成财富转移所发生的较大边际效用自分配形式，即税收价值要以个人价值判断为转移；道尔顿以边际效用递减规律为依据来论证税收负担分配原则。

资本主义国家由自由竞争阶段进入垄断竞争阶段后，各种经济关系日益复杂，国家与纳税人之间的征纳关系很难一一对应，单靠"利益说"也难以解释资本主义社会的许多经济现象。因此在税收本质方面，新古典学派更多地强调税收"强制说"或"公需说"，以取代先前古典主义学派倡导的"利益说"和"交换说"。"强制说"把税收视为纳税人因受法律关系约束而被迫做出的一种非自愿支付，而"利益说"和"交换说"是把税收看作是纳税人为获取国家利益而对自己部分财产或收入的一种让渡。道尔顿认为，税收是政府为取得一定收入而课征的强制负担。亚当士认为，现代国家的税收一般都依据法律课征，具有强制性，所谓税收权是国家强迫人民纳税的权利，是一国主权的一部分。巴斯泰布尔认为，国家具有自身的财政需要，为满足这些需要必须课税，并以"最小牺牲说"判断课税合理性，因为社会最大的幸福是使全体纳税人负担最少牺牲。

对税收职能，道尔顿以"最大社会利益原则"为基础，认为最好的财政制度就是通过财政政策的实施取得最大社会利益的财政制度。社会经济福利增长有生产力的进步和产品分配的进步两个衡量标准，其中产品分配的进步是指，通过分配能够减少社会成员间所得分配的不公，以及减少某些阶层和个人在各时期所得变化的差异，以谋求经济社会生活的稳定性、扩大个人所得和就业安定性。道尔顿这一财政思想在理论上继承和发展了社会政策学派观点，反对古典主义"自由放任"和"赋税只以收入为目标"的思想。他认为所有的赋税除了取得政府收入外，还有着其他影响，最好赋税就是在其所需收入之外还有着最好影响的税负。对调节收入分配差距，所得税和遗产税是最好的办法。马歇尔出于缓和日趋尖锐阶级矛盾和维护资本主义"长治久安"考虑，以"价值递减原理"为基础，竭力主张对富人财产和个人所得征收累进税，因为通过累进税将富人手中相当一部分收入集中到国家手中，可提高整个国家和全体人民的福利。但同时，他也主张对资本课税要特别慎重，以防资本外流。庇古认为，社会福利是所有个人满足的总和，并提出了税收最小牺牲原则，即政府课税应当在最小的限度内减少人民经济福利的损失，可以对高收入者多征税，对低收入者少征税或不征税，就可以实现人民总体福利的最大化。

对个人所得税职能，该学派在理论上继承和发展了社会政策学派的观点，反对古典主义"自由放任"和"赋税只以收入为目标"的思想，开始关注征税对就业、储蓄和投资等社会行为的影响，对个人所得税赋予更多的社会政策目标。正如道尔顿所分析的，不同的税收形式对于收入分配的影响是不同的：累退性税制显然加重所得分配的不均，比例税制和温和的累进税制同样难以改变这种状况，只有激烈的累进税才能减少收入分配的不公。

（5）凯恩斯主义学派

20世纪30年代，资本主义进入帝国主义阶段后，生产社会性与生产资料私人占有之间的矛盾日益突出，集中表现为20世纪30年代初发生的世界性资本主义经济危机。传统古典主义学派和庸俗学派宣扬的资本主义社会会自动实现充分就业、理想的市场是完全竞争的市场以及国家不要干预经济、供给自行创造需求等经济理论已无法解释和解决这些问题。凯恩斯学派在此背景下应运而生。

在经济理论方面，凯恩斯主义学派提出了与传统学派截然相反的"有效需求"理论，否定了"均衡价格""自动实现充分就业""供给创造需求"等经济理论，认为失业和危机产生的原因在于"有效需求不足"。有效需求包括消费需求和投资需求，是由消费倾向、资本边际效率和流动偏好三大基本心理规律和货币数量决定的。因边际消费倾向的递减，引起消费需求的不足，资本边际效率的下降和流动偏好的作用，导致投资需求的不足。有效需求的不足进一步造成大量失业。以此为理论基础，凯恩斯提出其经济政策主张，核心思想是反对自由放任和税收中性原则，认为国家应对经济进行积极干预，用财政政策刺激有效需求，以实现充分就业。凯恩斯对古典学派财政收支平衡政策持批评态度，认为经济发生危机时，财政收支是不平衡的，硬性通过压缩财政支出来实现预算平衡，只会造成经济状况的进一步恶化，而赤字财政政策则有利于促进经济繁荣以及增加就业。

在税收职能方面，凯恩斯主义学派十分注重税收对经济的调节作用。凯恩斯认为，国家必须通过改变租税体系、限定利率以及其他方法，指导消费倾向。其中改变租税体系包括两方面的内容：一是改变税制结构，即从间接税为主转变为直接税为主；二是由固定税率和比例税率转向累进税率。通过租税体系的改变，以消除收入分配方面的不公平现象，刺激消费需求。凯恩斯认为，除一般性减免所得税以增加个人收入、刺激私人消费和私人投资以外，应加强对富人直接税的征收。他认为，根据历史经验，这是消除分配不均的一个好办法。他指出，自19世纪以来，英国等一些国家，通过征收所得税、超额所得税、遗产税等直接税，在消除社会分配不公方面取得了长足进步。他还驳斥了反对这种做法的意见。他指出，有的人认为，加强对富人征税会减少富人储蓄，从而妨碍资本积累。因为根据古典的资本积累理论，资本积累只能来自资本家的储蓄。因此，只有让财富和收入更多地集中在富人手中，使他们的收入增加，并且更加节约，才能使储蓄增加，资本积累增加。凯恩斯根据自己的有效需求原理反驳说，在实现充分就业以前，资本的生长并不取决于消费倾向低，反而因其低而遭受抑制。如果财富过分集中于富人手中，他们又厉行节约，就会大大降低社会消费倾向，从而不利于资本积累。相反，如果采取加强征收富人直接税的步骤来重新分配收入，改变分配不公状况，则不但可以提高消费倾向，而且有利于资本积累。

从资本主义国家管理宏观经济方式看，凯恩斯主义的出现是一个转折点，即由自由放任主义转变为国家干预经济，主张运用财政政策加强国家经济干预。对税收职能，其主要强调通过税收政策调整，调节社会收入分配，提高社会有效需求，达到促进社会就业目的。基于这一分析，主张建议以累进直接税为主体的税收体系，这对战后西方国家税收制度变革和所得税成为主体税种具有很大的促进作用。

（6）新古典综合派

新古典综合学派是以美国经济学家汉森和他的学生萨缪尔森、托宾、索洛、奥肯为主要代表人物的资产阶级经济学流派。新古典综合派继承了凯恩斯宏观需求管理政策，主张由政府实行积极财政货币政策，以调节社会总需求，实现经济稳定增长。为适应战后资本主义世界经济发展需要，新古典综合派又对凯恩斯需求管理政策进行了不断修改和补充。整体而言，整个50年代，新古典综合派主张推行补偿性的财政货币政策，裹平经济周期；60年代，则主张推行增长性的财政货币政策，刺激资本主义经济快速增长；进入70年代后，又提出要混合使用财政政策和货币政策主张，主张注意财政政策与货币政策使用时的松紧搭配，注意财政政策和货币政策微观化，并以其他一系列政策进行补充。

新古典综合派继承和发扬了凯恩斯主义学派关于税收职能作用的财税理论，认为税收宏观调节作用表现为两方面：一是税收自动稳定器功能，二是通过采取相机决策的财政政策来促进经济长期发展。第一方面功能主要是通过实行累进税率的所得税制度来体现的。经济繁荣时期，国民收入增长带来税基的自动扩张，即使维持税率不变的情况下，税收收入也将随之增加，这样就有助于抑制过热总需求，保持经济稳定，防止通货膨胀发生；反之，当经济萧条时，税基会随着国民收入的下降而自动减少，税收收入也会随之减少，这就有利于把资源留在私人经济部门，使得私人消费和投资增加成为可能，从而使得经济走向繁荣。所以，税收的这种功能常常被称作经济自动稳定器。但要使这种自动稳定器很好地发挥作用，关键还是要合理设计税收结构体系等。税收第二项功能在人们清楚地认识了税收这一经济杠杆后，才有可能实现。他要求政府清楚地判定本国所处的经济时期，然后再通过税率的调整来有针对性地"裹平"经济波动，使得经济保持稳定和增长。萨缪尔森指出，"许多赞成积极稳定政策的人都把改变税率视为理想的武器。一旦税率得以改变，消费者反应很快；税率消减广泛地涉及全体人口；他会刺激人们真正需要的物品的支出。"

在此理论基础上，萨缪尔森提出了非常具体的税收政策，有些直接针对宏观经济方面，有些则针对微观经济主体，他们都是为了能充分发挥税收对经济的调节作用，促进经济的繁荣和发展，其中涉及个人所得税的建议包括：逐步地由累进的所得税制度向累进的消费税和资产税制度转变，这种转变将使税收政策成为及维护税收公平原则又能促进经济增长的最重要的政策；对富人实行累进的高税率并不一定会像人们所普遍接受的观点一样会降低他们努力工作和投资的积极性；为自己私人投资，应减免对投资收益所得课征的所得税；要高度重视科研开发并在税收政策上给予照顾。

新古典综合派在继承凯恩斯经济和税收思想的基础上，进一步发展了凯恩斯主义，强化了税收调控经济职能，将把收支平衡作为理财基本原则转变为以促成经济平衡发展为基本原则，将把税收仅作为收入因素转变为经济平衡发展因素，这比社会政策学派和新古典主义学派矫正社会分配不同论述更近了一步，也进一步丰富和发展了个人所得税职能。

（7）新剑桥学派

新剑桥学派是当代凯恩斯主义一个重要分支，是在与凯恩斯主义另一个重要分支即以美国萨缪尔森等人为首的新古典综合派，就增长理论、资本理论、分配理论等进行论战的过程中形成的，代表人物是琼·罗宾逊、卡尔多和斯拉法等。

该学派认为，凯恩斯《就业利息和货币通论》中最主要的思想不是"收入——支出模型"，而是凯恩斯在《就业利息和货币通论》最后一章对社会哲学的总结性论述中所指出的，资本主义财富以及收入分配极为不均所引起的弊端以及政府干预的必要性，并进而推论资本主义社会必然走向没有盈利阶级（利息为零）的文明新生活。因此，对收入分配不均问题的论证，才是凯恩斯体系归宿和凯恩斯思想精髓。只是由于《就业利息和货币通论》成稿于30年代"大萧条"时期，凯恩斯当时更为关心的是失业问题，故没有也不可能对收入分配问题展开系统分析。

新剑桥学派认为，资本主义社会症结不是有效需求，而是收入分配失调，而且随着经济的增长，这种收入失调会日益加剧。所以，医治资本主义病症的办法是实现收入分配均等化。卡多尔认为，资本家的投资对国民收入中利润份额起决定作用，这种作用是越来越有利于资本家的，因此形成不合理的收入分配格局，必须通过经济政策进行改变。

在税收职能上，该学派基于收入分配理论，认为税收是改变收入不均等的重要手段。他们主张通过累进性税收制度改变收入分配状况，给予低收入家庭适当补助，以帮助他们改善贫穷处境，提高失业者文化技术水平，降低财政赤字，逐步实现财政预算的平衡，把政府掌握资源从军事部门转用于民用部门和服务部门，用政府预算盈余购买公司股份，使公司股份所有权从个人手中转移至国家手中，特别强调实行没收性遗产税（只给寡妇和孤儿留下适当的终身财产所有权），以便消灭私人财产集中，抑制盈利者收入增长，并把政府通过没收性遗产税所取得的财产及其收入用于公共目标。

新剑桥学派虽然也将税收视作政府调节宏观经济稳定的重要经济杠杆，但是他们仍注重税收在缩小贫富差距方面所起的作用。罗宾逊坚持认为税收的社会政策是必要的，而且比筹集财政收入的经济政策更为重要。

（8）货币主义学派

自20世纪50年代开始，该学派开始打着新货币理论的旗号，提出反对凯恩斯主义的主张。到70年代凯恩斯主义经济学无法解释滞胀现象时，货币学派经济思想迅速扩大，并被英国等政府所采取。该学派代表人物包括米尔顿·弗里德曼和迈克尔·帕金等芝加哥大学教授。

货币主义学派坚持自由主义思想，强调控制货币数量，坚持把控制通货膨胀作为宏观经济政策的优先目标，反对运用财政政策减轻周期活动。该学派反对凯恩斯主义的国家干预经济的财政货币政策，认为西方国家按照凯恩斯主义主张的用扩大政府支持、赤字预算、税收调节、举债花费等财政政策，伴之以降低利息率、放松银根的货币政策，来刺激需求增加，结果都造成了"滞涨"局面难以自拔。主张实行"单一规则"的货币政策，排除利息率、信贷流量、自由准备金等因素，以一定的货币存量作为货币政策唯一支配因素。弗里德曼认为，通货膨胀随时随地都是一种货币现象，其产生的根本原因是货币增长率超过了产量的增长率。如果货币增长不快于产量的增长，那就不可能发生通过膨胀。为克服通货膨胀，就要控制货币增长率。

由于弗里德曼的经济思想基础是主张运用货币政策，因此尽管他承认税收具有调节经济波动的作用，但并不主张运用它，也反对应用税收手段来调节人们收入分配，认为运用累进所得税调节收入分配不仅为干涉个人经济自由，也未必受到理想效果。他指出，过高的累进税率并不会增加国家财政收入，反而会减少税收和造成收入分配不均等。这是因为尽管文件上规定的税率看来是高的，而且累进程度也高，但是它们的影响消失在两个途径之中：一是他们的一部分影响只是使税收前的分配更为不均等，这是税收通常具有的归宿效应；二是它们造成立法上的和其他的条例来回避税收，即所谓的税法漏洞，其影响在于使真正施加的税率比名义税率低得多。因此主张用比例税率取代累进税率，并与取消优惠、扩大税基一并进行。个人所得税最好的结构是在收入一定的免税额以上抽取固定比例的税，而其中收入的含义应该非常广泛。最重要的是有必要时取消石油和其他矿产上的消耗比例的优待、取消对州和地区证券利息的免税、取消对资本收益的特殊处理、把所得税、遗产税和捐赠税加以协调以及取消目前允许的许多纳税优待规定。弗里德曼认为这种按比例平均地纳税，能使课税较为公平合理，并使资源浪费减少。

货币主义学派主张用比例税率取代累进税率，改革所得税的累进结构，主张降低对富有阶层的课税，减少税收对富有者投资的阻力，增加纳税人数，扩大税基。其主张背后是试图弱化个人所得税调节收入分配职能和调控经济职能。在这一点上，同供给学派主张有所相似。

（9）新制度学派

新制度学派针对20世纪70年代西方经济出现的"滞胀"局面，提出只有制度经济学才能解决资本主义社会现实问题。该学派主要代表人物包括加尔布雷思、科尔姆、鲍尔丁、沃德和缪达尔。他们同时反对凯恩斯学派和货币主义学派。

新制度学派继承了旧制度学派思想，承认资本主义制度是有缺陷的，重视政治、经济、文化等各方面制度，主张在广泛的历史背景下研究经济问题。他们认为，现代资本主义"权力分配"已经或正在转化，这种转化导致社会经济发展失平和现代经济社会的种种弊病，只有进一步改变权力分配，才能改良和挽救资本主义。加尔布雷思从"权力分配"出发，提出现代资本主义经济的特征是"二元系统"，即计划系统和市场系统，并且指出这两个系统的并存并不是平等的，而这种权力地位的不平等就给社会经济造成严重后果，所以要进行"结构改革"，即使权力和收入分配均等化。他认为两个系统之间首先要实现权力均等化，对工人实现收入均等化，并提出要运用政府的经济和法律措施实现权力均等化。

在税收政策方面，加尔布雷思主张实行累进税制，以此限制或减少计划系统的权力，适当加强市场体系的权力，建立符合公共利益的公共目标。二元系统的存在带来的严重后果是人们收入不平等。实现累进税制，可以在很大程度上促进社会的收入分配均等。对个人所得税规定的累进性越大，对稳定和均衡所起的作用就越大。累进税率将高收入者的部分收入收归国家所有，既刺激需求增加，又调整了社会收入分配。课税是富有累进性的，则受到最沉重打击的是最富裕的人。所以人应当极端严格地执行累进制所得税，以此作为促进均等化的一个手段。加尔布雷斯主张运用税收政策调节经济周期波动，但他一直不同意在刺激需求时用减税政策，而认为主要是运用增税政策和政府支出政策配合，反对用减税办法。这是因为减税既对刺激需求收效很差，又给以后当需求过大需要增税时造成阻力。他批评说，近十年间，当有必要增加需求时，通常使用的手段是降低税负，而不是增加政府支出。赋税的这类减免助长了收入分配不均等现象，这对扩大需求来说，也是一个效率很差的办法——收入回到了富裕的纳税人手中，其中很大的一部分将被储蓄起来。最后，当有必要抑制或压缩需求时，要增加税收却不容易。同时，他不主张多用货币政策调节，而主张用增税的办法来限制资金借入量。当需求出于同时存在的别的起因而增长从而使价格上升时，借入量将激增。这时就用增税的办法来制止这种想象。所以，从稳定收入、刺激需求增长和调节经济周期波动三个方面来看，加尔布雷思主张运用的税收政策是增加税收。另外，他不赞成对高薪阶层实行税收优惠待遇，因为取得高收入经理级人员的收入，不是根据市场评价，也不是个人的劳动和智力，而是等级制度和官僚政治的力量，所以提高税率并不会发生使劳动或智力的投资量受到威胁的危险。降低税率也不会增加其供给额。时下唯一后果是不均等现象永久存在或变本加厉。

新制度学派既不赞成凯恩斯学派，又不赞成货币主义学派，认为稳定收入、刺激需求增长和调节经济周期波动都可运用增税方式进行解决，因此税收特别是累进税率被赋予更多的职能。新制度学派基于其"二元系统"和"权力分配"理论，十分重视累进税率的调节收入分配职能。

（10）供给学派

20世纪70年代，美国出现了经济停滞和通货膨胀并存的局面，西方国家推行的凯恩斯主义政策已陷入两难境地：为刺激经济增长和减少失业而实行的扩张经济政策，将加剧通货膨胀；为抑制通货膨胀实行的紧缩经济政策，有可能使经济停滞和增加失业。在此经济背景下，供给学派应运而生，代表性人物包括罗伯特·蒙德尔、阿瑟·拉弗、乔治·吉尔德、马丁·费尔德斯坦和达克尔·埃文斯。

供给学派认为，当今的美国与凯恩斯当时大萧条时代不同，需求的增长不一定会带来实际产量的增长，而是只能单纯地增加货币数量，促进物价上涨，结果反而引起储蓄率和投资率放缓，技术变革延缓，因此资本主义症结在于供给不足。他们主张恢复萨伊定律，注重通过供给刺激投资、储蓄和工作积极性，更多地让市场机制来调节经济。改变人民可自由支配收入，是刺激提高劳动生产率和增加生产要素投入的有效途径。可支配收入是指税后收入。因此，供给学派认为刺激供给的根本是减税，正是因为美国日益增加的税收和政府开支这根税收"楔子"，严重挫伤了储蓄、投资和工作的积极性，导致供给不足，并引起通货膨胀和经济停滞增长。同时，该学派重视智力资本，主张税收政策应当鼓励人们进行智力投资；反对过多社会福利，因为过多的福利会扩大了政府的社会性支出而排挤了私人的生产性支出，不利于消除赤字和鼓励生产。

在税收职能方面，供给学派认为，在所有刺激中，税率变动是最重要、最有效的因素。税率变动影响着劳动力的供应及其结构，也影响着储蓄、投资以及各种有形的经济活动。尽管人们进行经济活动的最终目的是收益，但不是收入总额，而是税后可支配收入净额。因此，税率特别是边际税率是关键因素。提高税率，人们净收入额下降；减低税率，人们净收入增加。经济主体考虑是否增加活动，主要看由此带来的净收入增量是否合算来决定。高税率因减少人们的净收益而挫伤劳动热情，缩减储蓄，致使利率上升投资萎缩，生产增长缓慢，商品供给不足。而减税则具有与上述相反的作用。供给学派认为减税不仅能将国民收入更多地积累在企业和个人手里，用以扩大储蓄与投资，增加供给，而且也不会影响政府的税收收入。因为决定税收总额的因素不仅是税率的高低，更主要的是课税基数的大小。高税率不一定使税收额增加，却常因压抑了经济主体的活动而缩减了课税基数，反而使税收额减少。拉弗提出了著名的"拉弗曲线"来加以证明，认为提高税率便减少生产要素的税后收益，也就减少了生产要素的供给量，但不会减少政府税收收入。

　　尽管该学派都主张减税，但在具体减税方式上，正统学派与中间学派有所不同：以罗伯特·蒙德尔、阿瑟·拉弗和乔治·吉尔德为代表的正统学派主张大规模全面减税；以马丁·费尔德斯坦和达克尔·埃文斯为代表的中间学派认为减税不是唯一的经济政策，减税应循序渐进，并反对以拉弗等人认为的减税会有快速收入效应这种观点。费尔德斯坦认为，美国经济症结不仅在于很高的边际税率，也在于财政赤字、通过膨胀、税收结构、社会保险制度共同作用下的并发症。在解决美国经济问题方面，首先应实行紧缩货币政策以抑制通货膨胀，同时实施以改革现行税制结构和平衡财政预算为目标的减税，清除政府在资本积累方面设置的障碍，刺激资本增加。同时认为，减税的重点应放在消减公司所得税和资本收益税方面，降低个人所得税对劳动供给的增加带来的效果不会明显，没有多大实际意义。埃文斯也认为消减公司所得税比消减个人所得税对经济具有更大效应。

　　在减轻个人所得税税负方面，供给学派不同于凯恩斯主义降低平均税负的主张，建议通过降低最高边际税率为高收入者降低税负，通过降低资本所得税率刺激资本投资。同时，建议消减社会福利政策。因此从某种意义上来讲，供给学派在试图弱化个人所得税调节收入分配职能，减少累进税率对市场经济的扭曲，以提高经济效益。

　　（11）新凯恩斯主义学派

　　20世纪70年代中叶，凯恩斯主义的不足和新古典宏观经济学在理论上的进展，给新凯恩斯主义者提供了有益启迪，使之迅速发展。新凯恩斯主义是在原凯恩斯主义受新古典宏观经济学打击后，汲取凯恩斯主义与其对立学派斗争中的经验教训而形成，并在与新古典宏观经济学斗争中不断发展，是原凯恩斯主义的复兴。主要代表人物有曼昆、萨默斯、布兰查德、罗泰姆·伯格、阿克洛夫、斯蒂格利茨和本·伯南克等人。

　　新凯恩斯主义继承了原凯恩斯主义的基本信条，认为劳动市场上经常存在着超额劳动供给，经济中经常存在着显著周期性波动，经济政策于绝大多数年份是重要的。但新凯恩斯主义并不是对原凯恩斯主义的简单因袭，而是在认真对待各学派对原凯恩斯主义的批判后，对原凯恩斯主义理论进行了深刻反省，同时积极吸收并融合各学派精华和有用概念、论点，批判地继承和发展了凯恩斯主义。在具体经济分析方法和理论观点方面，新旧凯恩斯主义有重要差别，主要体现在非市场假设方面。新凯恩斯主义用工资和价格粘性代替了原凯恩斯主义工资刚性假设，添加了被原凯恩斯主义模型忽略的两个假设，即经济当事人最大化原则和理性预期假设。新凯恩斯主义认为，当经济中出现需求或供给冲击时，工资和价格粘性使市场不能出清，经济将处在非均衡状态，即便有理性预期存在，国家的经济政策也将起到积极作用，进而影响就业和产量。他们在经济人假设和理性预期假设的基础上，注重宏观经济学的微观基础，认为现实中市场的不完全性是经济波动的关键。他们主张适度的政府干预，如政府通过征税来消除外部负效应、通过收入再分配来促进公平、通过公共投资来提供公共产品、通过财政政策和货币政策来稳定经济等。但这种干预只能是适度的，否则会导致经济滞胀等现象发生。

在税收政策方面，斯蒂格利茨从美国经济实践出发，认为实现收入平等与提高经济效益是两个矛盾的目标，我们可以采用较大幅度累进的税收方法，这种方法把较多的收入用来进行再分配，把纳税负担的大部分加在富裕者头上。这样做的代价是经济效率损失。他比较倾向于福利经济学观点，以社会福利水平衡量税制。社会愿意承担较大的效率损失换取不平等程度的降低。但随着不平等程度的降低，社会愿意承受效率损失量减少，因为不平等和效率损失都是我们不愿接受的劣质品。他同意关于税收能自动调节经济的观点，但认为有一个滞后问题。以稳定经济为宗旨的税收制度可变性的一个重要方面是时间问题。税收法典的改变，被履行的速度和收集资金的滞后。如果经济波动很大，对稳定经济来说，滞后会限制如所得税等的税率。因此在他提出的税收原则中特别强调了税制可变性原则。

综上所述，西方经济学家关于所得税职能的研究主线其实质是对政府作用的理解。在两百多年的历史中，这种理解基本上经历了一个否定之否定的过程，即从亚当·斯密所提供的"小政府"到凯恩斯及其新古典综合派的"大政府"，再回到对政府作用局限性的重新认识和重新缩小政府职权的范围。正是在这样一个螺旋上升过程中，关于个人所得税职能定位的思想在不断地发展着。

4.2　个人所得税职能定位实践分析

从1799年英国率先征收个人所得税开始，沿着先发达国家、后发展中国家的顺序，各国陆续开征了个人所得税。从地理分布看，主要是沿着"西欧——北美和大洋洲——南亚、东亚和东南亚原殖民地——拉美——非洲原殖民地——亚洲和非洲独立国家"这样一个发展过程展开的。因国内政治经济形势的差异和各国开征个人所得税的时间不同，各国个人所得税职能定位变迁不尽相同，但从主要发达国家立法实践看，职能主要经历了五个阶段：

（1）18世纪末至19世纪60年代

此时期个人所得税职能主要是筹集财政收入。这一时期是个人所得税萌芽时期，西欧少数几个已完成或正在进行产业革命的资本主义强国为筹集财政收入，开征了个人所得税。1799年英法战争爆发后，英国除通过发行巨额公债筹措战争经费外，还创建了"三部合成捐"税，先对收入规定各种宽免扣除后，对富有阶层征税，这一税种在战争结束后停征。其后1803年的战争使所得税又新开征，战争结束后再次被废止，直到1842年才证实成为英国经常性税种。普鲁士（当时德国的一个公国）与法国间战争失败后，为筹措对法国战争赔款，在1808年征了所得税。1810年瑞典开征了分类个人所得税，1812年开征的新所得税仍采取分类税制。1861年美国为筹措南北战争经费，通过了第一部所得税法案，于1862年生效，1872年战争结束后废止。1864年意大利确立了分类所得税制。

这一时期，开征个人所得税的国家对个人所得税还处于认证和探索阶段，未开征国家多持观望态度。从税制特征来看，各国基本参照英国实行分类税制模式，税率全部为比例税率，一般不超过10%。英国1799年税法对总收入60英镑以下的个人免税，对总收入60-200英镑之间的个人实行差别税率，对总收入超过200英镑的个人统一按10%税率征收。1842年英国为解决遗留财政赤字，再次临时征收个人所得税，对低于150英镑的所得实行免税，对高于150英镑的部分统一按3%税率征收。美国1861年所得税法对年所得600美元以下个人适用3%税率，年所得1000美元以上个人适用5%税率，1864年税率有所增加。纳税人主要是中上收入阶层，数量比较少。尽管各国开征个人所得税的目的是筹集财政收入，但个人所得税收入占财政收入的比重还比较低。1779年英国开征当年只征收了600万英镑。

（2）19世纪70年代至20世纪20年代

此时期个人所得税职能是以筹集财政收入为主，并开始关注调节收入分配。这一时期，主要资本主义国家完成由自由资本主义向垄断资本主义转变后，生产力水平大为提高，特别是第一次世界大战后，各主要资本主义国家有10年左右的快速发展时期。经济快速发展为所得税提供了稳定税源，各国纷纷开征了个人所得税，地域已从欧洲扩大到北美洲、大洋洲和亚洲。特别是第一次世界大战结束后，多数拉美国家和摆脱殖民统治的发展中国家开征了个人所得税。各国开征个人所得税的目的主要是为筹集财政收入，但随着工业化的迅速发展，居民收入的差距逐步扩大，成为影响社会稳定的重要因素之一。1870年，美国最富有的1%的人口拥有全部财产的27.9%，到1916年这一数据上升为41.9%。20世纪大危机爆发前，达到了高峰期。根据Tony Aikison的测算结果（2002），此时美国基尼系数超过0.5，Jeey.M.stoneeash（2006）估算的基尼系数甚至接近了0.717。因此，这一时期征个人所得税的国家开始认识到，个人所得税不仅是一种重要的政府收入来源，而且通过其所具有的收入再分配功能，也是一个有利于实现社会公平和社会改革的工具，因此在税制设计中对税收调节收入分配职能给予了更多关注。

这一时期开征个人所得税的国家课税模式已有了分类制、综合制和混合制的区别，部分国家开始实行累进税率。1871年德意志帝国成立后，在

1891年颁布了新的所得税，对法人和自然人分别征税，个人所得税实行综合课税模式和累进税率，全面开征个人所得税。1925年德国对税制进行了较大规模的改革，对国民最低生活标准做出规定，并对工资所得实行宽免。英国1907年建立了个人扣除制度，1910年为达到对高收入者重税的目的引入了累进税率。日本1887年出于财政支出压力和平衡产业间税负考虑开始征收个人所得税，以高收入者为课税对象，免征额定在300万日元以上，税率为1%至5%的五级累进税率。1894年美国经参议院同意开始征收个人所得税，但被最高法院宣布违宪而没有实施，最终确立是在1913年通过第16次宪法修正案，国会同意征收个人所得税所得税，实行综合税制。该法征收一项"常规"税和一项"附加税"，常规税对于扣除了个人宽免后的净所得征收1%的比例税，附加税采取累进税率，计算较为复杂。法国在1914年第一次世界大战即将爆发之际，基于开辟财源需要开始征收混合制个人所得税。19世纪20年代，巴西、玻利维亚等拉美国家引入了混合税制。

这阶段各国开征个人所得税时的纳税人数不多，税收收入普遍也比较小，但受经济发展和第一次世界大战财政需要影响，税率水平逐渐提高，累进税率结构逐渐普遍，纳税人数量逐渐增加，占税收总收入的比重也逐步提高，这为发挥税收调节收入分配职能奠定了基础。英国20世纪初勤劳所得纳税人数不超过100万人，第一次世界大战期间税率不断攀升，最高税率达到15%。美国为平衡战争经费预算，1917年收入法案降低了宽免扣除，大大提高了所得税率。1916年应税所得在150万美元以上的按15%最高税率征收，到了1917年，应税所得在4万美元就要按16%税率征收，所得在150万美元以上要按照67%税率计税。1918年法案将最低边际税率和最高边际税率分别提高到6%和77%。一战以后，随着美国经济复苏，议会五次消减所得税率后，最低税率和最高税率恢复到1%和25%。1887年日本个人所得税开征当年全国只有12万纳税人，收入占全国税收比重仅0.8%，但随后税收收入增长比较快，至1909年已增到7.2%。1913年日本将税率调整为2.5%—22%的14级累进税率，到1925年个人所得税纳税人达到18万人。加拿大

1917年征收个人所得税之初，其收入占全部税收收入的比重不到1%，此后纳税人数量飞速增长。据Alt（1983年）统计，1900年，德国、荷兰、挪威的所得税收入已接近于土地和遗产税收入的总和。1922年，美、英、德、法、日五国所得税分别占本国税收收入的65.3%、45.1%、25.7%、21.6%和20.7%。

（3）20世纪30至70年代

此时期个人所得税改革开始主张税收对经济的全面干预，通过提高边际税率和增加税前扣除项目，实现筹集财政收入和调节收入分配的目的，最终达到稳定和发展经济及.社会和谐稳定的目标。

20世纪30年代大危机过后，资本主义国家经济危机日益增多。当时占主导地位的凯恩斯经济学认为，如果财富过分集中在个别资本家的手中，由于"三大基本心理规律"作用，既引起消费需求的不足，又引起投资需求的不足，使得总需求小于总供给，并形成有效需求不足，导致了生产过剩的经济危机和失业，因此应采取加强征收富人直接税的办法来重新分配收入，从而使社会消费倾向提高。受此次指导思想影响，人们对所得税有了更深层次的认识和理性思考，对个人所得税的职能、公平、效率等问题进行了深入思考。在个人所得税政策实践方面，已不再局限于单纯解决公平问题，"自动稳定器"功能得以高度重视。"自动稳定器"功能的发挥主要是是通过累进税率实现的。通过采用累计税率制度，当经济处于上升时期时，个人收入会增加，政府征收所得税的税率也自动爬升，从而减少了个人可支配收入，使个人消费和投资受到一定抑制，经济过热从而得到有效控制，并趋于稳定。当经济处于萧条时期时，个人收入会减少，政府征收个人所得税的税率也会自动下降，因此留给个人的可支配收入将相对增加，使总需求的下降趋势变缓，这有利于克服经济危机。内在稳定器会自动地发生作用，调节经济，防止经济急剧地波动。尽管累进税率这一内在稳定器调节经济方面的作用是有限的，只能减轻萧条或降低通货膨胀程度，不能改变萧条或通货膨胀总趋势，但各国还是非常重视个人所得税经济稳定功能，具体表现为实行综合税制、适时调整税率高低和增设费用扣除项目。

在此期间，拉丁美洲各国在20世纪20年代开始普遍征收个人所得税，但各国税制模式因受宗主国影响存在一定的差异。第二次世界大战后，独立的非洲国家在20世纪50年代至70年代开始征收个人所得税。20世纪60年代至70年代，已开展征收个人所得税的西方发达国家，为进一步公平税负，开始由分类制或混合制逐渐转向综合制。法国在1959年实行综合税制，比利时在1962年实行综合税制，英国和意大利在1973年实行综合税制，西班牙在1978年实行综合税制，至20世纪七十年代，基本已完成转化。受西方主要发达国家影响，多数拉美国家和部分发展中国家个人所得税在20世纪六七十年代也基本上完成了由分类税制或混合税制向综合税制的过渡，希腊在1955年实行综合税制，巴西在1965年实行综合税制，玻利维亚在1976年实行综合税制。

这一时期，在凯恩斯积极财政思想主导下，主要国家个人所得税税率和税率档次开始快速爬升。第二次世界大战期间，为筹集战争经费，平衡财政速算，各国普遍提高了税率档次和累进程度，70%—80%的个人所得税最高边际税率很常见，少数国家的最高边际税率达到95%左右。英国1939年个人所得税率为29%，年收入超过1万英镑的累进税率为41%。1944—1945年间累进税率达到50%，附加的超额累进税率达到48%。第二次世界大战期间，分别于1947年～1948年和1967年～1968年实行特别税率，对投资超过1000英镑的所得要同时征收所得税、附加税和特别税，有效税率超过100%。同时为实现个人所得税经济"自动稳定器"以及其他社会政策目标，各国在综合税制下不断增加税前扣除项目，如美国于1974年、1975年和1978年分别建立了个人退休账户制度、为低收入工人提供纳税收益的勤劳所得税收抵免制度和401（k）制度等。这导致最高边际税率与实际有效税率存在较大差异：美国一战期间最高边际税率为77%，有效税率只有15.8%；一战结束后，最高边际税率有所下降，1925年为25%，但随后1932年又上升到63%；二战期间最高边际税率上升到94%，有效税率为58.6%；1974年最高边际税率下降到70%，有效税率下降到28.9%。

同时，为筹集财政收入，降低了免征额，因此纳税人数迅速增长，大量工薪阶层也成为纳税人，个人所得税成为一种"大众税"。税收收入比重迅速增加，多数国家所得税已确立了主体税种地位。第二次世界大战后，所得税占税收收入比重达到顶峰。1948年，美国、英国、法国、德国和日本五个典型资本主义国家所得税占税收总收入比重分别达到76.9%、47.6%、30.7%、39.3%和50.9%。1962年，这一比重分别上升到86.6%、61.6%、33%、48.3%和66.9%。

表4-1　1913-1970年美国联邦个人所得税覆盖的人数比重

1913	1918	1926	1939	1945	1950	1960	1970
小于1%	7.70%	4.25%	5%	74.20%	58.90%	73.10%	80%

（4）20世纪80年代至90年代中期

此时期个人所得税改革可概括为坚持税收中性和对经济的适度干预，通过拓宽税基、降低最高边际税率，追求横向公平，以提高经济效益和本国税制国际竞争力。

在经历了一段时间对直接税为核心的税制结构的反思和小幅度调整之后，1986年美国政府以供给学派的理论为基础，进行了一次比较彻底的税制改革。这次改革以所得税为核心，以减税为主要内容；主张税收中性原则，强调税收效率和便利；在公平方面由长期以来比较重视的纵向公平转向横向公平。受美国税制改革影响，其他国家也推出了自己的税制改革方案，并掀起了全球性的减税浪潮，主要表现出以下几个特点：

一是从边际税率和税率档次方面较大程度上简化了税制。几乎所有国家都在个人所得税制度改革短期和长期方案中把"简化"作为主要目标之一，相应减少了累进税率档次，降低了边际税率，使税率结构扁平化。1986至1990年间，23个OECD国家中，21个国家降低个人所得税最高边际税率，9个国家降低了最低边际税率，11个国家提高了最低边际税率，16个国家减少了累进税率档次。1986年部分OECD国家个人所得税最高边际税率比1976年平均降低了7.6个百分点，降幅11.1%；1992年比1986年又下降了13.9个百分点，平均降幅24.8%。在减少累进税率档次方面，80年代末，OECD

国家个人所得税的平均税率档次从13档减少到不足6档。此时，个人所得税税率设计原则也由公平为主再次转至以效率为主。

二是提高标准扣除的同时消减税收优惠，进一步扩大税基。OECD国家税基方面的变化主要是将原先排除在税基之外的收入，如资本利得、附加福利和失业救济金等，重新归入课税范畴。美国1987年把所有实现了的资本收益都纳入税基，取消了对某些股息所得的扣除，将所有来自失业救济金的收益纳入税收范围，降低了医疗费用及各种消费信贷利息支出扣除水平。澳大利亚1986年首次对个人从雇主处取得的非工资性收入课税，并减少了在经营费用支出、补偿农业支出等方面的减免规定。荷兰1987年将社会保障收益与个人从雇主处取得的收益纳入税基。新西兰、德国、加拿大、日本的改革方案也将全部或大部分资本收益纳入税基之中。OECD国家普遍取消或缩减了某些特定的税收扣除项目或税收减免。英国取消对新的人寿保险、国外收入、慈善捐款及新的住宅修缮贷款的课税扣除。美国取消所得平均化、"第二收入者"扣除、州和地方销售税扣除、招待费用扣除，还对雇员经营费用、旅行费用等许多扣除进行限制。英国、芬兰和爱尔兰限制了抵押贷款利息支出的扣除。澳大利亚、比利时等11个国家还通过了旨在减少和规范税收优惠的税式支出账户。

三是努力消除对股息所得双重征税。从公司角度和个人角度分别探索一体化的路径，希腊、冰岛、瑞典等国实行股息扣除制，即允许公司从其应税所得中扣减全部或部分已支付股息；奥地利、日本、葡萄牙等国家实行了双税率制，对作为股息分配的利润采用低税率，而对保留收益或未分配的利润采用高税率；澳大利亚、芬兰、法国、德国、意大利、新西兰、挪威、英国、马来西亚、新加坡等国家采用了归集抵免制（imputationsystem），允许个人从股息所得应缴纳个人所得税中，扣减公司对该股息已缴纳的全部或部分企业所得税；也有部分国家，如奥地利、加拿大、西班牙等，采用了股息免税制或税收抵免。

四是普遍采用税收指数化措施。通货膨胀对各发达国家税制，尤其是对个人所得税产生了不良影响。20世纪70年代经济滞胀时期，大多数发达国家引入了税收指数化机制。但经济好转之后，这些措施被取消了。从20世纪80年代起，美国、英国等工业化国家又重拾这些措施。美国于1981年首次立法规定，每年通过放宽税率表制止税档潜升。同时，对个人免征额和标准扣除额也进行了指数化调整。1986年税制改革方案保留了这些指数化措施，又将其适用于劳动所得抵免。1989年后，免征额和标准扣除额都要随着当年商品物价指数变化而自动调整。英国从1982年起，税制中主要免税项目数额要按上一年度零售物价指数进行自动调整。加拿大税法规定，如年度通货膨胀率超过了3%，要根据高于3%的部分调整税率档次对应的级距额以及免征额。瑞典也仿效了这一做法。其他一些发达国家税制则采取了指数化调整、非指数化调整、部分指数化调整以及无常规的指数化调整等多种方式。

（5）20世纪90年代中后期至2008年金融危机之前

此时期个人所得税改革可概括为简化税制、扩大税基、整顿优惠、提高效率。20世纪90年代以来，各国经过80年代大规模减税后，确实刺激了经济增长，但短期内税收收入的增长却没有达到预想目的，财政赤字的压力使一些国家开始推行增税策略。但在进入90年代中后期以后，各国经济开始好转，同时随着经济的全球化发展，要求各国进一步消除妨碍国际货物、资本、人员流动的税收障碍，这又使得各国重新走上减税路子。从个人所得税来看，依然存在优惠过多、税基严重侵蚀、税负不公的问题，因此个人所得税改革主旋律是"简化税制，扩大税基，整顿优惠，提高效率"。各国政府已认可现行个人所得税格局，不可能再有类似于80年代那种大规模减税政策举措，故只在具体规定上做出了一些调整，以体现特定政策目标。此时期的个人所得税改革体现了"稳中求变"和"微调"特点。

一是个人所得税的两个占比略有降低。总体而言，OECD国家的个人所得税占GDP和税收总收入的比重有所下降。尽管各国情况不太一样，但从平均水平看，1986至1990年间，个人所得税占GDP比重为12.2%，2001至2002年比重下降到10.7%，降低了1.5个百分点；同期个人所得税占税收总收入比重由32.1%下降至27.9%，降低了4.2个百分点。从区域变化看，北欧地区和亚太地区国家个人所得税占税收总收入和GDP的比重下降趋势相对较为明显，其中亚太地区个人所得税占GDP的比重由1986至1990年期间的10.4%降低到2001至2002年期间的8.8%，同期占税收总收入比重由34.1%降至28.6%。

二是继续降低税率、减少级距。首先是最高边际税率继续下降。OECD30个国家中，19个国家工薪所得最高边际税率下降了，仅2个国家上升了。最高边际税率均值由2000年的47%降至2005年的43.3%，2007年降至42.5%。公司所得税和个人所得税最高边际税率合计均值也由2000年的49.8%下降至2005年的44.5%，2007年降至43%；股息所得个人所得税的最高边际税率也由2000年的35.1%降至2005年的30.9%，2007年降至28.8%。另外，其他资本所得税率从以前的高于50%降至2000年的32%左右。其次是税率档次继续减少。许多国家在20世纪80年代至90年代调减了税率档次，2000年以后税率档次继续减少，因此税率结构朝着扁平化方向发展。除斯洛文尼亚为1档和瑞典、卢森堡多达十几档外，多数国家税率档次为3-5档，冰岛、匈牙利、以色列为2档，美国、法国、波兰为6档。德国还采用了先进的线性方程方法来确定税率档次，使边际税率在最小值至最大值间连续变化。

三是双所得税制兴起，部分国家引入了单一税制。根据OECD国家对劳动所得和资本所得处理方式上的不同，个人所得税课税模式分为综合所得税制、双所得税制和单一所得税制三种。20世纪90年代初期，挪威、瑞典、芬兰、丹麦等北欧国家陆续引入了双所得税制，将应税收入划分为劳动所得和资本所得，劳动所得适用累进性税率，资本所得适用单一比例税率。与此同时，部分国家引入了单一所得税制。到2005年，俄罗斯、爱沙尼亚、格鲁吉亚、拉脱维亚、立陶宛、罗马尼亚、塞尔维亚、斯洛伐克、乌克兰和保加利亚等十个中欧和东欧国家都引入了单一所得税制。2007年冰岛废除综合各所得税制后，实行了38%的单一税率。另外，中国香港地区个人所得税也具有单一税的性质。香港所得税包括利得税和薪俸税。其中，公司利得税适用16%单一税率，个人利得税适用15%单一税率。薪俸税适用2%至17%累进税率，但如按累进税率征收的税款高于总收入的15%，则按15%比例税率进行征收。

四是注重解决股息所得双重征税问题。对股息所得，OECD国家原来主要采取古典制和归集抵免制，但现在部分计征制也发展成为主要方法之一。2001年前，15个国家采用归集抵免制，占OECD国家的一半，2005年减到8个。因欧盟法院裁决归集抵免制对资本的自由流动构成不公正限制，所以奥地利和芬兰等国家纷纷放弃了归集抵免制。部分国家放弃古典制和归集抵免制后，开始实行部分计征制，即2002年前实行部分计征制的国家只有1个，2005年增加至7个，包括德国、土耳其、意大利等国。

五是部分国家课税单位由家庭向个人。实行累进税率时，课税单位的选择会对纳税人的税负产生较大影响，尤其是当纳税人改变婚姻状况时，可能会减轻或加重其税负。为消除这一影响，20世纪70年代以来，英国、澳大利亚、丹麦、意大利、芬兰、荷兰和瑞典等7个国家陆续由以家庭为课税单位转向以个人为课税单位。完全以自然人为课税单位的OECD国家已达到17个。另外，部分实行联合申报的国家规定，纳税人可根据自身情况在联合申报与单独申报间自行选择。与此同时，一些实行联合申报的国家，如法国、德国和爱尔兰，为消除联合申报带来的问题，引入了"所得分割"制度。

（6）2008年金融危机至今

此时期个人所得税改革可概括为作为临时措施进一步提高最高边际税率，但因间接税税率提高占总收入比重下降。

2008年下半年国际金融危机爆发以来，各国纷纷对其税收政策进行了调整。金融危机爆发初期，普遍采取临时性减税措施。但随着时间推移，为确保财政平衡、促进结构调整、防范经济风险，多数国家在税制安排上推行了一些具有长远意义的措施，其中个人所得税是变化较大的税种之一。一方面为应对金融危机，很多国家采取提高扣除额或抵免额标准、退税等临时减税措施，降低了居民特别是中低收入阶层税负，以稳定消费信心。但需要指出的是，每年根据物价指数对个人所得税扣除标准或抵免标准进行调整，是国际上较为通行的做法，因此这种每年常规的指数化调整并不属于严格意义上的政策变化。但是在这次国际金融危机过程中调整幅度更大，从而体现出政策变化因素。另一方面是调整了税率，但各国个人所得税税率调整幅度差异较大。从调整范围看，部分国家全面调整了税率表，如匈牙利、希腊；部分国家只对部分税率进行了调整。从税率变化看，则是有升有降。

表4-2　国际金融危机以来部分国家个人所得税政策的变化

国家	调整时间	个人所得税政策变化
德国	2009.1.1	最低档税率从15%降至14%，提高各档起征额
澳大利亚	2008.7.1	逐步提高30%以上税率档的起征额
	2009.7.1	40%税率档降至38%，2010.7.1再降至37%，逐年提高低收入者的抵免额
	2013.7.1	利息所得减半
匈牙利	2013.7.1	综合所得适用两档税率由18%、36%降至17%、32%，分项所得适用的一般比例税率由25%降至16%
俄罗斯	2001.1.1	实行13%比例税率，股息所得税率为9%
	2010.7.1	外国专家预提税13%（普通预提税30%）
巴西	2009.1.1	提高各档起征额，增加7.5%、22.5%两档新税率
希腊	2008.1.1	中等收入适用29%、39%两档税率降至27%、37%，2009年进一步降至25%、35%
	2010年	2009年收入超过10万欧元者征收1%一次性特别税，税率表由原来的27%-40%三级变为18%-45%八级累进，提高利息税税率，银行业资金税税率90%
爱尔兰	2007年	最高边际税率由42%降至41%
	2009.1.1	开征个人所得特别税：2%、4%、6%；存款利息税：普通存款由20%增至23%，投资基金等由23%增至26%，2009.4.7起再分别提高至25%和28%
	2010年	40万欧元以上高收入者有效税率由20%提高至30%；开征居所税
	2011.1.1	降低起征额；普通存款利息税由25%增至27%

国家	调整时间	个人所得税政策变化
英国	2009.4.6	按指数调整提高各档起征额
	2010.4.6	起征额不变，对年所得超过15万英镑的部分，适用的最高边际税率由40%提高至50%

从总体趋势看，国际金融危机爆发之前，个人所得税与公司所得税呈现出不断减税的趋势。从OECD30个老成员国个人所得税最高边际税率变化看，2000至2008年间，只有葡萄牙1个国家提高了最高边际税率，而21个国家最高边际税率却下降了；30个国家的平均最高边际税率，从2000年的40.7%下降到2008年的34.9%，降低了5.8个百分点，平均每年下降约0.72个百分点。

国际金融危机爆发之后，由于各国财政赤字规模的急剧膨胀，在刺激经济发展的同时寻找增收途径，是各国政府共同面临的难题。通过提高个人所得税最高边际税率、增加对高收入阶层的征税，就成了部分国家的重要选择，特别是对希腊、葡萄牙、西班牙等面临主权债务危机国家。有的国家尽管没有提高边际税率，但却推迟了减税改革进程，如匈牙利将原计划在2009年实施的个人所得税减税改革推迟到2010年实施。从30个OECD老成员国看，2008至2010年期间，尽管仍有挪威、波兰、匈牙利、新西兰、芬兰和丹麦6国调减了最高边际税率，但也有英国、希腊、西班牙、葡萄牙、墨西哥和冰岛等6个国家提高了最高边际税率，而且提高幅度略高于下降幅度，因此30个OECD老成员国平均最高边际税率从2008年的34.9%，略微提高到2010年的35.1%。但这并不意味着在全世界范围内个人所得税减税步伐的停止，而只是受金融危机的一种临时影响，因为促使个人所得税减税的原动力——经济全球化发展背景下争夺高素质劳动力的税收竞争因素并未消失，相反存在着强化的趋势。实际上，如墨西哥，其提高边际税率本身就是临时性的，将于2014年恢复到原来税率水平；又如希腊，在危机前就实施了减税改革，危机后由于巨大财政赤字压力才被迫转向增税之路。由此可见，当金融危机的负面影响消退，财政状况得到改善以后，个人所得税的减税趋势仍将延续。

4.3　个人所得税功能定位影响因素分析

个人所得税是理论上具有再分配能力的直接税，但是并不是因为其是直接税就自动地具有良好的再分配能力，其再分配作用的发挥很大程度上取决于税制的设计，税制设计不同，再分配能力不同，一旦设计不符合国情，甚至会出现逆向调节的结果。一般来说，只有个人所得税的累进性和平均税率水平较高时，才具有良好的再分配能力。个人所得税制的设计受到许多外部约束条件的影响。外部约束条件是制度运行环境的重要组成部分，会影响制度运行的绩效。从个人所得税制度发展看，个人所得税制度改革与外部约束条件密切相关。个人所得税制度只有与外部约束条件相适应时，才能很好地发挥功能作用，实现其税制目标。如果不能意识到并且加强控制改善这些客观限制因素，则个人所得税制设计很有可能偏离再分配目标，加剧国内的收入分配差距。

（1）财政收支状况

正如1779年英国为弥补战争经费不足而开征个人所得税一样，筹集财政收入一直是个人所得税最主要和最核心的职能，因此财政收入是影响个人所得税职能定位的最为关键因素。

18世纪末所得税诞生时，各欧洲国家都面临着巨大的财政压力，急需要寻找新的财政收入来源。西欧自16世纪开始殖民扩张，经过两百多年殖民过程，到了18世纪末，各殖民地的贵金属已基本被掠夺殆尽，西欧各国财政收入随之锐减。但此时因战争和国家发展需要而导致的财政支出并没有随着收入减少而降低。因此，通过开征新税种来增加财政收入成为各国普遍选择，所得税应运而生。

个人所得税诞生后，由于这一税种符合经济社会发展方向，税源不断扩大，所以人们迅速认识到其收入潜力。此后，在第一次和第二次世界大战期间，各国出于筹集战争经费和平衡当年财政收入预算需要，纷纷提高了最低和最高边际税率，降低了税前基本费用扣除标准和各税率档次适用的应税收入下限，税收收入水平随之急剧上升，个人所得税逐步发展成为西方发达资本主义国家主要收入来源。尽管战争结束后，各国税率在不同程度上出现了一定的下降，但此时人民已经认识到所得税的收入再分配职能，加上二战结束后经济社会重建和推进"福利国家"进程对财政收入的压力，各国在平衡财政预算思想指导下，所得税率普遍下降不大。到20世纪80年代前，除法国外，整个西方资本主义国家所得税先后成为主体税种，收入比重一直呈上升之势。

就美国而言，个人所得税职能的定位和税收政策的调整更突出地反映了财政支出的需要。在第一次世界大战期间，为筹集战争经费，大幅度提高了个人所得税率。战后，美国经济开始恢复，所得税收入大幅增加，议会连续五次消减了所得税率，使得个人所得最低税率于1925年又恢复到1.1%，最高税率也下降到25%。大萧条时期，随着扩张性财政支出政策需要，罗斯福政府开始采取增税政策，联邦个人所得税最高边际税率由1929年的24%提高到1936年的79%。从20世纪50年代开始，联邦所得税政策已与其他宏观经济政策融为一体，所得税融资功能反映了经济变化的要求，所得税融资的多少是因时而变，但经济赤字所导致的积累债务最终是要靠税收来偿还的，因为国家债务是迟延的税收，只是时间长短而已。

（2）经济发展水平

经济社会发展水平决定了个人所得税的整体功能，决定了个人所得税在整个税制中的地位。个人所得税总是在一国经济发展至"起飞前期"时才可能出现；总是在经济发展到初步完成工业化后，才可能大幅度增长；总是在经济完全成熟、人均收入相对较高时，才成为主体税种；成为主体税种后，也就被赋予越来越多的经济职能。

一是经济发展为个人所得税产生和发展提供了基础。从个人所得税诞生过程看，所得税要求较高的生产力水平以及有一定经济实力和数量规模的纳税群体。国家生产力水平高的国家，其开征所得税通常要早于生产力水平低的国家；经济发展水平高的国家所得税通常采用综合课税模式，经济发展水平低的国家所得税通常采用混合或分类课税模式，最贫困的国家基本都没有开征个人所得税。从个人所得税发展过程来看，19世纪末，西方国家完成产业革命后，随着经济的快速发展，社会阶层进一步分化为"食利阶层"和"工薪阶层"。特别是经过第一次和第二次世界大战，世界经济战后迎来了快速发展时期，居民收入迅速提高，国民实力不断增强，这为所得税提供了稳定税源，因此个人所得税组织收入职能也得以强化和增强。1962年，美国、英国、法国、德国和日本五个典型资本主义国家所得税占税收总收入比重分别达到86.6%、61.6%、33%、48.3%和66.9%。同时，这也为更好地发挥个人所得税调节收入分配和调控经济职能奠定了基础。

二是经济发展阶段和水平制约着各国税制结构。不论是马克思经济理论还是当代西方经济学理论，都认为经济成长是具有阶段性的。西方发达资本主义国家与发展中国家因所处经济发展阶段不同，对个人所得税课税模式和功能定位的选择也不尽相同。第二次世界大战以后，世界各国个人所得税和税制结构的发展充分体现了各国经济发展的多样性。总的来说，发达国家和发展中国家由于政治、经济和社会环境方面差异，开始选择不同的税制结构。从税种构成来看，美国、英国等发达资本主义国家主体税种多为个人所得税和社会保障税等直接税。而以法国为代表的少数发达国家一直坚持重视间接税，不断发展增值税和消费税，巩固间接税在税制结构中的定位。更多的发展中国家因为经济发展水平限制，无法依靠个人所得税作为主体税种，主要依靠企业所得税和增值税。就个人所得税而言，采用综合税制还是采用分类税制一直争论不求，但发达国家多采用综合税制，德国、美国等发达国家开征时便实行综合税制，英国、法国、比利时和意大利陆续采取综合税制。然而发展中国家由于各种条件的限制，个人所得税在税制中的地位不如发达国家那么重要，再加上征管能力有限，所以多采取分类税制或混合税制。因税制模式选择不同，各国个人所得税职能定位也存在加大差异。

三是个人所得税政策的变化反映了经济形势发展的需要。个人所得税是政府宏观调控的重要手段，制度设计与调整还需服务于政府的宏观经济目标。政府宏观经济目标是与现实的经济环境紧密联系在一起的，不同经济环境下政府宏观调控的重点迥然不同，对个人所得税职能的要求也就不同。凯恩斯主义之前，受"自由主义"和平衡预算思想影响，个人所得税政策只是随着平衡财政预算的需要而被动调整。受凯恩斯主义"市场失灵"和"政府干预"思想影响，各国政府开始尝试根据经济形势发展的需要来调节税收政策，以实现稳定和发展经济之需要。20世纪30年代的大萧条使生产力水平一度倒退，凯恩斯主义认为，导致萧条的原因在于财富过于集中引起的消费和投资需求不足。为增加有效需求，应在增加政府支出的同时，加大对社会收入分配的调节力度。具体到个人所得税政策上，就是通过实行引入综合税制，提高最高边际税率，增强个人所得税调节收入分职能。同时，根据经济社会发展的需要，不断增加费用扣除项目，为增加有效需求和社会政策目标创造积极条件。20世纪70年代，美国出现了经济停滞和通货膨胀并存的"滞胀"局面，各国政府对指导经济实践的理论进行了深刻反思和重新认识，经济调控的重点由单纯地强调总需求，转向重视总供给，并重视经济生活中的各种结构性问题。经济政策由短期、应急调整为主，转向越来越重视中长期目标。在公平与效率的取舍上，开始以牺牲公平为代价，换取经济效率的提高。反映在个人所得税政策上就是通过拓宽税基、降低最高边际税率，强调横向公平，坚持税收中性和对经济的适度干预，使税收扭曲最小化，以提高经济效益和本国税制国际竞争力。

四是经济发展水平直接决定了个人所得税纳税人的负税能力。经济发展水平越高，国内居民人均收入越高，个人所得税纳税人的负税能力越高；经济发展水平越低，国内居民人均收入越低，个人所得税纳税人的负税能力越低。在当前的社会经济形势下，社会贫富差距拉大已是不争的事实，税制被赋予了调节收入分配的重要使命，而提高税制的累进性进而提高再分配能力已是一个主流观点。提高一国个人所得税的比重是达到提高税制累进性目的的有效措施，而要想提高个人所得税的比重，提高居民人均收入和改变税制是两条有效的途径。表4-3中列出了中国和部分OECD

国家个人所得税的最高边际税率适用的所得水平与居民平均工薪收入的倍数，可以看出，发达国家个人所得税最高边际税率适用的所得水平相比平均工资来说比较低，尤其是丹麦、瑞典、挪威这几个北欧国家，个人所得稍稍高于平均工资即适用最高边际税率，而作为发展中国家的中国、智利和墨西哥情况则恰恰相反，在我国当个人所得是平均工资的接近20倍时适用最高边际税率，而在墨西哥，当个人所得是平均工资的接近30倍时才适用最高边际税率。正是因为发展中国家的居民人均收入水平较低，其个人所得税最高边际税率适用的范围较狭窄，大大降低了其个人所得税的收入再分配能力。

表4-3 中国与部分OECD国家个人所得税最高边际税率适用所得与平均工资之比（2014）

国家	平均工资（美元）	最高边际税率所得为平均工资倍数
澳大利亚	53169.5	2.26
瑞典	46379.2	1.51
丹麦	52161.4	1.23
挪威	59355.5	1.58
美国	50075.1	8.23
德国	57627.6	5.66
中国（RMB）	56360	17.03
英国	50864.9	4.21
智利	19070.8	12.76
墨西哥	12373.2	29.45

资料来源：根据OECD statistics数据计算得出，中国数据根据国家统计局网站《中国统计年鉴（2015）》计算得出。

只有改变税制才能有效提高国家个人所得税的比重，即提高个人所得税税率，又同时降低费用扣除额，拓宽税基，将更多的低收入群体包括在纳税人范围内。但是采用这两种措施会导致较多负面后果：

a. 较高的个人所得税税率会扭曲一国资源的有效配置，产生较大的效率损失，进而抑制一国的经济发展。较高的个人所得税边际税率会使个人所得税的税负增大，从而打击员工工作的主动性和积极性，从而抑制经济增长。表4-4列出的经济发展水平不同的国家间个人所得税的最高边际税率就很好地说明了这个问题。可以看出，发达国家个人所得税的最高边际税率要比发展中国家高得多。

表4-4　部分发达国家与发展中国家个人所得税最高边际税率比较

发达国家	最高边际税率	发展中国家	最高边际税率
丹麦	60.415	南非	40
瑞典	56.86	越南	35
挪威	39	墨西哥	30
法国	54.501	印度（2012）	30
荷兰	52	巴西	27.5
日本	50.84	俄罗斯	13
德国	47.475	乌克兰	17
英国	45	斯洛伐克	25
美国	46.25	爱沙尼亚	21
加拿大	49.53	罗马尼亚	16
意大利	49.1	捷克共和国	15
新西兰	33	黑山共和国	9
澳大利亚	46.5	柬埔寨（2012）	20

b. 宽征税范围和高税率会加剧国内偷逃税现象。过宽的征税范围将大量的低收入者也纳入征税范围，其收入已经较低还要缴纳个人所得税，会使其对税收的抵触心理更加强烈。而较高的边际税率会提高纳税人依法纳税的机会成本，进而增加其逃税动机，总而言之，无论是拓宽个人所得税的征税范围还是提高其边际税率，都会加剧国内的偷逃税现象，这无疑将会使发展中国家国内本已经猖獗的偷逃税情况持续恶化。一项研究指出，不断加大的税收负担会直接导致地下经济产生和增长，较重的税收负担将会使正规部门的劳动供给减少，但却会使非正规部门的劳动供给增加。因此，本节认为拓宽个人所得税的征税范围和提高边际税率将会加剧发展中国家的偷逃税现象。

c. 纳税人数量的增多尤其是低收入纳税人的增加将会提高个人所得税

的征管、遵从成本。对于个人所得税来说，小规模纳税人的税收征管成本和遵从成本都要远远高于大规模纳税人的成本。由于经济发展水平较差的发展中国家在税收制度设计和税收征管水平等方面有诸多不完善的地方，且税务机关的信息获取和处理能力欠缺，税收的征管成本和遵从成本也会更高。

（3）收入分配差距

收入分配状况内含于经济发展水平之中。市场经济最核心的特征是竞争，竞争的结果是收入分配的差异。随着市场经济的发展，收入差距呈不断扩大趋势，并往两极化发展，进而威胁到社会稳定。缩小收入分配差距，是政府基本职能。个人所得税作为国家收入分配职能的具体体现，自产生以来，其职能一直努力服务于政府调节收入分配差距的需要。

一是调整社会收入分配差距的需要是个人所得税产生和主体地位确立的关键因素之一。1913年，美国开征个人所得税时，国际共产主义运动高涨，无产阶级革命蓬勃发展。美国进步力量代表着广大贫困人民的利益，要求通过加重富人税收来平均社会财富。资本主义国家的经济政策也开始由自由市场向国家干预转变，在短短三年内将个人所得税边际税率由开征时的7%提高到1916年的67%。第二次世界大战后至20世纪七八十年代前的长时期内，由于主要资本主义国家经济发展处于黄金时期，在经济快速增长的同时，也出现了收入分配不公矛盾，并影响了资本主义国家社会和谐稳定。因此，理论界和政府开始越来越重视个人所得税公平效应，并通过采取高边际税率、多累进档次来缓解收入分配不公，以促进所得税公平机制的实现。如第二次世界大战期间，美国个人所得税最高边际税率高达94%。尽管筹集战争经费是提高税率的主要原因，但调节收入分配以及促进社会和谐稳定也是影响政府决策的因素之一。因为即使到20世纪80年代中期减税改革之前，个人所得税最高边际税率仍高达50%，并制定了14级累进税率。

二是对收入分配差距的认识决定了个人所得税制对公平原则与效率原则的取舍。纵观个人所得税立法历程，税收公平经历了从创立初期的"横向公平"到发展阶段的"结果公平"再到20世纪80年代以来的"起点公平"和"规则公平"的否定之否定的发展过程；相反，税收效率经历了从"税收中性"到"税收调控"再到"税收中性"的否定之否定的发展过程。个人所得税对税收公平原则与税收效率原则的取舍，在一定程度上反映了西方主要资本主义国家在社会不同发展阶段对收入分配差距的认识和重视程度。

19世纪70年代以后，西方主要资本主义国家收入分配差距不断扩大，引起了各国普遍重视，因此对税制公平原则也越来越重视。与此相适应，个人所得税累进税率逐步提高，税制模式也从最初的分类课征模式演变成综合征收模式，课税单元也从原来的对个人征收发展到对家庭综合征收。但越来越复杂的税制不仅没有起到缩小居民收入差距的目的，反而却因过多的优惠政策而进一步增加了税负不公。因此，自20世纪80年代以来，主要资本主义国家重新思考和重视"税收效率"原则，并在世界范围内掀起了一场以"拓宽税基、降低税率"为基本特征的税制改革。

（4）政治与阶级利益

个人所得税的产生和发展有着深刻的政治内涵，充分反映了不同时期的阶级关系，并在不同的阶级斗争中出任重要角色。政治环境特别是阶级关系对个人所得税职能定位的影响主要体现在三方面：

一是个人所得税的产生是新老资产阶级都能接受的产物。英国开征个人所得税时，新兴资产阶级势力相当强大。贵族资产阶级需要利用所得税加强对新兴资产阶级的剥削。新兴资产阶级在当时具备政治先进性，将所得税作为颂扬资本主义民主和平等的重要工具。尽管新老资产阶级开征个人所得税的出发点有着众多不同，但他们对这一税种的出现都给予了肯定。另外，阶级斗争对整个税制结构的影响，造成19世纪的英国资产阶级强烈反对间接税，这给所得税出现创造了良好条件。

二是所得税累进税率是资产阶级斗争的工具。19世纪70年代，资本主义制度形成了统治世界的体系。随着工人阶级的壮大和工人运动的蓬勃发展，资产阶级在加强暴力镇压的同时，开始重视采取各种政治和经济手段，比如欺诈、拉拢和分化工人阶级，来缓和阶级矛盾。体现在个人所得税上，就是普遍采取累进税率，取代早期比例税率。经过两次世界大战，所得税率和累进程度达到历史高点。资产阶级学者将提高边际税率标榜为"调和社会收入矛盾、促进社会公平"。但从实施效果并未达到资产阶级学者所推崇的那种公平。其原因在于资产阶级基于自身利益考虑，设置了过多的税前扣除，或对资本利得、利息收入免税或征收较低的比例税率。因为税率高低只是决定累进程度的一个因素，所得税税基和各种优惠对累进性的影响同样不可小视。所得税出现之后的很长一段时间，资本利得、利息收入不属于个人所得税课税对象，尽管后来将其纳入税基，但基本上都采用特殊课税方法，这明显有利于资产阶级。

三是20世纪80年代以来世界范围减税浪潮是调和新的阶级矛盾的需要。20世纪以来，随着经济快速发展，出现了大量高级管理人员，并构成西方社会的重要组成部分。他们的收入主要来源于工薪所得，是较高边际累进税率的主要适用者。相对于"食利"阶层的优惠税率，其税负偏重。而且，第二次世界大战后西方国家的历次政治和经济改革中，资产阶级相对更为重视缓和与工人阶级的矛盾，转移支付、社会福利规模越来越大。但这些制度的直接受益者是低收入人群，中产阶级不仅几乎不能获益，而且庞大的社会福利项目的资金大部分由他们负担，这必然会加剧他们对统治阶级的不满。这种矛盾积累到20世纪80年代，已经到了非解决不可的地步。为此80年代以来的个人所得税改革的重心是坚持税收中性和对经济的适度干预，通过拓宽税基、降低最高边际税率，追求横向公平，降低高税率对经济的扭曲。

（5）国际税收竞争

随着经济全球化发展，税收国际化程度越来越高，各国个人所得税制度的竞合现象也越来越突出。自20世纪80年代以来，全球经济一体化进程加快，生产要素在国际流动的障碍日益减少，要素在国与国之间的流动日益频繁，各国政府开始纷纷采取各种措施来吸引境外生产要素的流入、抑制本国生产要素的流出。在这种国际大背景下，各国在个人所得税方面实施了降低税率，拓宽税基；减少课税级次数量，扩大课税级次幅度，改革课税模式等政策。总而言之，在国际竞争力原则下，各国更倾向于减轻国内的税收负担。税收国际竞争因素对个人所得税职能定位的影响主要体现为四个方面：

一是国际经济的交往促使个人所得税税制趋同化。在个人所得税发展初期，由于各国所得税发展历史不同，所得税所依存的经济社会环境也有所不同，从而使得个人所得税在不同国家间存在较大差异，如各国税制有综合税制、分类税制和混合税制之分。但在第二次世界大战以后，随着世界经济相互交融、相互影响日益扩大，各国个人所得税制度也相互影响、相互联系，尤其是发达国家个人所得税制度，因建立时间较早，制度较为完善，被世界各国所普遍借鉴，逐步形成了符合国际惯例的个人所得税制度：大多数国家选择以综合所得税模式来更好地体现个人所得税量能负担原则，普遍采取超额累进税率来更好地体现个人所得税公平原则，居民纳税人判定标准也趋于一致，税前扣除范围普遍考虑纳税人生计费用，普遍采用源泉扣缴与个人申报相结合的方式进行征收，等等。

二是发达国家减税引起的巨大"蝴蝶"效应。美国1986年以所得税为中心的税制改革后，改革后的美国个人所得税和企业所得税最高边际税率均低于当时西方各发达资本主义国家。如果与美国有经济往来的国家不做出相应调整，将会出现资金、人才流向美国的现象，这尤其对邻国加拿大和墨西哥影响更大。因此，各发达资本主义国家随即掀起了一场实质性的减税高潮，纷纷降低了个人所得税和企业所得税最高税率，扩大和提高了所得税费用扣除额和免征额，取消或减少税收优惠，扩大了税基，等等。进入21世纪，经济全球化步伐日益加快，能源、技术、资本、人才的跨国流动，引导着各国产业结构的不断调整以及经济外向型程度的提高。很多国家纷纷采取了减税政策，降低个人所得税实际税负，加快推进所得税一体化步伐，以应对知识经济挑战，突出科技税收优惠政策。近30年个人所得税减税改革中，不仅世界各国个人所得税改革表现出相同的特征，而且也出现大致相同的改革结果；各国都十分重视所得税的地位和作用，市场经济国家的个人所得税差异逐步缩小，税率水平也趋于一致。

三是国家间个人所得税国际协调明显增强。在世界范围内普遍征收所得税的前提下，一方面，主权国家税收管辖权交叉和重叠造成对跨国所得的重复征税问题；另一方面，各国所得税率的高低和所得税征管严密程度上的差异，通常会导致纳税人和税基在不同国家间的转移，并诱发国际避税和逃税。这两方面因素都可能引起国家间财政收益关系矛盾，使国家税收领域的问题变得日益复杂。针对国家税收领域出现的税收问题和国际税收竞争的加剧，所得税国家间协调活动不断展开并深入。首先，针对国家重复征税矛盾，各国开始协调跨国纳税人的税收管辖权，采取有效措施来减轻或消除国际重复征税问题。其次，针对国际避税，各国从维护本国权益出发，展开了国家间的税务合作，采取有针对性措施，相互提供税收信息。目前国际社会基本上都是以《经合组织范本》和《联合国范本》，作为协调有关国家间处理国际税收关系的指导性文件，逐步确立了规范化的国家税收协调方式。最后，随着区域经济一体化的推进，税收区域一体化也开始出现并得到发展，区域范围内的所得税制度不断融合，向着一体化方向迈进。所得税国际竞争以及国际协调的出现和加剧，实质上是国家之间在税收管辖权范围上的较量和妥协。

四是国际竞争对不同经济发展水平国家的影响也不同。一般来说，影响税基流动的因素包括税收因素和非税收因素，非税因素指政治稳定性、基础设施、市场规模、法律框架、劳动力受教育程度、政府工作效率和产业链状况等等。发达国家的非税因素的水平较高，对税基的吸引力较大，而发展中国家在非税因素方面不占优势，发展中国家往往国内政治不稳定、法律框架不完善、劳动力素质低下、政府工作效率较低等等，故发展中国家在非税因素上对税基的吸引力不大，也就更加依赖税收因素来弥补在非税因素上的缺失。所以，国际经济竞争因素税制的影响在发展中国家更大。国际竞争力原则与公平原则在许多方面要求不同，各国在税制改革中一般均是根据本国的具体情况权衡轻重。国际经济竞争对税制的影响在发展中国家更大，所以对发展中国家而言，税制的国际竞争力原则的地位要高于公平原则。发展中国家纷纷大幅降低所得税率，甚至实行低水平的单一税率；马来西亚、香港、新加坡等国家和地区纷纷取消遗产税，我国台湾地区也蠢蠢欲动等，就是对于国际竞争力高于公平的最好注释，但这样也会不利于缩小国内的收入分配差距。

（6）税制结构演进

税收制度是历史的产物，它随着国家的政治、经济和社会环境变化而变化。从纵向税制结构演变规律看，税制结构先由简单、原始、古老的直接税演变为间接税，再进一步发展为现代的直接税。个人所得税作为税收制度有机组成部分，其职能定位也随着税收制度的演进而不断发生变化。

一是个人所得税职能作用随着税制的演化而逐步丰富和强化。所得税产生于第一次产业革命，在两次世界大战期间得以普及，在第二次世界大战后步入其成熟期。纵观个人所得税产生和发展历史，在20世纪80年代世界性减税前的一段时期内，随着个人所得税收入占税收收入的比重不断提高，其职能作用也得以逐步丰富和强化。17世纪以前的欧洲税制仍是以传统的土地税、人头税、财产税等直接税为主体税种。此后，国际贸易的发展使得关税和国内货物税的地位不断提高。然而随着产业革命的深入，传统农业地位的衰落，传统税源已毫无潜力。为满足当时财政支出需要，根据当时经济社会发展方向，西方发达资本主义国家开征了个人所得税。开征之初，占税收总收入的比重较低，税收职能也主要是组织财政收入、弥补战争经费之不足。进入19世纪70年代以后特别是第一次世界大战至第二次世界大战期间，所得税比重越来越高，西方主要资本主义国家越来越重视其调节收入分配职能。即便战后财政压力减弱后，税率下降幅度也是有限的。第二次世界大战后，所得税在税种收入比重方面步入顶峰。1948年，美国、英国、德国、法国和日本个人所得税收入占其税收收入的比重分别达到76.9%、47、6%、39.3、30.7%和50.9%。在这一阶段，人们对个人所得税有了更深层次的认识和理性思考。在政策实践方面，已不再仅仅局限于解决公平问题，开始被用于刺激投资、稳定经济、鼓励科研开发、调整产业结构、促进环境保护等许多方面。与此不同的是，发展中国家的个人所得税一般不可能成为再分配重要工具，因为直接税在发展中国家的税制中地位还不重要；而且或许也不应该成为再分配的主要工具，因为税制的效率目标是重中之重。利用其他政策工具来实现再分配目标可能更直接、更有效，比如公共支出、土地改革、工资制度改革等。

二是随着西方发达国家开始重视间接税，个人所得税也开始由重视公平原则转向更多地重视效率原则。20世纪80年代以来，各国开始改变以往单纯依赖直接税的做法，重新审视流转税，尤其是增值税和消费税的作用，重塑税制格局。受此影响，个人所得税占税收收入的比重有所下降。从OECD国家平均水平来看，1986至1990年期间，个人所得税占GDP比重为12.2%，2001至-2002年降至10.7%，下降了1.5个百分点；同期个人所得税占税收总收入比重由32.1%降至27.9%，下降了4.2个百分点。与此同时，个人所得税开展了一场以"普遍降低税率和累进程度""普遍扩大税基和清理各种税收优惠"为特征的税制改革，以重新恢复"税收中性原则"，弱化税收调控职能。在公平与效率的取舍上，开始以牺牲公平为代价，换取经济效率的提高。在公平方面开始由结果公平转向规则公平和起点公平。

（7）征收管理水平

征管水平是税收制度实施的技术保障。个人所得税承担的职能越多，对征管水平的要求越高。征管水平低，偷逃税风险下降，有意偷逃税便会增加，如再加上繁杂的税制，将使偷逃税和税收规避更为普遍，税制有效性降低，并增加税收负担，降低了税收效率。依据一些税收改革观察家的结论，近些年，许多发展中国家频繁进行税制改革但收效甚微的重要原因便是，这些国家征管水平的提升未跟上税制改革步伐。20世纪80年代以来，配合个人所得税制改革，OECD国家一直在努力完善征管制度，强化源泉扣缴管理，完善自行申报制度，并以信息化为依托，为纳税人提供方便快捷的申报纳税服务。

一是高效征管需要源泉扣缴申报制度和自行申报制度的有机结合。源泉扣缴包括累进制源泉扣缴和非累进性源泉扣缴。OECD国家主要采取累进制源泉扣缴方式。实行这种制度后，对只从一处取得收入的纳税人，支付人所扣缴税款基本上等于纳税人年度内应缴纳税款，纳税人在年度结束后不再需要办理年度综合申报。对于未进行源泉扣缴的收入，首先要由纳税人分期预缴税款，年度终了后再进行综合申报、多退少补。所有OECD国家税法都规定了自行申报纳税制度。自行申报纳税包括年终综合申报和日常自行申报两类。日常自行申报纳税主要是针对不适用源泉扣缴的收入所规定的申报纳税制度，所有国家都规定了这种制度。年终综合申报纳税主要是根据纳税人年度综合收入进行计算纳税，以便弥补源泉扣缴和日常自行申报纳税不足。不同国家关于年终综合申报的规定有所不同：美国、加拿大、澳大利亚等国家规定，纳税人必须进行年度综合申报；英国、意大利、奥地利等国家规定，符合一定条件的纳税人可不办理综合申报；挪威、瑞典、丹麦、芬兰等4个国家实行称为"预填制"的申报制度，由税务机关根据从各种渠道获取的纳税人涉税信息，填制好相关表格后，发给纳税人核实确认。"预填制"是一种折中申报制度，介于申报与不申报之间。各国自行申报制度安排，与工薪所得源泉扣缴制度紧密相连。实行累进源泉扣缴的国家，如英国、意大利、奥地利，源泉扣缴税款基本上等于年终综合申报应缴纳税款，年终自行申报纳税意义不大，因此在这些国家，满足一定条件的纳税人年底可不办理综合申报。对实行非累进源泉扣缴或不实行源泉扣缴的国家，年底综合申报具有多退少补职能，此时纳税人必须进行申报。

二是完善的第三方信息申报制度是实行综合税制的保障。根据OECD国家个人所得税征管实践，完善的第三方信息申报制度是实行年度综合申报的基础。美国联邦所得税法规定，纳税人取得应税收入时，不管支付人是否具有源泉扣缴的义务，支付人都要向纳税人和国家税务局提供关于纳税人收入和预扣税款等项目的信息。纳税人向有关部门支付可在税前扣除或申请税收抵免费用时，收款方要在取得收入的同时向纳税人和国家税务局提交相应的收费信息。纳税人取得的收入需要缴纳社会保障税、社会医疗税或地方个人所得税并可在其税前扣除的，支付方或获取方需要向社会保障局和地方税务局提供相同信息表格。通过推行第三方信息申报制度，减轻了纳税人的日常信息搜集和保管工作量，也最大限度地确保了纳税人申报信息的准确性，为税务局和社会保障局通过信息化手段强化税源管理提供了便利。

三是纳税服务水平直接影响个人所得税职能的发挥。从OECD国家个人所得税制设计和征管实践来看，被赋予的职能越多，税制设计越为复杂，对税务部门的服务管理水平越高。美国个人所得税在调节收入分配、调控经济、保障和改善民生方面被赋予较多职能，因此税制设计比较复杂，纳税人的税法遵从成本以及税务部门的管理成本都比较高。美国纳税个人和企业每年花费在纳税上的时间高达35.5亿个小时，税法遵从已经成为美国规模最大的行业之一，每年大约需要3800万个全职税务工作者。申报纳税时，有82%的纳税人需要为此付费，其中60%的纳税人需要雇佣专业人士代理申报，22%的纳税人需要购买报税软件帮助计算纳税。因此个人所得税被赋予的职能越多，所要求的纳税服务水平越高；纳税服务水平直接影响个人所得税职能的发挥。

四是征收管理水平受到经济发展水平的制约。一国税务机关的税收征管水平也是决定个人所得税制度设计的重要因素。个人所得税，尤其是综合所得税理论上被认为再分配能力最强，但这个理论上的效应是建立在信息充分对称、税务机关征管水平高的前提假设之下的，如果现实情况与这种假设不符，则个人所得税就不具有理论上的收入再分配效应。发展中国家的法律机制一般并不健全，信息不对称严重，地下经济盛行，同时正规部门也有大量的偷逃税现象。不同的国家其地下经济的规模差距很大，1990-1993年部分OECD国家地下经济占GDP的比重如表4-5，部分发展中国家的地下经济占GDP的比重如表4-6，由表4-5、表4-6可以看出，发展中国家的地下经济的规模要比发达国家大得多。而另一项研究表明，在1990-2000年间，发展中国家地下经济占GDP的比重平均为41%，经济转轨国家平均为38%，而OECD国家平均仅为17%。不仅如此，发展中国家的正规部门也存在大量的偷税现象，个人所得税的征收率相对较低，有研究表明，因为个人所得税的纳税人太少，并且这些纳税人没有缴纳应缴纳的税款，所以印度尼西亚的个人所得税征收率较增值税和工商税低。

表4-5　1990-1993年部分OECD国家地下经济占GDP的比重

国家	地下经济比重（%）
瑞典	13-23
挪威	13-23
美国	8-10
德国	13-23
法国	13
澳大利亚	8-10
英国	13
意大利	24-30
希腊	24-30
日本	8-10

资料来源：Schneider，Friedrich et ai.Shadow Economies：Size，Causes and Consequences［J］. Journal of Economic Literature，2000，32，77-114.

表4-6　1990-1993年部分发展中国家地下经济占GDP的比重

国家	地下经济比重（%）
尼日利亚	68-76
摩洛哥	39-45
突尼斯	39-45
菲律宾	38-50
墨西哥	40-60
埃及	68-76
泰国	70
智利	40-60
俄罗斯	28-43
爱沙尼亚	20-27
彼兰	20-28
乌克兰	28-43

资料来源：Schneider，Friedrich et ai.Shadow Economies：Size，Causes and Consequences［J］.

Journal of Economic Literature，2000，32，77-114.

　　另外，大多数发展中国家的税制结构是间接税为主的，这样的税制结构往往导致了发展中国家侧重经营性纳税人管理的税收征管体系，而个人税收管理则缺乏必要的措施。这说明，设计精细、复杂且理论上再分配能力较强的综合所得税并不适合发展中国家税收征管水平低的现状，所以税率较低、税制简单的单一税在世界上许多国家流行开来，且大多是东欧经济转型期的发展中国家。其中最为著名的俄罗斯2001年的单一税改革为例，改革后不仅使得个人所得税税收收入大幅提高，同时也使得高收入群体的申报率由改革前的52%提高到改革后的70%，其个人所得税的实际再分配能力反而得到了大幅度的提高。

表4-6　已实行单一税的国家和地区（2010年）

国家	税率（%）	实行年份
泽西岛	20	1940
乌克兰	15	2004
香港	15	1947
罗马尼亚	16	2005
吉尔吉斯斯坦	10	2006
根西岛	20	1960
牙买加	25	1986
毛里求斯	15	2007
立陶宛	24	1994
蒙古	10	2007
爱沙尼亚	21	1994
哈萨克斯坦	10	2007
拉脱维亚	25	1995
俄罗斯	13	2001
阿尔及利亚	10	2007
塞尔维亚	14	2003
保加利亚	10	2008

国家	税率（%）	实行年份
斯洛伐克	19	2004
波黑	10	2008
格鲁吉亚	12	2004
捷克共和国	15	2008
马其顿	12	2004
白俄罗斯	12	2009
伊拉克	15	2004
黑山	9	2010

资料来源：冯兴元.国际单一税运动与中国，2010年10月23日；The Center for Freedom and Prosperity Foundations.The Global Flat Tax Revolution：Lessons for Policy Makers，2008.

（8）政府政策目标

政府一定时期的宏观经济政策目标也是影响个人所得税制度选择的重要因素之一，政策目标取决于当时国内的宏观经济环境、社会问题等各方面，在效率与公平之间进行博弈。在资本主义积累期间，各国政府政策的着眼点都放在效率上，这段时间采取的是低税率、低累进程度的个人所得税；在经济发达到一定程度以后，政府开始更加注重公平，这时就开始采取高边际税率、高累进程度的个人所得税制度。第二次世界大战之后，欧美国家开始走"福利国家"的路线，注重实现社会公平，此时的个人所得税税率高，级次多，对应的累进程度也高。而到了20世纪80年代以后，各国经济开始出现停滞不前的状况，相应地政府对增长的关注超过了公平，减税的浪潮席卷全球，个人所得税制度朝着"宽税基、低税率、少级次"的方向发展。而发展中国家经济发展水平低，政府若更加注重效率，采取税率较低、累进程度较低的个人所得税，会不利于调节国内的收入分配差距；若更加注重公平，发展中国家的政府能为又相对较低，一方面很难设计出合适的复杂个人所得税税制，因为累进税制的设计较比例税制更为复杂，如果设计不合理，不仅不能有效地调节国内收入分配差距，还可能既违背公平原则，又扭曲资源配置，违背效率原则。另一方面，政府税收征管水平比较低下，从而使发展中国家的个人所得税制难以被贯彻落实到位。

（9）其他影响因素

财政收支状况、经济发展水平和收入分配差距等因素决定着个人所得税制调整、改革和完善的范围和方向。但在实践中，个人所得税制度能否顺利实施以及职能能否得以实现，还要受到其他诸多因素的制约，这些因素包括社会制度环境、纳税人依法诚信纳税意识等，它们与上述因素交织在一起形成个人所得税职能定位的约束条件。

一是个人所得税制度与其存在的制度环境相互影响。税收制度要建立在一定的制度环境中，制度环境变化必然要求税收制度的变化。但因制度环境相对较为稳定，因此有时相对落后的制度环境又成为制约税制优化的因素。在现代社会，个人所得税已经深入到社会经济方方面面，有关经济活动的收入分配制度、公司制度、产权制度、劳动人事制度、企业制度和管理制度等方面的变化都会对个人所得税制度产生或多或少影响。一方面，社会经济制度的变化要求个人所得税政策进行调整以适应制度变化的需要；另一方面，现行制度又会促进或制约着个人所得税职能发挥。在影响个人所得税制度设计和功能定位的制度环境中，一个很重要的方面便是法治环境。良好的法治环境是个人所得税制度优化目标得以顺利实现的保障。个人所得税制度的顺利实施关键是要有一个健全的法制环境来保障依法治税，再好的税收制度如果缺乏强有力的法律保障也不会产生好的效果。

二是综合课税模式依赖于纳税人依法诚信纳税意识和纳税能力的普遍提高。从采取综合税制模式国家的征管模式看，普遍规定了比较完善的年度综合申报制度。实行自行申报纳税要求纳税人具有较高的申报纳税意识和能力。纳税意识是由经济条件、社会文化、法制规范、传统习惯等多个因素影响而成的。整个社会自觉纳税意识的强弱，决定了整体纳税环境是否宽松、友好，是纳税遵从的道德边界。纳税人申报纳税能力高低，决定着税法遵从的能力边界，低水平纳税能力不能成为先进税收征管模式的充分条件。如一个社会的纳税意识差、纳税人自行申报纳税能力欠缺，如果让他面对一个复杂、繁琐的计征规定，势必更促使他去逃避纳税或不能正确履行纳税申报义务。其结果将造成既实现不了个人所得税的收入功能，更实现不了其调节功能。

个人所得税是具有直接收入再分配效应的税种，是直接课征于个人的税种，民众对于直接支付税款所带来的财产付出感较为强烈，所以个人所得税等直接税更容易引发民众的反感。直接税在发达国家的课征历史较长，因此发达国家的民众对此已经比较习惯，对这些税种也已经较为接受。但是，发展中国家长期以来是间接税的征收作为主要税收来源，个人纳税人承担的税负比较轻，因此发展中国家民众缺乏个人直接纳税的意识，会对较高的个人税收产生抵触。从另一方面来说，发达国家的税制结构一直以直接税为主，民众直接申报纳税的能力较强，并其国内有利于个人所得税征收的税收中介机构比较发达，例如美国有非常发达的税务审计和代理业、会计师事务所和律师事务所等中介机构，同时还有专业化的公司提供纳税服务，这些中介机构为纳税人直接申报提供了很大的便利。而发展中国家的民众则缺乏个人直接申报纳税的能力，同时国内的税收中介机构也不够发达。在短时间内，发展中国家通过提高个人所得税的比重进而改善国内收入分配差距拉大的现状的目的很难实现。

4.4　我国个人所得税的职能定位

世界各国个人所得税职能定位从"税收中性"到"税收调控"再到"税收中性"的"否定之否定"演变充分证明，个人所得税职能定位是一国乃至世界各国综合政治经济社会因素的影响。我国经过改革开放以来30多年的发展，个人所得税运行所依赖的经济社会环境发生了重大变化。准确分析和正确认知这些外界环境变化及其对税收职能特别是个人所得税职能提出的新要求，是界定我国个人所得税职能的前提和基础。

4.4.1　我国个税职能定位环境分析

一国税制运行的好坏，一方面反映出改革税制本身的状况，另一方面在一定程度上也反映出现行税制运行所依赖的社会经济环境的变化。我国已进入改革发展的关键时期，经济体制深刻变革，社会结构深刻变动，利益格局深刻调整，思想观念深刻变化，我国个人所得税运行所依赖的经济社会环境发生了重大变化。

（1）经济发展速度放慢与加快转型升级压力并存

以1978年党的十一届三中全会为标志，我国进入了改革开放的历史新时期。中国共产党团结带领全国各族人民，坚定不移地推进体制改革，毫不动摇地促进对外开放，取得了社会主义现代化建设举世瞩目的巨大辉煌成就，实现了人民生活由温饱不足向总体小康的历史性跨越，赢得了我国在国际经济社会影响力和地位的空前提高，中国经济社会的面貌从此发生了历史性的变化。1978年，我国国内生产总值只有3645亿元，在世界主要国家中位居第10位；人均国内生产总值仅381元，位居全世界最不发达低收入国家行列。2010年，我国国内生产总值达到401202.0亿元，1979年以来年均增长14.8%。2008年，我国国内生产总值超过德国，位居世界第三位。2010年，超过日本，成为仅次于美国的世界第二大经济体。在经济总量稳步增长的同时，人均创造价值水平也在不断提高。2010年我国人均国内生产总值达到29992元，1979年以来年均增长13.4%。2016年我国经济增长的速度为6.7%，国内生产总值744127亿元，2016年全年全国居民人均可支配收入23821元，比2015年增长8.4%。

自2008年底世界性金融危机以来，世界上一些主要经济体经济增速下滑，一些国家主权债务问题突出，国际金融市场动荡不已，新兴市场国家通胀压力仍然较大，全球需求结构出现明显变化，围绕市场、资源、人才、技术、标准等的竞争更加激烈，各种形式的保护主义愈演愈烈，西亚北非局势持续动荡，极端气候和自然灾害频发也给世界经济带来负面影响，世界经济复苏的不稳定性不确定性突出，风险挑战增多。国际金融危机引发的世界经济衰退将长期化，可能长期低位徘徊，甚至面临下行的严重风险。世界经济复苏的长期性、艰巨性和复杂性，也将对我国经济发展前景和宏观经济政策取向构成严峻挑战。

与此同时，我国发展中的不平衡、不协调、不可持续问题依然突出：经济增长资源环境约束进一步强化，投资和消费关系失衡，收入分配差距不断扩大，科技创新能力不足，产业结构不尽合理，农业基础依然薄弱，城乡区域发展还不协调，就业总量压力和结构性矛盾并存，社会矛盾明显增多，制约科学发展的体制机制障碍仍然较多。同时受国际国内两种因素的影响，我国进入经济发展新常态，经济发展速度由高速增长变为中高速增长，2016年我国经济增长的速度为6.7%。

"十三五"规划指出，要坚持以科学发展为主题，以加快转变经济发展方式为主线，深化改革开放，保障和改善民生，巩固和扩大应对国际金融危机冲击成果，促进经济长期平稳较快发展和社会和谐稳定，为全面建成小康社会打下具有决定性意义的基础。并且强调，要坚持把经济结构战略调整作为加快转变经济发展方式的主攻方向，把科技进步和创新作为加快转变经济发展方式的重要支撑，把保障和改善民生作为加快转变经济发展方式的根本出发点和落脚点，把建设资源节约型、环境友好型社会作为加快转变经济发展方式的重要着力点，把改革开放作为加快转变经济发展方式的强大动力。未来一个时期内，我国经济社会发展面临实现经济平稳较快发展、经济结构战略性调整取得重大进展、城乡居民收入实现普遍较快增长、社会建设明显加强及改革开放不断深入的目标和任务。

（2）财政收入增速放慢与财政支出压力加大并存

改革开放以来，经济快速增长带来了国家财政收入的稳定增长。中国财政收入2007年超过5万亿，达到51322亿元；2008年超过6万亿，达到61330亿元；2010年超过8万亿，达到83080亿元，是2005年的1.6倍，年均增长21.3%。2011年，中国财政收入上升至103740亿元，财政收入占GDP的比例也从1995年的10%上升至22%。2016年，中国财政收入接近16万亿。我国财政收入的稳定增长，为加大教育、医疗、社保等民生领域投入，增强政府调节收入分配能力等提供了有力的资金保障。

表4-7　1978-2016年财政收入和支出及增幅

年份	财政收入（亿元）	财政支出（亿元）	增长速度（%）	
			财政收入	财政支出
1978	1132.26	1122.09	29.5	33
1980	1159.93	1228.83	1.2	-4.1
1985	2004.82	2004.25	22	17.8
1990	2937.1	3083.59	10.2	9.2
1991	3149.48	3386.62	7.2	9.8
1992	3483.37	3742.2	10.6	10.5
1993	4348.95	4642.3	24.8	24.1
1994	5218.1	5792.62	20	24.8
1995	6242.2	6823.72	19.6	17.8
1996	7407.99	7937.55	18.7	16.3
1997	8651.14	9233.56	16.8	16.3
1998	9875.95	10798.18	14.2	16.9
1999	11444.08	13187.67	15.9	22.1
2000	13395.23	15886.5	17	20.5
2001	16386.04	18902.58	22.3	19
2002	18903.64	22053.15	15.4	16.7
2003	21715.25	24649.95	14.9	11.8
2004	26396.47	28486.89	21.6	15.6
2005	31649.29	33930.28	19.9	19.1
2006	38760.2	40422.73	22.5	19.1
2007	51321.78	49781.35	32.4	23.2
2008	61330.35	62592.66	19.5	25.7
2009	68518.3	76299.93	11.7	21.9
2010	83101.51	89874.16	21.3	17.8
2011	103874.43	109247.79	25	21.6
2012	117210	125712	12.8	15.1
2013	129209.64	140212.1	10.2	11.5

年份	财政收入（亿元）	财政支出（亿元）	增长速度（%）	
			财政收入	财政支出
2014	140370.03	151785.56	8.6	8.3
2015	152269.23	175877.77	8.5	15.9
2016	159552	187841	4.8	6.8

资料来源：中国统计年鉴（2017）

为解决供需结构不平衡问题，我国开展了供给侧改革，主要从"去产能、去库存、去杠杆、降成本、补短板"几方面展开。结构性减税是降成本的重要一环。2012年营改增开始在交通运输业及部分现代服务业进行试点，2015年底试点范围进一步加大。2016年，减税降费成为积极财政政策的重要内容，也是最有力的降成本举措。全面推开营改增试点，为企业降低税负5700亿元，充分释放了改革红利。但随着经济增速降低、经济结构转型推进，首要的影响是财政收入增速大幅滑落。2016年全国公共财政收入159552亿元，同比增长4.8%，增幅较上年下降了4个百分点。全国税收收入115878亿元，同比增长4.3%，增幅较上年下降了4个百分点。全国各地税务部门普遍面临较大的组织收入压力。

与此同时，围绕推进基本公共服务均等化和主体功能区建设，国家对义务教育、公共卫生、环境保护、社会保障、住房保障等方面的财政投入力度进一步加大，财政支出规模不断扩大，财政支出面临较大压力。2016年教育支出28056亿元，增长6.8%，中央财政安排义务教育经费保障机制资金达1103亿元，比2015年增长52亿元；科学技术支出6568亿元，增长12%；文化体育与传媒支出3165亿元，增长2.9%；社会保障和就业支出21548亿元，增长13.3%；医疗卫生与计划生育支出13154亿元，增长10%，城乡居民基本医疗保险财政补助标准由每人每年380元提高到420元，基本公共卫生服务项目年人均财政补助标准由40元提高到45元。与此同时，我国按6.5%左右的幅度提高了机关事业单位和企业退休人员基本养老金标准，实现了企业退休人员养老金"十二连增"，并首次实现企业与机关事业单位退休人员养老金同步调整；城乡社区支出18605亿元，增长17.1%；农林水支出

18442亿元，增长5.9%；住房保障支出6682亿元，增长4.3%，各地加大对棚改的财政投入力度，支持棚户区改造开工606万套、农村危房改造314万户，均完成年度任务。棚改货币化安置比例达到48.5%，比上年提高18.6个百分点；债务付息支出4991亿元，增长40.6%。

另外，2016年政府财政赤字规模达到14000亿元，政府实际负债可能远高于这一数字。同时，地方政府负债的增加速度远超中央政府，是政府债务增加的主力军。根据官方数据计算：地方政府债务从2012年底的9.62万亿增加到了2015年末的16万亿，3年时间增加了约6.38万亿，同期中央政府债务只增加了约1.23万亿。政府面临较大的财政支出压力。

（3）居民收入呈多元化与收入差距不断拉大并存

党和政府高度重视提高居民收入，我国的改革开放就是从调整收入分配制度入手的。党的十四届三中全会提出，建立"以按劳分配为主体、多种分配方式并存的分配制度，体现效率优先，兼顾公平的原则"。党的十五大进一步把坚持和完善按劳分配为主体的多种分配方式，纳入党在社会主义初级阶段的基本纲领，明确提出要把按劳分配和按要素分配结合起来。党的十六大又要求"确立劳动、资本、技术和管理等生产要素按贡献参与分配的原则，完善按劳分配为主体、多种分配方式并存的分配制度。坚持效率优先，兼顾公平"。党的十七大进一步提出"要健全劳动、资本、技术、管理等生产要素按贡献参与分配的制度，初次分配和再分配都要处理好效率和公平的关系，再分配更加注重公平。逐步提高居民收入在国民收入分配中的比重，提高劳动报酬在初次分配中的比重"，"创造条件让更多群众拥有财产性收入"。收入分配制度的改革，大大调动了广大人民群众劳动和创业的积极性，极大地发展了社会生产力，广大人民群众的生活水平普遍提高。1978—2016年，城镇居民家庭人均可支配收入由343元提高到33616元，增长97倍；农村居民家庭人均纯收入由134元提高到12363元，增长91倍；城乡人民币储蓄存款余额303302.2亿元，增长1437.5倍，年均增长25.5%。1995年至2016年，城镇单位就业人员工资总额由8255.2亿元提高到102777.5亿元，人均工资由5348元提高到36539元。人民生活总体上达到小康水平。

　　同时，居民收入呈多元化发展。在城镇地区，随着经济体制、企业制度、就业渠道等多方面的改革和变化，城市居民家庭经营收入、财产性收入增长进一步加快。2016年，在城镇居民人均全部年收入中，工资性收入占65.2%，比2010年下降了3.7个百分点；经营性收入占8.1%，比2010年提高了2.1个百分点；财产性收入占2.5%，比2010年提高0.8个百分点；转移性收入占24.2%，比2010年提高0.8个百分点。在农村地区，农村居民收入结构也发生了明显变化。由于农村经济中第二、三产业比重的提高，以及大量外出务工的增加，工资性收入增长较快，经营性收入增长有所减缓。2016年工资性收入占农村居民家庭人均纯收入的比重达41.1%，比2010年提高了5.0个百分点。家庭经营性收入所占比重由2010年的56.7%降为2016年的47.9%，下降了8.8个百分点。同时，财产性收入和转移性收入也有所增长。财产性收入由2010年的2.7%上升为2016年的3.4%，提高了0.7个百分点。转移性收入由2010年的4.5%上升为2016年的7.7%，提高了3.1个百分点。

　　与居民收入日益多元化和快速增长相伴的是，城乡、地区、行业、社会群体之间及其内部之间的收入差距也在不断扩大。从2016年行业差距看，城镇单位就业人员平均工资最高的信息服务业为122478元，最低的农、林、牧、渔业为33612元，相差3.64倍。从2016年地区差距看，城镇单位就业人员月平均工资最高的北京市为9942元，最低的黑龙江省为5915元，相差1.68倍；年收入最高的东部地区为62875元，最低的中部地区为47538元，相差1.3倍。从2016年城乡差距看，城乡居民家庭人均年收入之比由2010年的2.8：1上升到2016年的3.2：1。如果考虑城乡居民在住房、医疗、教育、社会服务等方面的差异，城乡居民真实的收入差距还会更大一些。从城乡内部差距看，2016年城镇10%高收入户人均年收入相当于10%低收入户的5.5倍，农村20%高收入户人均年收入相当于20%低收入户的5.1倍。

　　如考虑到隐形收入，行业、城乡、区域之间的差距更大。在经济体制转轨中，因制度缺失等原因加大了收入分配差距，权力资本化导致收入分配的不公平，非法非正常收入导致收入分配差距进一步拉大。而这部分体制外的灰色收入和法制外的黑色收入是引起人们不满的主要因素。虽然以灰色收入和黑色收入为基础形成的高收入群体仍属于支流、暗流，但他们的不法行为造成的社会消极影响很大，影响了人们对高收入阶层主流的正确理解，甚至影响人们对改革开放的正确理解。

（4）税制简化与促进科学发展任务并重

与经济体制改革和对外开放同步，1978年以来，我国先后进行了多次重大税制改革。其中，1994年税制改革是新中国成立以来规模最大、范围最广、影响最深刻的一次税制改革。经过这次税制改革和此后十多年的不断完善，逐步搭建了适应社会主义市场经济体制的税收制度框架。税制体系的逐步完善，强化了税收的职能作用，对于保证税收收入，加强宏观调控，深化改革，扩大开放，促进我国经济社会的发展，起到了非常重要的作用，并为实施下一步税制改革打下了坚实的基础。

2003年10月份，党的十六届三中全会做出了完善社会主义市场经济体制的决定，要求按照"简税制、宽税基、低税率、严征管"的原则，分步实施税收制度改革，建立更加公平、科学和法制化的税制体系。2005年，党的十六届五中全会进一步明确了推进税制改革的重要任务，并从多方面对发挥税收作用做出了具体部署，如实行有利于经济发展方式转变、科技进步和能源资源节约的税收制度，巩固农村税费改革成果，实行支持自主创新的税收政策，继续实施和完善鼓励企业增加就业岗位、加强就业培训的税收政策，加大调节收入分配的力度，等等。2007年，党的十七大强调，要实行有利于科学发展的财税制度，建立健全资源有偿使用制度和生态环境补偿机制；深化财税、金融等体制改革，完善宏观调控体系；深化收入分配制度改革，创造条件让更多群众拥有财产性收入；强化税收调节，打破经营垄断，创造机会公平，整顿分配秩序，逐步扭转收入分配差距扩大趋势等。2010年1月9日，胡锦涛总书记在主持中共中央政治局第十八次集体学习研究财税体制改革时强调，面对新形势新任务，要加快构建有利于科学发展的财税体制机制，加快完善税收制度，坚持"简税制、宽税基、低税率、严征管"的原则，优化税制结构，公平税收负担，规范收入分配秩序，促进经济健康发展。按照党中央、国务院决策部署，"十一五"期间，我国税制改革在一些关键领域和重点环节实现了重要突破：取消了农业税，合并内外资企业所得税，两次提高工薪所得、个体工商户生产经营所得和对企事业单位承包承租经营所得费用扣除标准，加快推进增值税转型改革，完善消费税和资源税制度，统一房地产税等制度。税制改革取得新的突破，内外税制基本统一，税制体系更加科学，为逐步形成有利于各类市场主体公平竞争的税收环境奠定了重要基础，为税收收入持续平稳较快增长，发挥税收调控职能提供了有力支撑和制度保障。"十二五"规划提出，要按照优化税制结构、公平税收负担、规范分配关系、完善税权配置的原则，健全税制体系，加强税收法制建设；扩大增值税征收范围，相应调减营业税等税收；合理调整消费税征收范围、税率结构和征税环节；逐步建立健全综合与分类相结合的个人所得税制度，完善个人所得税征管机制；继续推进费改税，全面推进资源税和耕地占用税改革；研究推进房地产税改革；逐步健全地方税体系，赋予省级政府适当税政管理权限。中共中央、国务院的决策部署为深入推进税制改革指明了方向。

增值税转型改革在经过东北地区部分行业和中部地区老工业基地部分行业的两轮试点后，自2009年起在全国推开。增值税转型改革，是我国历史上单项税制改革减税力度最大的一次。企业新增机器设备类固定资产所含的进项增值税税金准予在计算销项税额时予以抵扣。此举可有效避免企业设备购置的重复征税，有利于促进企业技术进步、产业结构调整和经济增长方式的转变。

作为全面深化改革的"先行军"，财税体制改革扮演着国家治理现代化的基础和重要支柱角色，无疑是"十三五"的改革重头戏，其中"营改增"，是牵一发而动全身的改革。营改增全面试点的推广对于促进经济结构优化将发挥重要作用。在当前我国经济进入新常态，供给侧结构性改革成为宏观政策主线的背景下，全面推开营改增试点实现了增值税对货物和劳务的全覆盖，基本消除了重复征税，打通了增值税的抵扣链条，这有利于充分发挥增值税的中性优势，减少税制对市场经济配置资源的扭曲，促进专业化分工和协作，同时对服务业的发展和制造业转型升级发挥重要作用。

（5）国际税收竞争加剧与国际税收协调加强并存

伴随着经济全球化趋势的不断加强和科学技术的不断进步，国家之间资本、人员流动日益频繁，跨国所得逐渐成为一种经常现象，国家之间税收关系日益频繁，税收管辖权的协调与税收利益的保全成为国际税收领域的重要课题。这既包括国与国之间为了税收利益在税基和税率上的竞争，也包括各国为了实现利益均衡而出现的税收协调。

随着经济全球化趋势的加剧和市场经济体制的不断确立，一方面，各国都在通过各种政策积极主动地排除阻碍资本流动的障碍，对资本的管制不断放松；另一方面各国的非税因素，如稳定的政治环境、可靠的法律体系、规范的经济秩序、完善的金融体系都已逐步形成，各国吸引国际投资的基本经济条件逐步趋于均等，相比较而言，税收因素对资本流动的影响越来越大。

第二次世界大战以后，很多发展中国家为吸引外资发展本国经济，竞相采取了低所得税政策，所得税国际税收竞争发展到一个新阶段。在这一争夺税基的过程中，各国都会在稳住本国税源的同时，通过提高税收竞争力去吸引其他国家税源，税率体现出一种"冲向底部"的运动态势。税收竞争范围越来越广，程度越来越深，初期有序的税收竞争可能会被过度的税收竞争甚至税收冲突取代，即有害的税收竞争。尤其是一些国家或地区实行极具优惠的低税政策，成为著名的避税地。新世纪伊始特别是2008年世界金融危机以来，新一轮世界性减税浪潮兴起，在促进经济发展的同时，成为提升一国国际竞争力的重要手段。目前世界范围内的减税浪潮客观上造成了国际税收竞争的加剧。集团式竞争成为阶段性特征，双边税收集团、区域税收集团、国际多边税收集团，一方面可通过优惠政策，增强资本吸引力，发展本国经济；另一方面可避免他国报复性举措，防止发生恶性税收竞争。这对中国税制竞争力提出了严峻挑战。

各国开展税收竞争的同时，也在积极尝试着税收国际协调。个人所得税国际税收协调包括税收管辖权的协调、税率方式水平和税基范围等税收制度设计的协调、企业所得税与个人所得税的协调以及税收征管制度的协调。税收协调方式包括主权国家的税制改革，国际税收协定、区域税收协调等主权国家间的税收合作及国际组织协调。从国税税收协调发展趋势来看，税收协调的程度由自发的税制改革发展到区域税收协调，协调的内容由单纯的协调发展到区域内税收制度的融合，协调的主体层次由宏观领域的合作发展到宏观与微观之间的合作。与经济一体化步伐一致，税收国际化也经历着由区域一体化向世界一体化的方向发展。区域所得税一体化的实践证明，世界各国唯有坚持适度国际竞争原则，加强国际税收协调与合作，才能获得税收利益均衡，才能在经济全球化道路上走得更远，才能真正实现"竞争中合作，协调中发展"的和谐、共赢的世纪经济发展格局。

（6）我国个税收入比重偏低与整体税费负担较重并存

随着居民收入快速增长，我国个人所得税规模不断扩大，1994年以来年均增长29.7%，其占税收收入和地区生产总值的比重也不断提高。2016年，全国个人所得税收入占税收收入的比重由1994年的1.43%提高6.89%，占地区生产总值的比重由1994年的0.15%提高到1.28%。但与OECD国家相比，个人所得税比重仍然较低，不仅低于OECD国家平均30%的水平，也低于发展中国家8%的平均水平。20世纪80年代以来，OECD国家个人所得税占GDP和税收总收入比重有所下降。尽管各国趋势不太一样，但从平均水平看，1986-1990年期间，个人所得税占GDP的比重为12.2%，2001-2002年下降为10.7%，降低了1.5个百分点；同期个人所得税占税收总收入的比重由32.1%下降到27.9%，降低了4.2个百分点。从区域变化情况来看，亚太地区和北欧地区国家个人所得税占GDP和税收总收入比重下降趋势相对比较明显，其中亚太地区个人所得税占GDP比重由1986年至1990年期间的10.4%降低到2001年至2002年期间的8.8%，同期占税收总收入的比重由34.1%降低到28.6%。

（7）依法治税水平提高与法制体系尚待完善并存

依法行政是税收工作的生命线，贯穿于税制改革、政策调整、纳税服务、税收征管、内部行政管理等税收工作各个环节，对于做好各项税收工作、推进税收事业科学发展至关重要。自党的十五大提出建设社会主义法治国家特别是2004年国务院颁布实施《全面推进依法行政实施纲要》以来，税务系统认真贯彻落实依法治国基本方略和国务院《纲要》，坚持把依法行政作为税收工作基本准则，全面提升税务机关依法行政工作水平。一是转变工作职能，丰富法治内涵，创建服务型执法机关。强化服务意识，牢固树立征纳双方法律地位平等的理念，把纳税服务与税收征管确定为税务部门的核心业务，将管理与服务有机结合，确保税法得到有效执行和普遍遵从。二是加快税收立法进程，提高制度建设质量。适应经济社会发展需要，推动完成个人所得税法、税收征管法等立法项目。制定出台部门规章和税收规范性文件。完善文件制定管理办法。三是理顺税收执法体制，规范税收执法行为。进一步规范税务机关机构设置，明确职责分工，优化业务流程，健全岗责体系。全面推行税收执法责任制。构筑严密规范的全力运行机制。公开执法依据、办事流程、执法结构等涉税信息，切实保护纳税人的合法权益。四是发挥整体合力，强化税收执法监督。加大税收规范性文件合法性审查、备案审查和清理工作力度。完善重大案件审理制度，强化对重大税收执法权的监督制约，开展税收执法检查和执法监察，强化层级监督和效能监察。认真做好税务行政复议和应诉工作，及时发现并纠正违法或不当的税收执法行为。五是加强法制教育培训，提高干部队伍的法律意识。依法行政工作取得重要进展，为个人所得税制建设和税收职能的发挥奠定了坚实基础。

但与西方发达国家相比，我国个人所得税面临的综合法制环境仍存在一定不足，有待进一步完善。一是一些重要的依法行政基础性制度、机制亟待建立和完善。二是个别税收政策和征管措施还不够科学、具体、明确，存在重立法、轻清理的想象，有的文件之间衔接还不够顺畅。三是税收执法不够规范，以权代法、随意执法等有法不依、执法不严、违法不纠的现象仍有发生。四是税收执法监督制约机制不够健全，执法监督失之于宽、失之于软。五是税务机关推进法治工作的整体合力尚未真正形成，推进机制、方式、手段等有待完善，依法行政水平尚未成为衡量税收工作的重要标准。

（8）征管水平日益提高与综合治税机制欠缺并存

1994年以来，为适应新税制改革的需要，税务总局明确提出建立以申报纳税和优化纳税服务为基础，以计算机网络为依托，集中征收，重点稽查的税收征管模式。进入新世纪，伴随着全球信息化浪潮的涌现，我国税收征管迈入新阶段，一是实施科技加管理，积极利用现代信息技术手段促进税收征管，金税工程建设取得突破性进展；二是实施科学化、精细化管理，切实提高税收管理水平，通过实施纳税评估等一系列针对性强、行之有效的管理措施，进一步改变了粗放式管理状况。党的十七大以来，适应经济全球化，税源集团化、国际化，及纳税人数量不断增加和服务诉求日益增多的需要，税务部门按照科学分类、探索规律、整合资源、集约发展的思路，探索实施税源专业化管理。"十一五"时期，积极推进税源专业化管理工作，加强风险管理，实施分类管理，深化信息管税，完善税源管理互动机制，并将纳税服务与税收征管有机结合，调整优化了管理职能与人力资源配置。2012年全国税收征管工作会议上，国家税务总局明确提出要加快推进税收征管改革。2016年，中共中央办公厅、国务院办公厅印发了《深化国税、地税征管体制改革方案》，改革目标为到2020年建成与国家治理体系和治理能力现代化相匹配的现代税收征管体制，降低征纳成本，提高征管效率，增强税法遵从度和纳税人满意度，确保税收职能作用有效发挥，促进经济健康发展和社会公平正义。

个人所得税是我国现行税制框架中征管难度最大的税种之一。围绕加强税收征管，"十五"时期，税务总局提出个人所得税管理"四一三"工作思路，即通过建立四项制度（个人收入档案管理制度、代扣代缴明细账制度、纳税人和扣缴义务人向税务机关双向申报制度、与社会各部门配合的协税制度）、建立一个系统（个人所得税管理信息系统）、实现三个管理（逐步实现对个人收入全员全额管理、对高收入者的重点管理、对税源的源泉管理）。"十一五"时期，税务部门稳步推进年所得12万元以上个人自行申报纳税工作，切实加强高收入者征管，全面推进全员全额扣缴申报。截至2010年底，全国共有527万扣缴单位进行全员全额扣缴申报，涉及1.6亿纳税个人；全国共有19个省市的54万扣缴义务人使用国家税务总局统一推广应用的个人所得税管理信息系统，涵盖2865万纳税个人。没有使用总局系统的绝大部分省市区也已向税务总局汇总信息。同时，按照金税三期工作部署，将进一步完善全国统一使用的个人所得税全员全额扣缴申报系统，并建立起面向自然人的、涵盖各税种、集征管评查为一体的服务管理信息系统，这将大大有利于促进自行纳税申报机制的完善，实现个人所得税源泉扣缴和自行申报双轮驱动发展。

与此同时，随着经济全球化和市场经济的深入发展，纳税人经营方式、经营业务和组织形式不断创新，大型企业集团相继涌现，税源国际化趋势日益明显，征纳双方信息的不对称现象越来越突出，加强工薪外所得源泉扣缴和自行纳税申报管理难度越来越大，并严重影响到个人所得税职能的发挥，迫切需要进一步完善个人所得税综合治税机制。一是加强税务部门与外部相关部门间的信息共享和交换。OECD国家几乎都对税务部门获取第三方信息权力做出明确规定。如瑞典、挪威、芬兰和丹麦四个北欧国家所采取的预填申报制度，雇员进行税务登记后，要将本人纳税代码以及可以享受的各种权利告知雇主或法律规定的其他有义务向税务部门报送信息的第三方。美国、澳大利亚等国家及我国台湾、澳门地区都建立了覆盖社会各行各业的十分广泛的现金交易报告制度，无论是银行还是企业都要向政府有关部门报告现金交易情况。美国税务系统与银行、保险公司、各企业的计算机联网，银行、财产保险部门都必须定期将本身及发生经济联系的纳税人的经济情况如实传给联邦、州和地方税务部门，每个企业雇主必须定期将本企业经济活动情况及其雇员的工资薪金收入情况报送给三级税务部门，其他任何支付酬金的部门单位均需照此规定，否则会受到严厉处罚。二是将纳税申报作为财产变更登记前置环节。随着交易行为的多样化、隐蔽化和自然人之间交易活动的日益增多，从法律上将纳税申报作为财产变更登记前置环节，可有效减少因纳税人不了解税法和故意逃税而造成的税收流失。三是进一步完善第三方源泉扣缴制度。税务部门在委托拍卖行代扣代缴拍卖所得个人所得税和委托市场代扣代缴个体户个人所得税方面已积累的比较成熟的经验，应将这一机制应用到更多的产权交易活动等活动中去。

（9）纳税遵从普遍提升与对税收的高度关注并存

围绕强化税收征管和提高纳税遵从，税务部门不断优化纳税服务。"十三五"期间，税务部门努力在服务理念、服务内容、服务方式等方面大胆探索，勇于创新，实现了纳税服务工作的与时俱进和重大突破。在纳税服务工作理念上，牢固树立征纳双方法律地位平等观念，坚持公正执法，满足纳税人正当需求。在纳税服务工作要求上，坚持以法律法规为依据、以纳税人正当需求为导向、以信息化为依托、以提高税法遵从度为目的。在纳税服务工作举措上，切实加强税法宣传和纳税咨询、完善纳税服务平台并改进办税服务、保护纳税人合法权益、推进纳税信用体系建设。通过持续采取一系列纳税服务举措，使得纳税服务需求得以及时响应、纳税服务效能大幅提升、纳税人办税负担明显减轻，融洽了征纳关系，提高了纳税人满意度和税法遵从度。但与此同时，公众对税收新闻的关注度也不断提高，其原因是复杂的。首先，"十三五"期间税收收入的"加速度"奔跑，使得税收在中国经济中的分量日益变重，特别是当全球经济深陷国际金融危机泥潭时，中国经济和税收仍保持了逆势增长势头，吸引了国际国内关注目光。其次，随着收入规模的不断扩大，税收在宏观经济中的分量越来越重，调控作用越来越突出，对百姓生活产生了方方面面的深层影响，成为"牵一发而动全身"的举措，每一项新政出台，都成为媒体大量解读和社会公众关注的热点。再有，随着收入分配差距的不断扩大，高收入者的纳税问题，是近年来全社会关注的一个焦点。加强高收入者征管税收政策的出台，不但被全国媒体解读为调节收入分配差距的一个重要动向，也引起了外电的广泛关注。税收新闻日益升温，充分反映出税收工作来之不易的成就，但也应清醒地看到，税收日益被关注，正折射出全社会对税收工作的期待越来越高，税收改革的任务也越来越重。

4.4.2　我国个人所得税职能定位分析

当前是我国改革发展的关键时期。深入贯彻落实科学发展观，加快转变经济发展方式，对个人所得税职能定位提出了更高的要求和挑战，个人所得税面临的环境因素也更为复杂和多变，这迫切需要我们在个人所得税职能定中，更加注重统筹协调，以形成合力。

税制改革要尽量实现税收收入持续稳定增长。税收政策的首要目标就是筹集财政收入，为国防、外交、政权机关的正常运转和各项社会公共事业的发展提供资金保障，为经济建设提供必要的资金支持，从而直接或间接地促进经济和社会发展。同时，国际金融危机引发的世界经济衰退将长期化，可能长期低位徘徊，甚至面临下行的严重风险。世界经济复苏的长期性、艰巨性和复杂性，也将对我国经济发展前景构成严峻的挑战。我国积极财政政策在短期内不会发生巨大变化，财政收入增速放缓与财政支出压力加大并存。个人所得税作为政府财政收入的重要组成部分，税制改革应以税收收入的持续稳定增长为基本前提。否则，个人所得收入的减少，必然要由其他税收收入来弥补。这不仅容易造成更大税收不公，影响经济效率，也不利于增加个人所得税税收规模和为其他税收职能的发挥积累条件。但以税收收入的持续稳定增长为基本前提，并不意味着所有纳税人税负都不能降低，而是可通过拓宽课税范围、调整税率结构等方式进行结构性减税，但整体目标是实现个税收入持续稳定增长。从近中期目标来看，个人所得税宏观税负应逐步提高到2%左右，与绝大部分中等收入国家水平相当。

税制改革要务必确保调节收入分配机制更加科学合理。尽管形成收入差距的主要原因在于初次分配不公，个人所得税作为再分配环节调节手段，难以发挥根本性作用，但随着收入差距的不断扩大，进一步强化个人所得税收入分配职能是维护社会和谐稳定和促进经济又好又快发展的迫切需要。当前，我国个人所得税调节收入分配职能弱化的主要原因在于分类税制模式造成的税负不公，同时分类税制也是影响组织收入职能发挥和其他职能进一步完善的关键。因此，在税制改革核心问题上，调节收入分配职能与其他职能是统一的。同时，为防止进一步强化调节收入分配职能后，造成新的税负不公进而影响税收效率，个人所得税制改革要按照简税制、宽税基、低税率、严征管要求，通过拓宽税基和对综合所得实行按年征收等方式，多在横向公平上下功夫，而不是拘泥于通过设置较高的超额累进税率和复杂的费用扣除、税收优惠等方式，实现纵向公平。OECD国家立法实践表明，过分强调纵向公平往往会适得其反。

税制改革要更加重视促进经济发展方式的加快转变。从机制设计角度看，税收公平是个税改革应遵循的原则之一，也是个税政策要达到的目标之一，但效率同样是需要重点考虑的原则之一。从公平与效率关系来看，要实现二者兼顾。过度公平会走向平均主义，妨碍效率，影响经济发展；过度追求效率会影响社会稳定，最终不利于经济发展。公平与效率的取舍取决于客观经济环境。20世纪80年代以来世界性税制改革浪潮中，个人所得税比重较高的发达国家普遍降低了个人所得税最高边际税率，同时注重发挥间接税的作用，这与重视税收效率原则密不可分。中国作为发展中国家，促进经济增长始终是税制改革必须考虑的基本要求。"十三五"规划指出了加快转变经济发展方式主线。这是当前和今后一个时期经济社会发展主要任务。个税改革要紧紧围绕这一主题和主线，促进经济结构战略调整，促进科技进步和创新，促进资源节约型、环境友好型社会建设。

税制改革要切实提高我国税制国际竞争力。随着经济全球化进程的加快，人才、资本、技术等生产要素的国际流动越来越频繁，各国对高端人才、高端要素和投资的国际竞争越来越激烈。个人所得税税负水平和服务管理质量，成为国际税收竞争的重要软环境之一。以20世纪80年代为界，此前OECD国家税制变革主要是适应国内因素的变化而做出变动，此后开始更多地考虑外部因素和全球市场的变化，并开展了一场以简化税制、拓宽税基、降低税负为特征的减税"竞赛"。与OECD国家相比，我国个人所得税边际税率略显偏高。因此，税制改革中，要通过简化税制、降低税负，提高国际竞争力。

西方经济学家关于所得税职能的研究主线其实质是对政府职能的理解。在两百多年的历史中，这种理解基本上经历了一个否定之否定的过程，即从亚当·斯密所提供的"小政府"到凯恩斯及其新古典综合派的"大政府"，再回到对政府职能局限性的重新认识和重新缩小政府职权的范围。受此影响，近代西方经济思想经历了从"自由放任"到"全面干预"再到"适度干预"的演变，个人所得税功能定位走出了一条从"税收中性"到"税收调控"再到"税收中性"的"否定之否定"道路。正是在这样一个螺旋上升过程中，关于个人所得税职能定位的思想在不断地发展着。个人所得税制度引入初期，筹集财政收入是其主要职能，多采取分类税制和比率税率。随着社会收入分配差距的不断扩大，个人所得税调节收入分配职能受到普遍重视，各国开始实行累进税率，并逐步引入综合税制。20世纪20年代以来，主要资本主义国家经济危机的频繁发生，个人所得税作为重要宏观经济政策，其调控职能被提高到空前高度。全球化进程的飞速发展，已实际影响到各国所得税政策的自主性，个人所得税制度安排也出现了某种程度的趋同性：个人所得税制改革的政策目标由分配正义向经济效率倾斜，二元课税模式和单一税制悄然回归，税基由收入向消费转移，传统超额累进税率结构"扁平化"倾向明显。个人所得税职能定位影响因素是多方面的。纵观世界各国个人所得税变迁史，可以发现，影响各国个人所得税模式选择的因素，以20世纪80年代为界，具有明显的区别。在此之前，由于全球化进程尚未高度发展，各国税制变革主要是适应国内因素的变化而做出变动，个人所得税改革出发点集中在筹集财政收入和调节收入分配，国内公共政策目标和征管技术是主要的影响因素。但在此之后，全球一体化进程的加快，开放经济体面临的外部竞争压力越来越大，因此税收制度调整开始更多地考虑外部因素和全球市场。我国经过改革开放以来多年的发展，个人所得税运行所依赖的经济社会环境发生了重大变化。当前，经济发展速度下滑与加快转型升级压力并存，财政收入增速放慢与财政支出压力加大并存，居民收入呈多元化与收入差距不断拉大并存，税制简化与促进科学发展任务并重，国际税收竞争加剧与国际税收协调加强并存，个税收入比重偏低与整体税费负担较重并存，依法治税水平提高与法制体系尚待完善并存，征管水平日益提高与综合治税机制欠缺并存，纳税遵从普遍提升与对税收的高度关注并存。这些都会深刻影响到个人所得税职能定位。

第5章　个人所得税课税模式分析

个人所得税职能定位要通过课税模式进行体现。世界各国个人所得税立法实践受不同税制改革指导思想和国情影响，选择了不同的课税模式。

5.1　税制改革理论和实践

税制改革是一项系统工程，其中不仅要分析评估税制改革时期所面临的初始条件，而且要对税制改革方案的形成、实施及其效应进行全方位的分析评价，同时改革步伐和时机也不容忽视。以上这些都依赖于规范的税制改革理论的指导。个人所得税自最早在英国开征以来，随着经济社会条件和政府管理目标的变迁，其指导思想发生了较大变化，相应地，税制模式和改革方案也不断推陈出新。

5.1.1　个税改革理论

第二次世界大战以来，所得税特别是个人所得税在发达国家的地位越来越重要。关于个人所得税制度的设计，成为经济学家和公共经济学家研究和关注的热点。20世纪50至60年代，居主导地位的是公平课税理论。70年代以来，公平课税理论受到了很多批评，最优课税理论应运而生。20世纪末，财政交换理论的复兴和再次系统阐述，为考察税制设计和税制改革问题，提供了另一种富有挑战性的观点。

公平课税理论，最初起源于亨利·西蒙斯（Simons，1938）的研究成果。这是一个植根于古典自由主义的公平交换政府观的课税理论,主张政府要尽量减少对经济生活的干预以维护自由竞争秩序。税收是纳税人根据自己受益大小,在自由交换原则下,与政府公共服务进行的公平交换。因受益大小衡量难度较大,后来过渡到支付能力原则上的公平交换。在个人所得税制度设计上,该理论以税基的综合性和各类所得税收待遇同一性为主要出发点,主张通过综合税基来实现横向公平,通过累进税率来实现纵向公平。这种宽税基能在不同所得类型间、不同部门间和不同活动间实现税收中性。但相对而言,该理论更加注重横向公平设计,这使个人所得税所关心的问题越来越个性化,费用扣除项目设计也越来越复杂。

最优课税理论,最初可以追溯到古典经济学家穆勒提出的牺牲学说。税收公正要求每个纳税人都要承担相同牺牲。20世纪70年代以来,公平课税理论受到越来越多质疑。在此理论指导下的税制模式导致为了公平目的而设计了庞杂的税前扣除项目,引起高额税收超额负担和低效的税收行政效率。课税理论研究越来越重视税收效率原则。数学方法上的引进和福利经济学研究方法上的改进,为税收公平与效率研究提供了人际间的比较工具,同时也为新税制设计研究提供了方法论基础,此时最优课税理论便应运而生。最优课税理论与公平课税理论差别主要体现为两个方面:一是公平课税理论较为强调横向公平,最优课税理论较为强调纵向公平;二是公平课税理论追求公平原则时,效率成本为次要考虑问题,而最优课税理论则将公平与效率目标同时纳入到一个福利函数中进行综合考虑。但因不同学者开展税制研究时所考虑的参数以及所采取计算方法所有不同,因此所推导出的最优税率结构也不相同。1971年,米尔利斯认为,最优的所得税是接近现行所得税的。希德认为,最优个人所得税的边际税率曲线应该是"倒U型"的。塞兹、布里斯蒂努和达罕认为,最优个人所得税的边际税率曲线应该是"U型"的。

财政交换理论,最初起源于魏克塞尔自愿交换理论和布坎南等对这一传统理论的现代研究成果。按照公平课税原则受益说,因个人从国家的获益数量难以衡量,受益标准转换成支付能力标准,但这使得税制设计与政府财政支出相分离。财政交换说坚持把财政支出与税制设计结合起来,即税收收入规模需要通过财政支出规模来确定,财政支出规模要通过集体决策政治投票程序来实现。因此税收公平要考虑个人从政府提供公共产品中的获益情况,税收效率要考虑集体决策效率。财政交换理论特别强调两方面的问题:一是为有效配置资源,要尽可能广泛地接受受益说;二是为限制当权者决策过程中的"自私"行为,必须强化政治程序。财政交换论关于个人所得税设计思想的最大特点是,将政府财政支出与税制设计相结合,注重通过宪法来限制政府的权力,把通过民主决策决定的财政支出数量作为征税规模判定标准,在此内生政府预算约束下,通过集体选择方法设计出符合多数民愿的个人所得税制度。

三种课税理论中,公平课税理论对实现税制改革和税制设计产生过显著的影响,以1966年加拿大《皇家税收委员会报告》最具代表性。但这种影响并不局限在加拿大,也不仅局限于20世纪60年代。美国财政部1977年提出的《基本税制改革方案》和1984年提出的《实现公平、简化和经济增长的税制改革》,就是以综合税基为基础提出来的改革方案。而且有一份方案成了1995年的《总统税制改革法案》,并带来《1996年税制改革法案》的诞生,这是最近以来美国所得税法最大的修改法案。其他官方支持的改革建议有瑞士的《累进支出税种选择》和爱尔兰1982年的《税收委员会的第一报告》。到目前为止,公平课税理论关于所得税制度设计的思想仍然还在税收理论研究和税收实践领域中据主导地位。发达国家个人所得税制度深深镌刻着公平课税制度设计思想的烙印。近几十年来,最适课税理论对税制改革学术讨论产生了深远影响,并在支持降低对资本性收益课税税率的同时,重新唤起了对消费和支出课税的高度重视,但对官方政策建议的影响很难看到其踪影。财政交换课税论对税收政策的影响比其他两种理论的影响更为间接。该理论的倡导者主要兴趣在于提高警惕,主张要通过宪法来限制政府,而不是提出具体税制改革建议。其最直接的影响是为宪法限制美国地方和州级政府征税权力运动提供了理论支持。

5.1.2 主要税改实践

20世纪80年代以来，许多国家都进行了多次税制改革，但大都属于修修补补措施。这些措施虽然在一定程度上缓和了所得税制和经济运行之间的矛盾，但问题并未根除，而且解决问题的措施本身也未必妥当，于是各国政府和经济学界试图从根本上寻求解决问题的有效途径。纵观世界各国所提出来的税制改革建议或方案，不管有多大差异，但归根结底为两大类：一是接受现行个人所得税制结构，并以此为出发点进行改良，这种方案坚持以综合所得为税基，可称为综合所得税基方案；二是完全放弃现行个人所得税制结构，以完全不同的税制取而代之，这种方案主要是以消费支出为税基，可称为消费支出税基方案。

（1）以综合所得为税基的改革方案因课税模式或税率结构不同，可区分为三种：

a. 综合所得税改革方案。该方案将所有形式的收益都含进个人所得税的税基，既包括劳动所得又包括资本或意外所得，既包括现金所得又包括实物所得，既包括已实现所得又包括应计（未实现）所得。综合所得税是亨利·西蒙斯1938年为美国税制提出的改革思想，1966年首次被加拿大卡特委员会采用，在20世纪60-80年代期间在西方发达国家广为流行。这是由当时多数发达国家税制特征及其存在的问题所决定的。以所得税为主体税种的发达国家，对劳动所得、利息、股息及其他当期所得课以重税，对不在当期缴税的投资性所得课以轻税，对资本利得课税最轻。这与当时被广泛接受的公平课税原则明显不符，而且使得税前收益最佳的投资方案在征税后变得获益微薄，甚至无利可图，这诱发了纳税人逃税、偷税动机，扭曲了经济行为，影响了经济效益。综合所得税将资本所得与来自资本的其他所得，如利息股息红利所得，同等课税，可较好地解决当时西方发达国家税制存在的不公平问题。

b. 线性所得税改革方案。该方案坚持以综合所得税为基础，但针对累进税率结构存在的问题，主张实行不改变边际税率的线性税率结构。此方案对应纳税所得额既不划分级距，也不涉及税率，仅有一个计算应纳税款的线性公式。纳税人将收入代入公式后便可自动计算出税款。线性所得税支持者认为，这种税制不仅可以消除当时税制中累进税率结构引起的各种各样问题，而且不需要实行税收指数化。同时，固定的边际税率会对纳税人的工作积极性和储蓄投资愿望产生激励和刺激效果。因此，与一般意义上的综合所得税相比，在公平、效率和简化征管方面具有一定优势。

c. 二元所得税改革方案。此方案税制思想起源于丹麦，而且丹麦也是第一个实施此方案的国家。经济学教授Christian Nielsen是第一个提出此建议的学者，他认为综合所得税制应该替换为这样一种税制，即对资本性所得采用比例税率，且这一税率等同于公司所得税税率。20世纪90年代以来，随着国际流动税源竞争的加剧，丹麦、芬兰、瑞典、挪威等北欧国家为维护本国经济竞争力和税收竞争力，开始对资本所得实行优惠税率，即由综合所得税制转向新的二元所得税制。综合所得课税模式以综合税基和超额累进税率为典型特征。二元课税模式坚持对资本利得按照较低税率征税，但仍然是综合税基；同时，对劳动所得采用超额累进税率征收，仍保持了超额累进税率。二元课税模式并未突破综合课税模式的基本制度框架。

（2）以消费支出为税基的改革方案，因为税率和免征额的不同，区分为两种情况：

a. 消费支出税改革方案。综合所得税制对储蓄、投资和资本大量征税，造成储蓄持续下降，削弱了经济增长潜力；高边际税率在一定程度上压抑了纳税人生产和工作积极性的发挥，扭曲了人民对工作与闲暇的选择。为鼓励储蓄、投资和工作，20世纪70年代末，英国米德委员会提出了消费支出税具体方案，对个人在一定时期内申报的消费支出总额课税，而不是对个人消费行为征税。该方案保留了个人所得税的某些特征，如免征额或免征额、项目扣除等，也可以实行比例税率或累进税率。但与个人所得税不同的是，在所得的消费环节征税，而不是在取得环节征税。因此，该方案面临的最大问题如何计算纳税人的应税消费支出总额。

b. 单一税改革方案。1981年，美国斯坦福大学研究院霍尔和拉布什卡在对繁琐复杂的传统所得税制进行长期研究后，提出了单一税设想。单一税具有单一税率、消费税基和整洁税基三大特征。单一税率是指，整个税基适应统一税率，但可有一定的免征额，因此平均税率随着税基的增加而逐渐提高，累进程度随着免征额和税率的调整而改变。消费税基是指，以纳税人消费额为税基在消费环节进行征税，而不是以所得额为税基在取得环节进行征税。整洁税基是指，取消全部或大部分给予特定类型消费或投资的特殊优惠，维持税收中性。

5.1.3 主要课税模式

纵观世界各国个人所得税征管模式，有综合制、分类制、二元制和单一制之分。

（1）综合课税模式

综合课税模式对纳税人的各种所得不管其来源，均视为一个所得整体，经过汇总计算后，适用统一的宽免额和扣除规定，并按照统一的累进税率计算应纳税所得额。综合课税模式典型特点是综合所得和超额累进税率。美国是实行综合税制的代表性国家，在对课税范围作出广泛定义的同时，以"反列举"方法排除不予征税收入。理论上而言，综合所得税通常具有以下几方面的优点：第一，有利于促进社会公平，这是综合所得税最大最重要的优点。因为综合所得税是将纳税人所有的所得合并在一起，按照同一个累进税率课税，首先是使得所得总额相同的纳税人缴纳相同的税收，有利于横向公平的实现；其次是对所得总额不同的纳税人适用不同的税率，随着所得总额的提高，税率也会相应提升到更高的级次，即收入越高，税负越重，进而实现了纵向公平。通过这种方式可将尽可能广泛的收入纳入到课税范围之内，课税范围很宽，有利于实现横向公平和纵向公平。同时由于费用扣除额的存在，不需要对绝大多数低收入者课征个人所得税，或者只需要征收少量的个人所得税，这就大大保护了低收入者的权益。正是因为综合所得税在促进社会公平方面效果明显，从而有力地保障了收入再分配目标的顺利实现。第二，综合所得税在一定程度上能够避免偷逃税现象的发生，降低税务机关的征管成本。因为综合所得税对纳税人所有的收入一视同仁，在一定程度上避免了在分类所得税制中出现的高收入者混淆所得种类偷逃税现象的发生，从而便于税务机关对个人所得税进行征收管理，降低了征管成本。

综合课税模式是世界上大部分国家所偏向的税收模式，能够更好地保障低收入阶层的利益，调整高收入阶层的所得，是最有利于社会公平的税制。但综合所得税收模式要求纳税者自行申报纳税，即纳税者通过税务机关取得申报表，委托相关的专业机构或者靠自己填写上一年度所得，并按照相关规定递交给税负机关。这就要求纳税者完成自己一个纳税年度的应纳税所得的计算、填报、缴交、清算的任务，这对纳税者要求过高，而且必须有一套完善的征管稽查水平，目前在我国实行是比较困难的。现实中的综合所得税制大多繁琐复杂，税收优惠泛滥，税制透明度差，从而滋生了大量高收入者钻税法漏洞、偷逃税收的现象，相应地就要求政府征税机关的征管水平先进，工作效率高，同时要求纳税人纳税意识强，服从程度高，否则容易影响税收经济效率和税收制度效率。从OECD国家所得税制度看，在实际执行中，没有任何一个国家完全属于采用综合课税模式。许多国家都或多或少地对特定类型收入采用了特殊税收处理方式，如将自有自用的住所估算收益排除在综合所得范围之外，对股票期权所得、附加福利实行优惠税率等。严格地说，OECD国家实行的是半综合所得税制。

（2）分类课税模式

分类课税模式是指，对纳税人各项所得，根据其来源不同或性质不同，分别适用不同的费用扣除标准和税率。在某种意义上，分类税制也可视为按照不同所得类别设置几个单独的税种，各税目在计算纳税时并没有实质性联系。分类税制模式理论依据是，不同来源的所得，因其性质不同，所以应承担的税收负担也不同。这有利于税收调控目标的实现。但因对不同来源所得实行不同计税方式，为纳税人税收筹划提供了空间。而且因采取正列举方式界定课税范围，容易造成课税范围跟不上经济社会发展的需要。

（3）二元课税模式

二元所得税产生于20世纪80年代的北欧国家，是北欧福利国家在经济全球化日益强烈的背景下，对提高国际竞争力和获取足够的财政收入进行权衡的结果。20世纪80年代末90年代初，北欧国家面临着如下状况：社会福利程度高，迫切要求提高国内税收收入；个人所得税税负较高，造成了较严重的社会效率损失；过高税率的复杂的个人所得税导致国内偷逃税现象猖獗，税收流失严重；面临着巨大的国际经济竞争压力等等，面对如此复杂的社会经济背景，经过慎重考虑和权衡，丹麦、瑞典、挪威、芬兰四国政府决定开始实行二元所得税。二元所得税的思想最早产生于丹麦，是由丹麦经济学教授Niels Christian Nielsen于1980年在《储蓄、福利和国民经济》一书中提出的，理想的二元所得税主要包括二元税基、二元税率和限制优惠三个特征。二元课税模式也称为混合课税模式、分类综合课税模式。具体包括两种形式：一是对于纳税人的各类所得，先按照所得类别分别适用不同的税率，在此基础上，对于收入超过一定标准的纳税人，再按照累进税率征收一道附加税。这是早期的二元课税模式，产生于1917年的法国，后来意大利、葡萄牙和西班牙很快也实行了这一模式，并在其殖民地国家中推行。但实施后发现，这种二元课税模式不仅要顾及分类课税的部分，还要顾及综合课税的部分，因此既逃脱不了综合所得扣除项目的复杂性，还要考虑分类与综合课税间的非重复征税问题和具体税收执行问题。因其在执行存在过多缺陷，二战以后，法国、意大利和西班牙纷纷将这一二元课税模式改革为综合课税模式。二是对部分所得实行综合征收，对部分所得实行分类征收，分类征收所得项目与综合征收所得项目不重合。这是近期丹麦、挪威、芬兰、瑞典等北欧四国重新启用的二元课税模式。这实质上是分类税制的一种，只不过是纳税人应税所得划分的类别比较少，一般区分为劳动所得和资本所得两大类，并分别课征个人所得税。具体做法是，对劳动所得课征超额累进税率，对资本所得课征单一比例税率。因为二元所得税分别按照不同的税率对资本所得和劳动所得课征税收，故二元所得税从本质上来说是一种分类所得税。

（4）单一课税模式

单一课税模式是指，对所有所得按照统一税率计算纳税。单一税最初是在1981年由美国经济学家罗伯特·霍尔（RobertHall）和阿尔文·拉布什卡（Alvin Rabushika）提出的，其改革始于牙买加，但并未引起世界各国的重视，直到2001年，俄罗斯取消原来的个人所得税12%、20%和30%三档累进税率，对居民纳税人取得的绝大部分收入按照13%单一税率征税。俄罗斯的单一税改革取得巨大成功后，单一课税模式迅速在全世界流行开来，尤其是中东欧经济转轨国家，爱沙尼亚、拉脱维亚和克罗地亚等一些国家先后实施了具有单一税性质的税制改革。理想的单一税主要包括消费税基、单一税率和整洁税基三个主要特征，爱沙尼亚、俄罗斯等国家税制是建立在综合税基之上的，尽管实行统一税率，但并不是严格意义上的统一税，仍属于综合课税模式。但是单一税仍然有其与众不同的优势：第一，单一税按照较低水平的固定比例税率对绝大部分的劳动所得和资本所得课征税收。这使得纳税人的名义税率大幅降低，同时还大大消除了分类所得税中存在的不同纳税人蓄意混淆所得种类进而逃税的现象，提高了纳税遵从度，从而使得政府财政收入大规模增长。同时较低的税率也会优化一国的资源配置，有效降低高税率带来的效率损失，进而促进经济的增长；第二，其在一定程度上拓宽了税基，大幅度减少税收优惠。简单透明的所得税制一方面堵塞了税收漏洞，另一方面也大大降低了税务机关执法的难度，使得偷逃税现象更容易被税务机关查处，大大减少了偷逃税现象的发生，不仅提高了税收收入，也有利于横向公平和纵向公平的实现。单一税实现了效率、公平和收入原则的有效统一，更重要的是其能够最大限度地挖掘有限的税收征管潜力，故其在税收征管水平较低的经济转轨国家大受欢迎。但是任何一项政策都有其两面性，单一税也不例外，单一税的不足主要包括以下几个方面：第一，短期内可能会减少政府的税收收入，虽然俄罗斯改革的实例证明，单一税税率下降所带来的税收收入减少可以由税基的拓宽、大量税收优惠的减少来弥补，但单一税制的设计也是需要非常缜密的，否则可能减少税收收入；第二，比例税率的单一税的累进性较低，对高收入者的调节力度可能不够强劲；第三，单一税会削弱所得税具有的"自动稳定器"的功能，首先，单一税是比例税率，并不像累进税率一样，在经济繁荣时期，个人所得适用的税率级次相应提高，税收增加，进而对经济过热起到一定的抑制作用，在经济萧条时期，个人所得适用的税率级次相应降低，税负降低，难以刺激经济发展。其次，理想的单一税是"消费税基"，即对所得减去投资后的余额征税，这样，在经济繁荣的时期，社会投资增加，单一税征收的税收收入减少，难以抑制经济过热的发展，相反地，在经济萧条时期，社会投资大规模减少，而通过单一税征得的税收收入增加，从而会进一步加剧经济的衰退。

如上所述，理想的综合课税模式、分类课税模式、混合课税模式、单一课税模式各有特点。综合课税模式通过对全部所得实施同一累进税率结构来强化税制的公平性和收入分配效应。分类课税模式对不同来源和性质所得适用不同的税率，有利于有针对性地采取相应的征管措施和提高税法遵从，节约税制运行成本，但却不能综合反应纳税人税收负担能力。混合课税模式通过对资本所得实行低税率与对劳动所得实行高税率相结合，在鼓励投资提高国际竞争力、取得财政收入、促进收入分配等目标之间取得较好的平衡。单一课税模式通过对所有个人所得实行较低的单一税率，有利于促进经济增长和提高征管效率。因此，由于不同个人所得税课税模式适应了不同国家的政治经济文化需要，导致各国个人所得税模式有所差异。但纵观近30年来世界各国个人所得税改革趋势，在经济全球化日益强化的背景下，各国改革的主要趋向具有一定的趋同性，即保持税收中性，鼓励投资、鼓励就业，降低税收对资源配置的扭曲；强化横向公平；简化税制，降低征纳双方成本；降低最高边际税率，提高税制国际竞争力。

5.1.4 税制改革关键问题

纵观近30年来世界性税制改革历程，无论是发达国家还是发展中国家，税制改革的共同特征是：扩大税基、降低税率、简化税制、加强管理。深入分析这些改革措施和各种改革建议，个人所得税改革关键是要解决好五个方面的主要问题。

（1）分配正义与经济效率

传统税制下，收入再分配的责任主要由个人所得税来承担。因此，再分配功能较强的税制通常要以所得税、特别是要以采取综合课税模式和累进税率的个人所得税为主体。当年发达国家采用这种税制结构时，同样也是出于追求分配正义的国内政策目标考虑。但在如今全球化的背景下，各国税制改革已经远远超越了国内公共政策目标的单一考虑，必须面对参与国际竞争与合作的各种挑战。越是开放度高的经济体，越有可能受到外部竞争压力而对流动性税基更为优惠。相对而言，资本比劳动更具有流动性、高素质劳动力比普通劳动力更具有流动性，个人所得税税制设计中对以上两种课税对象施以优惠，自然有利于吸引和留住高生产要素。基于这点考虑，各国在个人所得税政策目标上，呈现出由分配正义向经济效率倾斜的趋势。

（2）以综合所得为税基与以消费支出为税基

至少到目前为止普遍看法仍然是以综合所得为税基的税制要优于以消费支出为税基的税制。前者与纳税人的个人支付能力有关，资本所得与劳动所得课税差不多，消费与储蓄同样包含在税基之中。这种税制对于现在消费还是为明天消费而储蓄并不会产生扭曲效应，因此，无论是从公平原则来看还是从效率原则来看，以综合所得为税基的税制被认为比以消费支出为税基的税制要好。但随着全球化影响程度的加深，流动性税基有条件在全球范围内寻找最理想的投资环境，各国政府为吸引投资主动或被动地走上税收竞争之路，一些国家选择放弃或部分放弃对资本所得的课税，导致传统所得税税基收缩，对各种储蓄及其收益给予差别性待遇，包括适用单一低税率，允许各种税前扣除、免税或直接的税收抵免。其中最为激进的是单一税设想，主张只对全部收入中用于消费的部分征税，而对私人储蓄或企业投资部分完全免税。当然在各国税收实践中，由综合所得税基向消费支出税基转移的范围和程度有所不同，对储蓄及其所得完全免税的极端案例还没有发现，但这一趋势正在继续，并将持续下去。

（3）综合税制与混合税制、单一税制

受公平课税理论影响，传统税制通常认为，实行综合税制有利于实现横向公平和纵向公平。综合所得税制将纳税人各种应税所得合并在一起按照累进税率征收，为美国、澳大利亚和加拿大等国所采用，主要优点有四：一是将纳税人所有所得进行综合后，适用统一税率计算纳税，充分考虑了纳税人的综合纳税能力，有利于实现横向公平；二是采取超额累进税率，随着纳税人收入的增加，所适用税率也不断提高，有利于实现纵向公平；三是通过设定比较多的税前扣除项目，可以有效发挥税收的调节职能；四是通过对纳税人各种收入采取一样的税收处理原则，可以防止纳税人通过收入转化方法来规避纳税义务。但实际执行中，没有任何一个OECD国家实行了完全意义上的综合税制模式。

许多国家对特定类型收入采用了特殊的税收处理方式，如将自有自用的住所估算收益排除在综合所得范围之外，对附加福利、股票期权所得实行优惠税率等。严格地说，OECD国家实行的是半综合所得税制。与此同时，二元课税模式和单一税又重新开始受到重视。20世纪90年代初，芬兰、挪威、瑞典、丹麦等北欧国家陆续引入双所得税制。一些前苏联和中东欧转型国家还实行了单一税率。

（4）高税率、多优惠与低税率、宽税基

传统上，基于纵向公平原则或其他某些原因，要求对不同的纳税人课征不同的税款，故差别税率一直被认为是合理的。对个人所得税而言，基于纵向公平原则，对不同类别所得课征不同的税，对同一所得的不同水平按累进税率征收不同的税款。因此，20世纪90年代以前的税制一般名义边际所得税率很高，同时，为鼓励纳税人的特定行为或扶持特定的经济部门，对特定纳税人或行业给予大量的税收优惠。然而，最优课税理论的发展成果表明，基于纵向公平原则而实行的差别税率，从效率的观点来看可能会产生相反的效果，如果仅以资源配置的效率作为税制改革的指导思想，那么对不同应税所得课征的税率应该与应税所得弹性呈反比。而且从各国税制实施结果来看，过高的名义边际个人所得税率会产生严重的经济抑制效应，而大量的税收优惠等于给特定纳税人以隐性补贴，容易引起横向不公平，同时也赋予官僚机构和政治家更大的自由决策权，容易导致职权滥用。于是，20世纪90年来以来，世界主要国家掀起了一场以拓宽税基、降低税率为特征的税制改革和竞争，个人所得税超额累进税率扁平化倾向越来越明显。因此，在全球化时代，通过个人所得税政策高税率、多优惠方式来实施国内收入分配目标的努力，会受到越来越大的限制。一国个人所得税政策甚至全部税收政策，必须面临全新的权衡。

（5）家庭课税与个人课税

传统课税理论认为，以家庭为单位更有利于实现公平原则。但由此引起的复杂税制、"婚姻惩罚"和征管效力的下降等一系列问题，迫使部分发达国家开始重新考虑以家庭为课税单位的合理性。为消除以家庭为课税单位造成的不利影响，自20世纪70年代以来，英国、澳大利亚、意大利、荷兰、瑞典、丹麦和芬兰等7个国家陆续由以家庭为课税单位，转换成以个人为课税单位。到2006年，OECD完全以个人为课税单位的国家已达到17个。另外，一些实行联合申报的国家允许纳税人可根据自己情况在联合申报与单独申报间选择，另外一些实行联合申报的国家也开始引入"所得分割"制度，将应税所得按一定比例或系数在家庭成员间进行分割，并分别申报纳税。但与此同时，部分实行以个人为课税单位的国家也开始考虑纳税人的家庭负担。加拿大税法规定，如配偶、合法同居者或其他符合条件的依靠者2007年净收入低于9600加元的，差额部分纳税人可在税前扣除；纳税人配偶或合法同居者没有申请减除的有关扣除，纳税人可申请扣除。澳大利亚税法规定，赡养费可以全额扣除。日本税法规定，赡养费和家庭成员支付的保险费可在限额内据实扣除。

个人所得税职能确定后，课税模式设计是个人所得税制度设计中首先要确定的问题。从课税模式设计指导思想上，有公平课税理论、最适课税理论和财政交换理论之分。发达国家税收制度深深镌刻着公平课税制度设计思想的烙印；最适课税理论对税制改革的学术讨论产生了深远影响，但官方政策建议的影响很小；财政交换课税论对税收政策的影响比前两种理论更为间接。从20世纪80年代以来各国提出的各种税制改革方案看，整体可归根为综合所得税基方案和消费支出税基方案两种。综合所得税基方案，坚持以综合所得为税基，但因课税模式或税率结构不同，又可区分为综合所得税改革方案、线性所得税改革方案和二元所得税改革方案三种。消费支出税基方案，完全放弃现行个人所得税制结构，以消费支出为税基，具体包括消费支出税改革方案和统一税改革方案。受不同税制改革方案影响，实际各国个人所得税立法实践中形成了综合制课税模式、分类课税模式、二元课税模式和单一课税模式。纵观各国税制改革方案和税制模式，个人所得税立法关键是要处理好四个方面的关系，即分配正义与经济效率，以综合所得为税基与以消费支出为税基，是综合税制与混合税制、单一税制，高税率、多优惠与低税率、宽税基，家庭课税与个人课税。

5.2 单一税

国际上通用的个人所得税的课征模式主要有三种，即综合所得税、二元所得税、分类所得税和单一税。其中单一税是我们相对不熟悉的个税税制，因此本节单独对单一税进行分析。

（1）单一税提出的背景

美国于1861年开征个人所得税，是世界上最早开征个人所得税的国家之一。经过150多年的发展，美国的个人所得税制度日益完善，可以说美国的个人所得税税法是全世界最为完善的所得税法律之一。但是伴随着美国个人所得税制度的逐渐完善，美国个人所得税制度"缺乏效率、欠缺公平、积重难返"的弊端也日益被美国社会各界广泛关注。而美国个人所得税制度的弊端主要表现在以下几个方面。

a. 庞大的税法体系对于美国普通民众而言过于复杂、难以理解，并且成为逃税、避税行为的重要原因。美国的个人所得税税制，是有史以来最为庞杂凌乱的税制。1994年颁布的美国《联邦税法》（The Internal Revenue Code），其条文共有205章，1564节，两卷本，1400多页。一起发行的美国《1994联邦税则》（Federal Tax Regulations 1994）竟然有五大卷，前四卷税务细则部分就已经厚达6400多页。美国联邦国税局（IRS），作为联邦政府中专门负责所得税征收的部门，每年都要向一亿多位纳税人寄出800亿页的纳税表格和纳税说明书。由于美国的税法制度过于复杂、庞大也使税务律师、税收筹划师、税收学家、税务会计以及税收稽征人员等组成的税收服务业成为美国的一项巨大的产业。无可否认，如此庞大、复杂的税务制度很难真正被普通民众理解、认可。也就造成了美国逃税行为和避税行为非常的严重。20世纪80年代中期，联邦国税局曾经估计，当时每年美国发生的逃税行为造成美国政府收入至少减少1000亿美元。1992年，联邦国税局声称，当年少收的税款为1270亿美元。

b. 美国联邦所得税给美国经济和广大纳税人带来了沉重的负担。联邦所得税给美国经济和纳税人带来了很大的损失。表现为直接遵守的成本和因税收的消极影响而造成的间接经济损失。直接遵守成本即因为遵守纳税事务带来的高额的成本。从政府方面来说，政府部门保存收支记录、了解税务要求、准备税务文件、寄送税务表格这些事务都会产生很大的花费；而从纳税人方面来说，纳税人请专门的税务人员准备税务文件会产生花费，同时税务的各种纠错、诉讼、庭审也会产生花费。美国税制的间接经济损失是指高税率导致的"不想多工作，不想多投资，不想继续扩大企业规模"等因为激励不足而带来的间接经济损失。高税率导致了美国的社会投资转向了交税少的部门而不是利润高的部门，转向了容易避税的部门而不是有广大发展前景的部门。

c. 美国联邦税制存在高税率、多漏洞的弊端。美国政府自开征个人所得税以来就实行所谓的累进税率，即按照纳税人收入的多少实行不同的税率。低收入者适用较低的税率，而收入很低的社会底层民众不必纳税。当今社会，累进制观念已经在美国民众的脑海中根深蒂固。并且大多数人相信累进税制度能够成为劫富济贫、社会收入再分配的工具。而累进制给普通民众的一个简单错觉是："各个档次的税率逐级上升的越快，那么富人所缴纳的税款在全部的税款中所占的比重也就越大。"但是美国在20世纪20年代，60年代，80年代的三次降低税率的改革却证实了与此相反的"每次降低税率，都使富人在税负总额中所占的比重变大"这一结论的正确性。而原因有两个方面：首先，就政府的财政收入而言，税率下降的负效应，比它带来的正效应要小很多。税率虽然变低，但是因为税率变低使原先免税的债券投资转移到生产性投资税基扩大；其次低税率产生了鼓励效应，鼓励纳税人多工作。美国联邦所得税存在的另一个很大的弊端就是漏洞多。在现行税制下，所得税法中的很多税收抵扣，还有各种形式的抵免额都成为有钱人为自身谋取利益的工具，而低收入者在税收优惠方面获得激励比较的小。

针对美国税制存在的问题，1981年美国斯坦福大学的经济学家罗伯特·霍尔和阿尔文·拉布什卡提出了"单一税"改革方案，建议联邦政府实行单一低税率的联邦所得税制度。

（2）单一税的内涵分析

霍尔和拉布什卡在《单一税》（1981）这本书中提出的单一税理论分为两个部分：一个是个人所得税，一个是公司所得税。在个人所得税方面，仅对实际支付的工资、薪金和养老津贴征税。为避免重复征税，股利、利息、资本利得以及其他福利收入只计征公司税。不再设置一些额外的税收减免或纳税扣除。直接规定免征额，全年收入比免征额低的纳税人不需要纳税，全年收入高于免征额的，应纳税额的计算综合个人全年全部收入后减去免征额再乘以单一的税率。公司税方面，公司的债权人、股东从公司方面得到的利息、股利不能够在税前扣除。这样能够保证避免重复征税，因为公司对包含利息、股利和资本利得在内的所得征税，而个人所得收入则不再征税。公司所得税的计算为公司应税所得销售收入减去三项支付。三项支付分别为：一是向职工实际支付的工资、薪金和养老津贴，因为这部分已经计征了个人所得税；第二项是向其他供应商购买原材料、服务的成本，而其他供应商已经就其出售的商品、服务缴纳了公司税；第三项是资本性支出。例如购买机器设备的支出。

根据霍尔和拉布什卡的单一税理论我们能够总结出单一税思想有三个特征：即单一税率、消费税基、整洁税基。单一税率是指设置一定的免征额，未超出免征额的部分不纳税，对超出免征额的部分采用单一的税率计算应纳税额。消费税基是指个人所得收入中用于投资的部分不缴纳个人所得税，即对除去投资后的个人所得余额征税。整洁税基指的是不再有特殊情况下的税收优惠政策，从而保证了税收基础完整而不被侵蚀。单一税思想的三个特征使税制更加的中性。面对广泛的税基和单一的税率，纳税人的替代选择空间极为有限，使纳税人站在了同一税负起跑线上公平竞争，如此对经济的增长和税收效率的提高有明显的促进作用。

（3）单一税的效应分析

以税制简化的原则作为指导思想的单一税税制改革对社会经济产生了深远的影响，主要体现在经济效应和税收效应两个方面，同时单一税税制改革方案也是正负影响交融的。

a. 经济效应。单一税有利于刺激投资。单一税对所得减去投资后的余额征税，所有在企业和个人所得的收入中用于投资的部分免税，所以单一税能够促进投资总量的增加。而高税率的税制显而易见的阻碍了资本的形成。而政府对于解决这一问题的办法往往是针对某些特别的投资和储蓄设计出一系列更为优惠的激励措施，从而形成了冗杂的税收规则。并且如此的激励政策严重扭曲了资本流向，使其向可以获得债务融资的项目流动。单一税几乎取消了大部分的税收优惠，并且对于纳税人来说，单一税率使各种额外的负担得以避免。纳税人做出经营抉择的时候更多的考虑市场的因素，而不用考虑不同的税负。从而避免了税收对资本流向的扭曲，进一步促进投资更加公平的展开，促进投资结构的合理化，提高社会经济效率。单一税在劳动力供给和劳动力劳动积极性方面具有明显的促进作用。

与传统的累进税相比，单一税较高的免征额使大部分劳动者不在纳税范围内，极大地提高了劳动者的劳动积极性。同时单一税能够促进企业家动机与努力增加。传统税制下，企业家在经营一家企业成功后，首先面对的是企业所得税，其次面对的是个人所得税。二者相加几乎占到其所得收入的很大一部分，极大地挫伤了企业家的积极性。另外，单一税也并不是只有积极作用，单一税针对消费额征税，那么必然导致纳税人少消费，单一税制的实行将会产生抑制消费的作用。

b. 税收效应。单一税简化了税制，提高了税收效率。单一税的三个特征说明单一税是税收中性与税收调控的有效统一，既保证了税基的整洁，又避免了累进制下繁冗的税收程序，提高税收效率；单一税拓宽了税基，促进了社会公平。单一税减少一些特定消费和投资的税收优惠，进一步减少了寻租、税收减免以及偷税漏税逃税的行为，因而增加了社会公平。单一税在产生如此的积极作用的同时，也带来了税收调节收入分配差距功能减弱的负面影响。

（4）单一税的国际实践

自20世纪70年代以来，世界上的很多的国家对税制改革的关注日益增加。很多国家都在积极地探索税制改革的思路和方案。而国际上的单一税改革总体来说可以分为三个阶段。

第一阶段为萌芽阶段。20世纪80年代以前，为了增强税收在调节收入差距方面的公平效应，世界范围内几乎所有的国家和地区都实行累进税制。但是在一些人口较少的国家或者地区，为了便于征收采取了类似于"单一制"的税制改革。比如中国的香港地区等地。

第二阶段为产生完善阶段。从20世纪80年代到20世纪末，实行单一制改革的国家开始逐渐增加。1981年，霍尔和拉布什卡提出了比较完善的"单一制税制改革方案"，引起了美国社会的广泛关注，虽然方案未被联邦政府采纳，但是该方案直接影响了美国政府1986年美国税收法典，该法典采纳了"宽税基、低税率"这一"单一税思想"。并且霍尔和拉布什卡的税收改革方案受到了世界范围内的关注，为后来单一税在世界各国付诸实践提供了理论基础。此阶段真正将单一制改革付诸实践的包括牙买加和波罗的海的一些国家，包括爱沙尼亚、立陶宛、拉脱维亚。

第三个阶段为蓬勃发展阶段。2001年1月1日，俄罗斯取消了原来六档累进税率，实行13%的单一比例税率，进行单一税的税制改革，并且取得了巨大的成功。俄罗斯的税制改革简化了俄罗斯的个人所得税税制，优化了税制结构。是纳税人的税负负担下降，并且减少了逃税漏税的行为。从宏观方面来说增加了国家的税收收入，促进了国家社会经济的发展。因为俄罗斯的税制改革取得了成功，所以引起了世界范围内对"单一税"制的更大范围的关注。

（5）俄罗斯单一税改革

虽然单一税的思想形成于美国，但是此理论的发展与丰富却有赖于俄罗斯在21世纪初的"单一税"改革。单一税在世界范围内引起广泛关注，正是因为俄罗斯2001年单一税改革取得了巨大的成功，故本书重点分析俄罗斯2001年的单一税改革。前苏联解体后，俄罗斯开始从计划经济向市场经济转轨，同时，俄罗斯政府在国际货币基金组织的协助下开始着手设计制定新的税收体制，不仅增大了对个人所得税等几个原有税种改革的力度，也引进开征了几个新税种，如增值税、消费税和企业所得税等。由于转轨的激进期，俄罗斯在改革之初是盲目照搬西方国家的税制模式，尤其是盲目模仿美国的个人所得税模式，基本未考虑本国的基本国情，忽略了其在激进转轨情况下的财政经济特点，导致俄罗斯在个人所得税制改革的过程中，迫不得已对已经制定实施的税法进行不断地修改，严重影响了税制的稳定性，使纳税人无所适从。

a. 俄罗斯个人所得税改革背景

俄罗斯在转轨初期借鉴了西方国家个人所得税制度的经验，采用的是累进税率形式。1992年初，其实行的是最低边际税率12%，最高边际税率60%的七级超额累进税率，费用扣除标准是42000卢布。但是后来由于"休克疗法"使国内通货膨胀严重，货币贬值，到1993年下半年，将个人所得税费用扣除标准调高到100万卢布，同时实行10%到30%的六级超额累进税率，同时还实行了一系列的税收优惠政策。在1995年，俄罗斯继续实施了一次个人所得税改革，本次改革的主要内容即调整税率，将原先的10%到

30%的六级超额累进税率调整为12%到35%的六级超额累进税率，到了2000年以后，个人所得税调整为12%、20%和30%的三级超额累进税率。俄罗斯激进式的税制改革，非但没有取得应有的效果，反而造成了俄罗斯国内GDP显著萎缩、生产下滑、国库严重亏损以及收入分配差距拉大的后果。

首先，公共财政状况持续恶化，政府预算赤字严重。20世纪90年代初苏联解体，俄罗斯开始尝试市场经济改革。但是因为在和市场经济接轨的过程中，俄罗斯政府激进的改革措施、不顾本国国情照搬盲目照搬西方模式，尤其是美国的税制模式这些做法，但是20世纪90年代初期的俄罗斯经济欠发达，税收征管水平低下等，与西方发达国家的经济发展和税收征管水平不能相提并论，同时整个社会的财政经济处于转轨过程中，故并不能完全适应以直接税为主体的税制结构。俄罗斯的税收制度在具体实施过程中不得不进行经常性的修订和补充。因为缺乏完整稳定并且适合本国国情的税收制度，使得俄罗斯的税收征收率非常的低，每年税收任务无法完成，这是俄罗斯转轨时期政府财政状况恶化的一个最基本原因。

其次，国内偷逃税现象加剧，收入分配差距进一步拉大。在政府财政政策目标上，转轨之初单纯注重个人所得税的收入功能，在当时国内赤字严重的情况下，政府寄希望于高税收来组织财政收入，阻碍了个人所得税调节收入分配功能的有效发挥。俄罗斯政府片面强调税收的收入功能而忽视其经济调节功能，加剧了俄罗斯的贫富差距。在激进转轨的情况下，俄罗斯政府为了应对税基萎缩导致的财政收入锐减和稳定国民经济所需政府支出扩大的双重压力，其主要通过提高边际税率增加个人所得税收入来筹集财政收入，直接导致了广大纳税人承受税收负担大幅度增加。如个人所得税的最高边际税率在1992年达到了60%，使得广大纳税人不堪重负，抑制了居民的工作积极性，刺激了个人偷逃税的动机。从而导致俄罗斯国内"地下经济"猖獗，"灰色收入"普遍存在，不符合国情的税收制度与严重的偷逃税现象，导致税收并不能足额及时征收，使得国内贫富差距急剧拉大，个人所得税制度急需变革。

正是在这样的背景下，俄罗斯政府意识到不能盲目照搬西方发达国家尤其是美国的税制模式，而应从俄罗斯的现实出发，在税收制度建设和税收政策调整上加大力度，设计制定出一部符合本国国情的税收法典。1998年7月，政府制定的税收法典草案第一部分获国家杜马通过，1999年开始生效，2000年8月税收法典第二部分通过，2001年1月1日起生效实施，这标志着俄罗斯的税收制度逐步走向完善。它真正按照市场经济的基本要求来规定政府与纳税人之间的权利义务关系，规定了构建俄罗斯税收体制的基本原则，确定了税收的种类以及设立联邦主体税和地方税的基本原则，同时也规范了具体的税收管理制度，包括将税收立法权收归联邦，改变了以往地方政府任意开征税种的无序状态。

b. 俄罗斯单一税改革措施

普京总统上台之后，供给学派的经济思想在俄罗斯流行开来，在财政政策上，则主张平衡预算，反对财政赤字，认为减税是最有利的财政政策工具，主要通过降低边际税率，反对累进税率来减轻居民税收负担。税收"中性"的思想对普京政府所采取的一系列税改措施产生了直接的影响，将个人所得税从传统的超额累进税率改革为比例税率便是其中最典型的案例。以下便是俄罗斯单一税改革的主要措施。

一是降低个人所得税的税率。鉴于传统超额累进税制过高的边际税率造成了俄罗斯国内偷逃税现象的猖獗，俄罗斯个人所得税改革的最重要措施便是降低税率。自2001年1月1日开始，俄罗斯废止原来12%的六档累进税率，对公民的工资、薪金等绝大部分收入实行13%的单一比例税率。同时为了适用某些特定的纳税人或者某些特定的收入，在13%的税率之外，还设置了30%和35%的补充税率。其中股息和非居民纳税人的适用30%的税率；而某些保险赔款、博彩收入、奖金、无息及低息贷款的推定受益以及高出央行再贷款利率3/4的利率获得的利息收入，适用35%的税率。

表5-1　俄罗斯税改前后个人所得税税率表　单位：卢布

改革之前		改革之后	
应纳税所得额	税率	应纳税所得额	税率
不超过3168部分	0	不超过4800部分	0

改革之前		改革之后	
应纳税所得额	税率	应纳税所得额	税率
3168-50000的部分	12	超过4800部分	13
50000-150000部分	20		
超过150000部分	30		

资料来源：Ivanov，Anna.，Michael Keen and AkxanderKlemm.The Russian Flat Tax Reform.IMF Working Paper，2005.

俄罗斯转轨初期的十年间，个人所得税法经过了多次修改，其纳税级次、费用扣除标准和边际税率也在不断的变化过程之中，但是超额累进税率的税率结构并没有发生变化。而单一税改革后的新税法规定，不论居民个人收入多少，其所得一律按照13%的单一比例税率计征；非俄罗斯居民纳税人的各种所得按照30%的税率征税；除特殊情况外，只对意外获奖收入、居民存款因超高利率而获得的利息收入等按照35%的税率计征。表5-2列出了2000年世界上主要国家个人所得税的最高边际税率，由此可以看出，13%的个人所得税税率在世界范围内是比较低的。

表5-2　2000年世界主要国家个人所得税最高边际税率

25-40%		40-50%		50%及以上	
美国	39.6	澳大利亚	47	奥地利	50
新西兰	33	西班牙	48	以色列	50
泰国	37	墨西哥	40	瑞士	56
菲律宾	32	智利	45	法国	54
印度	30	南非	45	德国	53
秘鲁	30	埃及	40	日本	50
巴西	27.5	韩国	40		

资料来源：Emst Young International.2000 World Wide Executive Tax Guide Lrd. 1999，EYINo.000214.

二是拓宽个人所得税的税基。新实行的个人所得税法在确定税基时，考虑了纳税人的所有收入，包括货币形式、实物形式以及物质优惠形式的收入。其中以实物形式获得的收入包括：单位或私人经营者为纳税人支付商品、服务或财产权的费用，其中包括为纳税人支付公用服务、餐饮、教育等方面的费用；纳税人获得的商品，为纳税人提供的无偿服务；还有实物形式的劳动报酬等。物质优惠形式获得的收入则包括：纳税人在向单位或私人经营者贷款时由于节省利息支出而获得的物质优惠；纳税人购买有价证券时获得的物质优惠；纳税人根据民事法律合同向关联方个人、单位购买商品或服务而获得的物质优惠等。

三是规范个人所得税的免税收入和税收扣除。俄罗斯政府实行低税率的同时，取消了绝大部分的税收减免、与税收扣除。比如租房支出、差旅支出、公用车支出的扣除以及对外国公民的税收优惠。为了实现个人所得税的公平原则，强化其收入再分配职能，保障低收入阶层基本生活需要和应得利益，新的个人所得税法规定了各种必要的免税事项和收入扣除。新的个人所得税法规定了32种免税项目，涉及体现政府各项经济社会政策因素和保障居民基本生活需要的收入。同时，还从四个方面规定了税收扣除项目：首先是标准税收扣除，税法规定，月收入在2万卢布以下的纳税人可以享受标准扣除，并且规定了四档扣除标准，分别针对核污染受害者、战争中受伤者，战争和民族英雄、自幼残疾者，一般纳税人和有子女需抚养的纳税人；其次是社会性税收扣除，不仅包括对纳税人为公益事业捐款的一定比例的税收扣除，还特别增加了纳税人在纳税期内用于自身及家属在教育和医疗方面支出的税收扣除，纳税人可以为本人和孩子的教育支出最高可以达到25000卢布；再次是财产性税收扣除，比如纳税人出售一定年限的住宅所获收入中对建构房支出的相关扣除；最后还包括职业性税收扣除，包括对私人经营者、自由职业者的税收扣除，及因文学艺术作品、科学创作、技术发明等获得收入的扣除。

除去以上几项改革措施之外，俄罗斯单一税改革也修改了中央和地方的个人所得税税收收入共享比例，在2000年，俄罗斯地方政府分享80%的个人所得税收入，而2001年之后，个人所得税收入全部归地方政府，使得地方政府的财政收入得到有效增长。自2003年开始，为了进一步的体现"降低税率、简化税制"的原则，针对中小企业的税制也进一步的简化。小企业可以按照其利润的20%的税率交税，或者按照其营业额的8%的税率交税。而小企业指的是雇员在20人以下，年收入在1000万卢布以下的企业。

c. 俄罗斯单一税改革绩效评价

俄罗斯在这次税改之前，对个人所得税制改革曾进行了长时间的争论，鉴于转轨后个人所得税收入较低，国内偷逃税现象猖獗，多数人都认为很大程度上源于个人所得税的边际税率较高而实际征收率较低，故应该降低税率，清除税收优惠，在使纳税人缴税更为方便的同时还能有效抑制高收入群体偷逃税款。但具体要采用多低的税率、是继续坚持累进所得税还是改为单一税，则存在不同的意见。当时，俄罗斯国内反对实行单一税率的观点主要是：实行比例税率的单一税将大大弱化个人所得税所具有的良好的调节功能，尤其是在俄罗斯转轨时期国内贫富差距比较悬殊的情况下，实行单一税会降低高收入群体的税负，不利于调节收入分配，并且低水平的个人所得税税率会减少政府财政收入，不利于减少赤字又会影响税收收入职能的发挥。但是自2001年初实行单一税改革以来，改革效果之好远超预期，从实施效果来说俄罗斯的税制改革取得了巨大的成功。

一是个人所得税税收收入呈现出大幅度增长的趋势。自单一税改革以来，俄罗斯的财政状况明显好转。2001年。个人所得税收入实现2547亿卢布，同比增长46%，而将通货膨胀等因素扣除之后，实际增长率依然高达25.2%。2001—2005年，俄罗斯的个人所得税实际收入比预算增长了一倍还多。一方面，由于税制简化，使纳税人缴税更为方便，而同时低水平的税率又降低了高收入群体依法纳税的机会成本，因此税收流失大幅减少。在单一税改革前，过高的边际税率使得纳税人尤其是高收入纳税人想尽一切办法地利用税法漏洞，逃避纳税，税收流失严重，而税制改革以后，此种现象得到有效遏制，个人所得税收入大幅度提高。表5-3列出了2001-2006年剔除通货膨胀因素之后个人所得税收入增长率的数据。

表5-3　2001-2006年剔除通货膨胀因素后个人所得税增长率

年份	2001	2002	2003	2004	2005	2006
增长率	25.2%	24.6%	15.2%	14.4%	10.9%	22.60%

资料来源：The Center for Freedom and Prosperity Foundations.The Global Flat Tax Revolution：Lessons for Policy Makers，2008.

同时，通过表5-4可以看出，与其他税种相比，个人所得税占GDP的比重在2001年得到了显著的提高。

表5-4　1994-2003年俄罗斯各项政府收入占GDP的比重

	1994	1995	1996	1997	1998	1999	2000	2001	2002	2003
总税收	34.6	36.8	35.8	39.3	34.4	33.6	36.9	37.4	37.6	36.6
个人所得税	2.9	2.6	2.8	3.2	2.7	2.4	2.4	2.9	3.3	3.4
利得税	8.0	8.2	4.9	4.4	3.7	4.5	5.5	5.8	4.3	4.0
增值税	7.0	6.9	7.6	7.3	6.4	5.9	6.3	7.2	6.9	6.6
消费税	1.2	1.7	2.8	2.7	2.7	2.2	2.3	2.7	2.4	2.6
贸易税	1.0	1.7	1.1	1.2	1.3	1.8	3.1	3.7	3.0	3.4
工薪税	8.9	8.1	8.2	9.7	8.4	7.7	7.7	7.3	8.0	7.8
资源税	0.0	0.9	1.1	1.5	0.9	0.9	1.1	1.4	3.1	3.0
其他税	5.1	3.4	3.6	4.9	3.6	2.9	2.8	2.4	2.8	2.3
非税收入	0.0	1.5	1.2	1.2	1.5	1.7	1.8	2.3	2.5	2.6
预算内资金	0.5	1.9	2.4	3.2	3.1	3.4	4.0	1.8	1.3	0.9

资料来源：Ivanov，Anna.，Michael Keen and AkxanderKlemm.The Russian Flat Tax Reform.IMF Working Paper，2005.

另一方面，俄罗斯单一税改革后个人所得税的平均有效税率并没有大幅度降低，而是呈现一个轻微增长的趋势。通过表5-5可以看出，税改后个人所得税的平均有效税率由11.2%提高到11.8%，因此，广大低收入群体适用税率的提高（由12%提高到13%）和税收优惠政策的清除带来的税基的扩大，补偿了高收入群体税率降低导致的税收收入的减少，故虽然此次税改降低了名义税率，但是实际有效税率并没有大幅度降低，反而因为高收入群体税收遵从度的提高，从而使得个人所得税收入得到提高。

表5-5　俄罗斯工资收入和税收收入分析表　单位：卢布

	1999	2000	2001	2002
总工资收入	1934	2937	3819	4995
地上工资收入	1408	2126	2826	3749
地下工资收入	526	811	993	1246
个人所得税收入	117	175	256	358
工资收入税基	1035	1565	2175	2883
平均有效税率	11.3	11.2	11.8	12.4
税收遵从度	72.8	72.4	74.0	75.1

资料来源：Ivanov，Anna.，Michael Keen and AkxanderKlemm.The Russian Flat Tax Reform.IMF Working Paper，2005.

　　二是税收遵从度提高。单一税改革之前，俄罗斯90%的个人所得税收入来自于中低收入阶层，这部分人逃税的概率相对来说比较低，而对高收入群体来说，适用的税率名义上很高，但他们通过大量的偷逃税和避税，其适用的实际税率要远远低于名义税率。单一税改革之后，俄罗斯高收入纳税人适用的名义税率大为降低，相应地依法纳税的机会成本也降低，从而大幅减少了高收入者偷逃税的动机，再加上俄罗斯国内加大了对偷逃税现象的处罚力度，很大一部分高收入群选择了自觉纳税。据统计，比率税率的单一税改革为俄罗斯个人所得税带来了接近60%的收入增长，这在很大程度上归功于高收入群体税法遵从度的提高。高收入者的税负减少，投资趋于活跃，进一步刺激了社会经济的增长和经济效率的提高。故单一税改革提高了纳税人尤其是高收入纳税人的税法遵从度，减少了税收流失。

　　正是由于实行单一税以后可有效提高纳税人的税收遵从度，单一税在广大经济转轨国家风靡开来，这是因为广大经济转轨国家属于发展中国家，税收征管水平低下，通过表5-6可以看出，其余转轨国家具有与俄罗斯相差不多的地下经济规模，而实行单一税可减少高收入群体逃税的动机，从而减少国内地下经济的规模。

表5-6　1994-1995年经济转轨国家地下经济占GDP比重

国家	地下经济规模	国家	地下经济规模
俄罗斯	34	吉尔吉斯斯坦	51
其他国家平均值	32	拉脱维亚	29
亚美尼亚	37	立陶宛	28
阿塞拜疆	49	马其顿	41
白俄罗斯	25	摩尔多瓦	47
格鲁吉亚	53	塔吉克斯坦	52
匈牙利	26	土库曼斯坦	18
哈萨克斯坦	30	乌克兰	44
保加利亚	29	波兰	16
克罗地亚	26	罗马尼亚	17
捷克	18	斯洛伐克	15
爱沙尼亚	29	斯洛文尼亚	22

资料来源：Ivanov，Anna.，Michael Keen and AkxanderKlemm.The Russian Flat Tax Reform.IMF Working Paper，2005.

三是俄罗斯低收入群体的社会福利得到改善。因为俄罗斯实施单一税改革之前实施的是12%、20%、30%的三级超额累进税率，广大低收入群体适用的所得税率是12%，故有学者指出俄罗斯的单一税改革加重了国内低收入群体的税收负担，不利于缩小收入分配差距。事实上，俄罗斯低收入居民在改革前除去要承担12%的个人所得税之外，还要缴纳1%的社会保障缴款，其实际承担的税负就是13%。同时较高的扣除标准使低收入者从中得到了实际的好处，保障了低收入者的生活，促进了社会公平。单一税改革秉承税制简化原则，将个人所得税与社会保障缴款合二为一，故对国内广大低收入群体来说，此次改革并未加重他们的税收负担。

不仅如此，此次税改还规定了多项差别化的税收扣除项目，例如子女抚养扣除、教育支出扣除和医疗支出扣除等等，这也使得低收入群体的税收负担得以减轻。同时，改革之前低收入群体因缺乏一些有效的避税手段而遭受损失，而简单的单一税则可以有效避免这些经济损失。以上这些措施，都保护了低收入群体的利益不受损害，使俄罗斯国内的收入分配更加公平。

四是税收征纳程序更为简单，税收征管成本和遵从成本得到有效降低。单一税的改革简化了税收的计算程序，计税成本明显降低，使得税务机关的管理支出明显下降。并且，此次改革要求纳税人只有在申报社会扣除和财产扣除时才需要提交纳税申请及一系列的证明文件，这样就减少了纳税申报的人数，进而降低了税收征管成本和纳税遵从成本。最后，单一税改革使得纳税人无需再花费大量的时间和金钱来聘请专业中介机构寻求合理避税的方法。总而言之，单一税改革使得俄罗斯个人所得税的征管成本和遵从成本均得到了有效控制。

五是居民的工作积极性得到有效提高。长期以来，受地理位置、气候条件、自然资源等的影响，有相当一部分的俄罗斯居民缺乏工作的积极性和主动性，劳动力短缺已成为制约俄罗斯经济发展的重要问题。因此，此次税制改革除去筹集财政收入外，还有一个重要目标，即使居民的可支配收入得到提高，进而提高其工作积极性。

理论上而言，税率较低的单一税可以减轻居民的税收负担，提高纳税人的税后收入，可提高民众工作的主动性和积极性，使全社会的劳动时间投入增加和劳动参与度提高，进而促进整个国内经济的持续发展。

从实践的效果来说，俄罗斯统计局的官方数据显示，在改革后的2001-2009年间，俄罗斯居民的平均收入不断上升，月收入由2001年的2281卢布提高到2009年的16857卢布，增长了6.4倍；而同期职工的实际工资水平由3240卢布增长到18638卢布，增长了4.8倍。与此同时，俄罗斯国内的失业率也在逐年降低，由2000年的10%下降到2007年的5.9%，2009年因国际金融危机的影响上升为8.4%，但仍低于2000年的10%。

由上3项指标可以看出，俄罗斯自实施单一税以来，居民的可支配收入和平均工资水平呈现出一个递增的趋势，从而鼓励了劳动者更加积极地工作，而企业的投资也随着工作积极性的提高而不断增加，进而提供了更多的工作岗位，失业率由此下降。由此，单一税的改革为解决俄罗斯国内劳动力匮乏发挥了积极的作用。

综上所述,俄罗斯2001年开始实施的单一税改革,不仅很好地完成了筹集财政收入的目标,同时也有效地遏制了偷逃税现象,保障了低收入群体的利益,控制了税收征管成本和遵从成本,提高了居民工作积极性等等。由此可以看出,此次改革在很好地完成政府设定目标的同时,也有利于社会和经济的发展。

此外,我们也应该注意到,俄罗斯个人所得税收入增长也是在整个税收收入增长较快的大背景下实现的,源于其整个经济形势和内外环境的好转。首先,从20世纪90年代末期开始经济转轨步入全面恢复和上升时期,伴随着经济较快的增长速度,居民个人收入也进入一个较高增长的时期,这自然成为个人所得税增长的一个基础。其次,俄罗斯政府全面提高税收征管水平,也是个人所得税收入增长不可忽视的一个因素。普京总统上台后,强调改善经济环境,大力打击"地下经济"和黑社会势力,特别是严厉打击违法的暴发户,严格税法执行和税收征管。并且,俄罗斯政府进一步强化了独具特色的联邦税务警察部队在打击涉税犯罪方面的作用,从2000年开始在新划分的7个联邦区增设联邦区税务警察总局。同时,自2000年开始,俄罗斯税务部对260家纳税大户实行集中化和专业化管理,加强对这些公司经营状况的分析,以此确保税收收入的稳定增长。对个人所得税同样也加大了征管力度,特别是加强对隐瞒收入、偷逃税收等行为的稽查处罚力度。可见,俄罗斯税收收入增长首先是由于有一个好的"大环境",整个税收收入状况较以前大为改善,再加上实施的单一税,个人所得税收入必然"水涨船高"。

俄罗斯单一税制改革的成功效果,在欧洲掀起了一场单一税改革的热潮。爱沙尼亚、立陶宛和拉脱维亚是欧洲最早实行单一制的国家。虽然很多欧洲国家并没有实行单一制改革但是"降低税率、扩大税基、简化征管"的单一税思想逐渐深入到各国的税制改革当中。并且,从爱沙尼亚、立陶宛和拉脱维亚的单一税改革的效果来看,三个国家在税收收入、GDP以及就业率方面的增长明显高于其他没有实行改革的国家。

5.3　单一税模式与综合所得税模式的比较分析

不同于俄罗斯采取的单一税模式，广大OECD国家仍然沿用传统的综合所得税模式，本节选取比较典型的美国，将其与俄罗斯的单一税模式进行比较。

美国个人所得税的发展史，就是一部效率原则与公平原则相互切换的历史。根据社会经济发展的需要，当社会经济发展停滞不前，生产效率低下时，效率原则就成为税收政策调控的目标；而当社会贫富差距过大，社会出现危机的时候，公平原则又会成为税收政策调控的主要目标。从最近的30多年的发展来看，可看出美国个人所得税优化经历了一个由效率到公平演变的过程，世界上绝大多数的发达国家也是这样，目前美国国内的经济现状，决定了个人所得税制度改革要坚持"公平优先、兼顾效率"的原则。相较俄罗斯实施的单一税制模式而言，美国一直沿用超额累进的综合所得税制，目前实行10%到39.6%的7级超额累进税率，其税制更为精细复杂，累进性也更强。

相比于美国的综合所得税制，俄罗斯的个人所得税制主要在课征模式、税率设计、累进性、税制复杂程度等方面不同。首先，俄罗斯采用的单一税制，即对纳税人的所有所得均实行统一的13%的比例税率（除去特殊情况下的30%、35%两挡税率），且13%的税率相对美国个人所得税的税率来说比较低；其次，由于两个国家个人所得税的课征模式的不同，相对应的个人所得税的累进性也不同，实行综合课征的美国个人所得税的累进性要强于单一比例征税的俄罗斯个人所得税；最后，与美国异常复杂繁琐的个人所得税制相比，由于俄罗斯单一税实行统一的比例税率，且免除了大多数税收优惠政策，因而税制大大简化。本节从限制因素出发来分析两国个人所得税制度差异的具体原因。

（1）经济发展水平不同

经济发展水平的不断提高，会直接增加一个国家的人均国民收入，并改变收入分配格局，从而会提高累进税制下的个人所得税收入规模，故一国经济越发达，其采用的累进所得税制会更好地发挥调节作用。表5-7中列出了1991-2001年间俄罗斯和美国的人均国民总收入情况。

表5-7　俄罗斯与美国1991–2001年人均国民总收入　单位：美元

	1991	1992	1993	1994	1995	1996	1997	1998	1999	2000	2001
俄罗斯	3440	3080	2920	2650	2640	2610	2650	2130	1750	1710	1780
美国	24370	25780	26480	27750	29150	30380	31390	32150	33780	36070	36840

资料来源：世界银行WDI数据库按图表集法衡量的GN1（现价美元）。

由表5-7可以看出，俄罗斯与美国的人均国民收入绝对额差距巨大，且在1991-2001年这11年间，俄罗斯的人均国民总收入呈现出波动下降的趋势，而美国的人均国民总收入却在不断上升，两者之间本就巨大的差距自1994年开始愈发悬殊。这就证明俄罗斯自苏联解体后实施激进式改革以来，人均收入绝对水平持续走低，与美国之间的差距越来越大。人均收入的巨大差异，代表着社会经济状况的巨大差异，因此俄罗斯在个人所得税制的设计上在许多方面与美国是不可比的。首先，俄罗斯不适宜采用较高的个人所得税税率，会加剧效率损失，使国内经济进一步恶化，同时也会加剧偷逃税现象，不利于公平；其次，精细复杂的综合所得税会提高征管成本，而俄罗斯政府不具有足够的经济实力，故俄罗斯不能盲目借鉴美国的综合课税模式。如论文的第2章所述，个人所得税课征于个人所得，税制的改变是受到经济发展的严格限制的，因此在21世纪初俄罗斯的发展水平背景下，继续照搬美国模式，采用较高税率的超额累进税制是不太现实的。

（2）政府政策目标不同

一国政府在制定经济政策时都必须平衡收入、效率和公平三项原则，个人所得税政策也不例外。20世纪80年代以来，美国个人所得税制度向着低税率、少级次的方向不断发展，税率级次从1986年的15级降为2012年的6级，使得个人所得税的累进性降低，这是公平原则让位于效率原则的体现。而随着国内收入分配差距的拉大，奥巴马总统开始实行增税政策，将个人所得税的最高边际税率永久性地提高到39.6%。从最近的30多年的发展来看，可以看出美国个人所得税优化经历了一个由效率到公平演变的过程，目前美国国内的经济现状，决定了个人所得税制度改革要坚持"公平优先、兼顾效率"的原则。俄罗斯在转轨初期由于激进式的改革，使得国内生产下降，投资乏力，20世纪90年代，国内生产总值几乎下降了50%，财政预算连年赤字，国库亏空严重。故在此情况下，恢复生产、组织财政收入成为俄罗斯政府改革的首要目标。而比例税率的单一税恰恰因为拓宽了税基，降低了税率，强调了税收中性原则。从而大幅度提高了俄罗斯的税收收入，符合俄罗斯政府既定的筹集财政收入的目标。

发达国家个人所得税的政策目标主要在效率与公平之间相互切换，20世纪80年代以后，各国经济陷入停滞不前的境地，相应地政府对增长的关注超过了公平，减税的浪潮席卷全球。而随着国内收入分配差距的拉大，效率原则开始让位于公平原则。而对发展中国家来说，经济欠发达，政府财政收入较少，征管水平低，故政府在制定个人所得税制度时，在考虑效率与公平原则的基础上，收入原则显得尤为重要。

（3）税收征管水平不同

征管水平的不同是造成俄罗斯与美国个人所得税制不同的最重要原因。如前文所述，美国具有世界上最精细严密的个人所得税征管机制。首先，美国有健全的法律保障体系，政府制定了完备的税收法典，同时有税收程序法、税收实体法与之相配套，使整个税收征管过程更为规范，税务机关征税、纳税人纳税、税收中介机构代理都有法可依；其次，美国具有完备的税收征管制度体系，如其在20世纪初就开始推行代扣代缴制度和设立专口的机构进行税务稽查，同时，美国还具有严厉的税收违规处罚政策，大大促进了纳税人遵从度的提高。美国还重视纳税服务工作，成立专门的纳税服务机构，通过多样化的税收宣传，培养了纳税人良好的纳税意识。最后，美国有较完善的配套措施，如在20世纪60年代就形成了十大税务管理计算中心，与工商、海关、银行等部口联网，建立了一套严密的合作体系。同时，美国法律明确规定，工商、银行、海关、公检法等有关部门必须与税务部口密切合作，如税务机关可通过银行和房产交易机构取得纳税人的银行交易清单和房产交易清单等。据统计，美国个人收入的90%以上都能被税务局掌握，因此有效地抑制了偷逃税现象的发生，即使侥幸逃税成功，被税务局审计出来的概率也非常大。比较先进的税收征管体系，为美国精细复杂的综合所得税的实施提供了制度保障。

刚独立时的俄罗斯，税收征管水平低下。首先，俄罗斯国内缺乏一整套合理、严密的税收征管法规，既限制了国家对国内日益严重的地下经济的打击查处力度，又强化了部分纳税人偷逃税款的动机；其次，俄罗斯缺乏必要的健全的税收征管信息系统，导致纳税人详细的涉税信息无法被税务机关获得、分析并处理，依法征税在很大程度上成为空谈。俄罗斯较低的税收征管水平与国内采用的非理想综合所得税相结合，严重阻碍了理想的综合所得税的促进社会公平、调节收入分配和堵塞税收漏洞作用的有效发挥，使得俄罗斯转轨初期的综合所得税具有如下劣势。首先，国内税收流失比较严重。复杂的税收优惠政策为纳税人避税提供了制度基础，大量的高收入者利用税法的漏洞纷纷避税。较高的个人所得税边际税率，提高了纳税人依法纳税的机会成本，强化了不守法纳税人偷逃税的动机。三级的超额累进税率更激励了高收入纳税人偷逃税款，而低下的税收征管水平根本没有对偷逃税现象形成有力的震慑作用，加剧了俄罗斯国内的逃税现象。据统计，转轨初期的俄罗斯一般只能实现年度税收任务额的50%-70%。其次，导致了较大的效率损失。研究表明，税收的效率损失与税率的平方成正比，故过高的边际税率必会导致较大的效率损失。过多的税收优惠政策和大量的偷逃税现象都会导致对不同类型纳税人、不同所得结构和不同涉税行为的差别待遇，扭曲了资源的有效配置，违背了税收中性原则。最后，违背了税收公平原则。俄罗斯实行的综合所得税的税基较窄，并未涵盖所有类型的所得，导致了所得数量相同而所得类型、结构不同的纳税人缴纳数量不同的税收，违背了横向公平原则。而过多的税收优惠政策在低下的税收征管水平下，又为高收入纳税人逃税提供了制度保障，又损害了纵向公平。而单一税拓宽了税基，降低了税率，清理了大量的税收优惠政策，增强了纳税人尤其是高收入群体的纳税遵从度，降低了税务机关执法和查处偷逃税的难度，强调了税收中性原则，从而提高了俄罗斯的税收收入，降低了税制的效率损失，增强了税制的公平性。由此可见，在征管水平较低的俄罗斯，单一税实现了公平、效率、收入等原则的平衡，成为俄罗斯选择该模式的根本原因。

第6章　我国个人所得税再分配效应模拟测算

本章以2011年数据为例，通过对我国现行个人所得税分类征收制和单一税制下征收率和基尼系数进行测算，对我国实施分类所得税和单一税的收入再分配效应进行比较，为我国个人所得税模式的选择提供参考。

6.1　分类征收制下我国个人所得税再分配效应测算

（1）2011年个人所得税应纳税额测算

a. 2011年地上经济个人所得税应纳税额测算

根据《中国城市（镇）生活与价格年鉴》，我国城镇居民家庭的总收入分为工薪收入、经营净收入、财产性收入和转移性收入四类，将这四类收入与我国个人所得税的课税范围相比较，工薪收入、经营净收入和财产性收入基本属于我国个人所得税的课税范围，转移性收入在个人所得税的纳税范围之外。其中，工薪收入包括个人所得税纳税范围的工资、薪金所得，劳务报酬所得和稿酬所得；经营净收入则与个体工商户的生产经营所得和企事业单位的承包经营、承租经营所得相对应；财产性收入则大体包括财产租赁所得，财产转让所得，特许权使用费所得，利息、股息、红利所得，偶然所得和其他所得等。

由于《中国城市（镇）生活与价格年鉴》在2013年以后改为《中国价格统计年鉴》和《中国住户调查年鉴》，不再提供中国城市（镇）居民不同收入阶层的收入数据，故本节根据《中国城市（镇）生活与价格年鉴》（2012）的分类数据，估算我国2011年个人所得税的应收收入，并将其与我国个人所得税的实际收入进行对比，得出我国个人所得税的实际征收率。

根据上文所述，工薪收入包括个人所得税课税范围的工资薪金所得、劳务报酬所得和稿酬所得，因数据中的劳务报酬所得和稿酬所得占比较小，故工薪收入全部按照工资、薪金所得的计税办法测算应缴纳的个人所得税额。

表6-1 2011年我国个人所得税工薪收入应纳税额测算表

	最低收入户	低收入户	中等偏下户	中等收入户	中等偏上户	高收入户	最高收入户	全国
比例	（10%）	（10%）	（20%）	（20%）	（20%）	（10%）	（10%）	
调查户数 1	6505	6566	13170	13178	13177	6572	6488	65655
人均工薪收入 2	5006.92	7881.69	10364.65	14059.5	18747.11	25126.1	39817.11	
平均每户家庭人口 3	3.3	3.2	3.01	2.82	2，67	2.57	2.53	2.87
平均每户就业人口 4	1.29	1.51	1.52	1.49	1.48	1.48	1.58	1.48
就业人口中城镇个体经营者人数5	0.18	0.19	0.17	0.14	0.13	0.14	0.19	
就业者中工薪收入者人数6 6=4-5	1.11	1.32	1.35	1.35	1.35	1.34	1.39	1.33
每个工薪收入者负担家庭人口数 7=3/6	2.97	2.42	2.3	2.09	1.98	1.92	1.82	

	最低收入户	低收入户	中等偏下户	中等收入户	中等偏上户	高收入户	最高收入户	全国
比例	（10%）	（10%）	（20%）	（20%）	（20%）	（10%）	（10%）	
工薪收入人口年人均工薪收入8 8=2×7	14870.55	19073.69	23113.17	29384.38	37119.28	48242.11	72467.14	
工薪收入人口月平均工薪收入9 9=8/12	1239.21	1589.47	1926.1	2448.7	3093.27	4020.18	6038.93	

由表6-1可以看出最低收入户和低收入户的工薪人日月平均收入达不到个人所得税的费用扣除标准，故测算工薪收入税收收入时可以不予考虑，而其余具有纳税资格的收入组分组较粗，会产生较高的收入被平均的现象，进而使得测算出的工薪收入个人所得税额被低估。为了减小测算的偏差，本节对具有纳税资格的收入组进行了进一步的细分，将中等偏下收入户、中等收入户、中等偏上收入户、高收入户分为数量相等的两组，每组的平均收入分别在整组平均收入的基础上进行数额相等的浮动。而对于最高收入组，则将其分为四组，按照平均收入由低到高的顺序，每组的户数分别占该组总户数的40%、40%、10%和10%。具体分类后，工薪收入个人所得税测算额如表6-2和表6-3所示（其中2011年1-8月每月费用扣除标准为2000元，9-12月每月的费用扣除标准为3500元）。

表6-2 2011年我国个人所得税工薪收入应纳税额测算表1

项目	中等偏下户1	中等偏下户2	中等化入户1	中等收入户2	中等偏上户1	中等偏上户2
原组别月均工薪收入（元）1	1926.1		2448.7		3093.27	
户数2	6585	6585	6589	6589	6588.5	6588.5

项目	中等偏下户1	中等偏下户2	中等化入户1	中等收入户2	中等偏上户1	中等偏上户2
户数占总户数比重3	10%	10%	10%	10%	10%	10%
每户工薪人口数4	1.35	1.35	1.35	1.35	1.35	1.35
工薪收入人口数5=2×4	8889.75	8889.75	8895.15	8895.15	8894.475	8894.475
工薪收入人口比重（%）6	10.18	10.18	10.19	10.19	10.19	10.19
每组月平均工薪收入（元）7	1826.1	2026.1	2348.7	2548.7	2893.27	3293.2
1-8月人均税收收入（元）8	0	1.31	17.44	29.87	64.33	104.33
9-12月人均税收收入（元）9	0	0	0	0	0	0
全部人口1-8月税收总额（万元）10	0	57352.26	766700.4	1313526.9	2828551.4	4587409.4
全部人口9-12月税收总额（万元）11	0	0	0	0	0	0
全部人口2011年税收总额（万元）12	0	57352.26	766700.4	1313526.9	2828551.4	4587409.4

表6-3　2011年我国个人所得税工薪收入应纳税额测算表2

项目	高收入户1	高收入户2	最高收入户1	最高收入户2	最高收入户3	最高收入户4
原组别月均工薪收入（元）1	4020.18		6038.93			
户数2	3286	3286	2595.2	2595.2	658	658

（续表）

项目	高收入户1	高收入户2	最高收入户1	最高收入户2	最高收入户3	最高收入户4
户数占总户数比重3	5%	5%	4%	4%	1%	1%
每户工薪人口数4	1.34	1.34	1.39	1.39	1.39	1.39
工薪收入人口数 5=2×4	4403.24	4403.24	3607.33	3607.33	901.832	901.83
工薪收入人口比（%）6	5.04	5.04	4.13	4.13	1.03	1.03
每组月平均工薪收入（元）7	3620.18	4420.18	4838.93	6038.93	7838.93	9038.93
1-8月人均税收收入（元）8	137.02	238.03	300.84	480.84	792.79	1032,79
9-12月人均税收收入（元）9	3.61	27.61	40.17	148.89	328.89	552.79
全部人口1-8月税收总额（万元）10	2982637.3	5181423	5365015	8575041	3534533	4604542
全部人口9-12月税收总额（万元）11	39241.56	300460.14	358166.72	1327640.15	733163.33	1232262.24
全部人口2011年税收总额（万元）12	3021878.8	5481883	5723181.8	9902681.6	4267696.6	5836804.3

　　表6-2和6-3中的第六项，即工薪收入人口比重＝每组工薪收入人口数／全部被调查家庭工薪收入人口数，而全部被调查家庭工薪收入人口数＝平均每户工薪收入人口数×被调查户数＝1.33×65655＝87321.15人。第十项，即全部人口1-8月税收总额＝1-8月人均税收收入（8）×全部人口中工薪收入者数量×工薪收入人口比重（6）。而全部人口中工薪收入者数量，不能仅仅考虑上述表中所列的城镇人口中工薪收入者数量，还要考虑到农村人口中工薪收入者数量，因为农村人口相比城镇人口而言收入较少，且需要缴纳工薪收入的农民工流动性较大，故农村工薪收入人口的具体数量较难测算，故本节假设农村工薪收入人口的比重为城镇工薪收入人口比重的60%，根据《中国统计年鉴（2012）》的数据显示，我国2011年城镇就

业人口数为35914人，农村就业人口数为40506人，而城镇工薪人口比重＝被调查家庭平均每户工薪收入人口／被调查家庭平均每户就业人口＝1.33／1.48＝0.8961，故农村工薪人口比重为0.8961×60%＝0.5377，进而可以算出农村工薪人口数，加上城镇工薪人口数，即为全部的工薪人口数。

根据上述表格计算得出，2011年工薪收入的个人所得税应纳税额为43787666.46万元，而根据《中国税务年鉴（2012）》的数据，得出2011年我国工资、薪金所得税的实际征收额为39018449万元，劳务报酬所得税的实际征收额为1378398万元，稿酬所得税的实际征收额为34540万元，合计为40431387万元。故可以得出我国2011年工薪收入的征收率＝实际征收额／测算出的应纳税额＝40431387／43787666.46＝92.34%。

与工薪收入应纳税额的计算方法相同，可以计算出经营净收入应纳税额，进而测算出其征收率。《中国城市（镇）生活与价格年鉴》的经营净收入是已经扣除成本费用后的净值，故将此数值再减去经营者的工资费用之后，为应纳税所得额，即应纳税所得额＝年均经营净收入-2000×8－2000×4（1-8月费用扣除标准为2000元，9-12月的费用扣除标准为3500元）。根据测算，可得出2011年经营净收入的应纳税额为18271356.06万元，而2011年的个体工商户生产经营所得和企事业单位承包、承租所得的个人所得税实际征收额为6840118万元、824277万元，合计7664395万元。故可以得出我国2011年经营净收入的征收率＝实际征收额／测算出的应纳税额＝7664395／18271356.06＝41.95%。

同时，也可以测算出2011年我国财产性收入的应纳税额，假定城镇人口全部需要缴纳财产性收入个人所得税，农村人口中有财产性收入的人口比重为60%农村人口数量，进而得出全国需要缴纳财产性收入个人所得税的估计人口数，最后得出全部人口应纳税额为14079092.64万元。而根据前文所述的财产性收入包括的所得类型的实际缴纳数据，2011年我国财产性收入的实际征收额为12350446.64万元，故财产性收入个人所得税的征收率为87.72%。

表6-4　2011年我国个人所得税征收率测算表（万元）

工薪收入个人所得税应纳税额	43787666.46
经营净收入个人所得税应纳税额	18271356.06
财产性收入个人所得税应纳税额	14079092.64
2011年个人所得税应纳税额	76138115.16
2011年个人所得税实际征收额	60446228
2011年个人所得税征收率	79.39%

由表6-4可以看出，根据上文的测算，2011年我国个人所得税的应纳税额测算数为76138115.16万元，征收率为79.39%。

b. 2011年地下经济个人所得税应纳税额测算

本节中第一部分的测算，数据全部来源于《中国城市（镇）生活与价格年鉴》，年鉴中列出的所有收入均指的是我国地上经济的收入，即指正规部口的数据，但是我国也存在大量政府监控之外的非正规部口，即地下经济。本节则通过测算我国地下经济的规模和地下经济个人所得税数额，得出我国包括地下经济的个人所得税的实际征收率。

本节运用现金比率法来测算我国地下经济的规模，其一般的公式为：

$$Y_u = \frac{1}{\beta} Y_0 \frac{(K_u+1)(C-K_0D)}{(K_0+1)(K_uD-C)}$$

其中，Y_u 为地下收入，Y_0 为地上收入；C 为实际现金余额，C_u 为地下经济占有现金余额，C_0 为地上经济占有现金余额，$C = C_u + C_0$；D 为实际活期存款余额，D_u 为地下经济活期存款余额，D_0 为地上经济活期存款余额，$D = D_u + D_0$；K_u 为地下经济现金比率，$K_u = C_u / D_u$，K_0 为地上经济现金比率，$K_0 = C_0 / D_0$；V_u 为地下经济周转速度，$V_u = Y_u / (C_u + D_u)$，为地上经济周转速度，$V_0 = Y_0 / (C_0 + D_0)$；$\beta = V_0 / V_u$。

基于 $D_u \to 0$，$K_u \to \infty$；K_0 为常数；$\beta = 1$ 等较为严格的假设，上式可简化为：

$$Y_u = Y_0 \frac{C - K_0 D}{(K_0 + 1) D}$$

上述公式还需要做一定的调整，因为目前银行卡消费较高，在一定程度上代替了现金，故公式中的现金余额应该加上银行卡折合现金量，而活期存款中减去银行卡折合现金量，银行卡折合现金量等于银行卡消费除以经济周转速度 V_0。同时，需要确定 K_0 的值，可以选择一个地下经济规模很小的点，本节选定改革开放初期的1982年为基期，因此 $K_0 = (C / D)1982 = 439.12 / 1435.94 = 0.3058$。计算地下经济个人所得税时，采用的宏观税负率为2011年地上经济个人所得税应纳税额7613.81与当年国内生产总值的比率。故可计算出2011年我国的地下经济规模，参见表6-5。

表6-5　2011年我国地下经济规模与地下经济个人所得税测算表（亿元）

流通中的现金	50748.5
活期存款	2390992
GDP	472619.2
地上经济周转速度	1.63
银行卡消费额	152118.84
折合现金	93291.38
调整后流通中的现金C	144039.9
调整后活期存款D	145807.8
地下经济规模	246869.2
税负率	1.61
地下经济个人所得税	3974.59

资料来源：《中国统计年鉴（2012）》、《中国人民银行年报（2012）》。

根据前文测算可得我国2011年地上经济与地下经济个人所得税应纳税额=7613.81+3974.59=11588.4（亿元），地上经济与地下经济个人所得税的实际征收率为6044.62/1588.4×100%=52.16%。

综上所述，由于我国较大规模地下经济的存在，使得我国现行个人所得税制的征收率比较低，说明我国当前的个人所得税制度需要通过完善来提高税收征收率。

（2）2011年现行个人所得税对基尼系数的影响测算

按照收入份额法计算基尼系数，设$y_1 y_2 \cdots y_n$。依次为第1至n组人群的平均收入（假定已按递增排列），$q_1 q_2 \cdots q_n$为相应的人口数，q为总人口数；记$p_i=q_i/q$，表示第i组人口占总人口的比例，简称人口份额；记$F_0=0$，F_i为第1组至第i组的累计人口份额。作为基尼系数的一个等价定义，收入份额法可以表示为：

$$G=\sum_{i=1}^{n} \frac{q_1 y_1}{s} W_i$$

$$S = q_1 y_1 + \cdots q_n y_n$$

$$W_i = F_i + F_{i-1} - 1$$

$$F_i = p_i + \cdots p_i$$

$$i=1, 2, \cdots 7$$

接下来再按照上述方法计算现行个人所得税制度下2011年我国的税前和税后基尼系数（此处仅指扣除个人所得税之后）。

表6-6　2011年我国个人所得税应纳税额测算表　单位：万元

工薪收入个税	经营收入个税	财产性收入个税	个税总额
0	0	251549.8	251549.8314
0	0	345421.2	345421.2
57352.26	0	947182.1	1004534
2080227.3	141986.51	1608530	3830743
4870264.54	1365435.92	2641004	8876705
8503761.8	2119900	2188145	12811807
25730364.3	14644034	65434.26	46917824

表6-7 2011年我国基尼系数测算表

	最低收入户	低收入户	中等偏下户	中等收入户	中等偏上户	高收入户	最高收入户
人均地上经济总收入（元）y	5920.9	9173.300	11999.030	16049.990	21548.280	29421.160	51604.03
该组总人口（万人）q	12357.528	12095.43	22820.37	21392.865	20253.41	9723.017	9449.345
该组年税收总额（万元）	251549.831	345421.2	1004534	3830743.361	8876705	12811807	46917823.61
征收率	1.000	1.000	1.000	0.960	0.930	0.880	0.760
实际税收总额（万元）	251549.831	345421.2	1004534	3677513.627	8255335	11274390	35657545.946
年人均税收收入（元）	20.356	28.558	44.019	171.904	407.602	1159.557	3773.547
年人均可支配收入（元）	5900.544	9144.742	11955.011	15878.086	21140.68	28261.6	47830.483
P	0.114	0.112	0.211	0.198	0.187	0.090	0.087
F	0.114	0.226	0.437	0.635	0.823	0.913	1.000
W	-0.886	-0.659	-0.336	0.073	0.458	0.735	0.913

注：表中的征收率为本节假定的，上表中每个收入组的年税收总额乘以征收率之和为2011年税务总局公布的实际个人所得税收入额6044.62亿元。

根据上述表格计算得出，2011年现行个人所得数制下，税前基尼系数为0.3231，税后基尼系数为0.3106。

6.2 单一税制下我国个人所得税再分配效应测算

（1）2011年单一税制下个人所得税应纳税额测算

假定我国自2011年1月起开始实施税率为20%的单一税，费用扣除标准为4000元，则可测算出实施单一税后我国的个人所得税应纳税额。本节数据来源于《中国城市（镇）生活与价格年鉴》（2012），同时将第二节中得出的地下经济收入按照不同的比例分摊到不同的收入组中。首先，计算全国人均地下经济规模，农村人口按照城镇人口的60%计算约当人口，再将全国人均地下经济规模分摊到中等收入户、中等偏上收入户、高收入户和最高收入户中，且按照10%、20%、30%、40%的比例分摊，因地下经济主要分布在离收入群体中，故收入越高分摊比例越大。分摊完成后，计算我国按照单一税后应纳税额，计算方法与前文相同。

表6-8　2011年全国人均地下经济规模测算表

全国城镇人口（万人）	69079
全国农村人口（万人）	65656
全国农村约当人口（万人）	39393.6
全国全部约当人口（万人）	108472.6
全国人均地下经济规模（元）	23539.91

表6-9　我国实施单一税后2011年个人所得税测算表　单位：元

	最低收入	低收入户	中等偏下户	中等收入户	中等偏上户	高收入户	最高收入户	全国
比例	（10%）	（10%）	（20%）	（20%）	（20%）	（10%）	（10%）	
调查户数1	6505.000	6566	13170	13178	13177	6572	6488	
人均地上经济总收入2	5920.900	9173.3	11999.03	16049.99	21548.28	29421.16	51604.03	
人均地下经济分摊额3	0.000	0.000	0.000	19745.594	39491.187	59236.78	78982.374	
调整后人均总收入4 4=2+3	5920.9	9173.300	11999.03	35795.584	61039.47	61039.47	88657.941	130586.4
平均每户家庭人口5	3.300	3.200	3.010	2.820	2.670	2.570	2.530	2.870
平均每户有收入人口6	1.720	1.980	2.100	2.150	2.150	2.120	2.090	
每个有收入人口负担家庭人口数7 7=5/6	1.919	1.616	1.433	1.312	1.242	1.212	1.211	

	最低收入	低收入户	中等偏下户	中等收入户	中等偏上户	高收入户	最高收入户	全国
比例	（10%）	（10%）	（20%）	（20%）	（20%）	（10%）	（10%）	
有收入人口中年人均总化入8 8=7×4	11359.866	14825.54	17198.61	46950.486	75802.5	107476.8	158078.279	
有收入人口中月人均总收入9 9=8/12	946.656	1235.461	1433.217	3912.541	6316.875	8956.404	13173.19	

表6-10　我国实施单一税后2011年个人所得税测算表1

项目	中等收入户1	中等收入户2	中等偏上户1	中等偏上户2
原组别月平均总收入（元）1	3912.541		6316.875	
户数 2	6589.000	6589.000	6588.500	6588.500
户数占总户数比重 3	0.100	0.100	0.100	0.100
每户有收入人口数 4	2.150	2.150	2.150	2.150
该组有收入人口总数 5 5=2×4	14166.350	14166.350	14165.275	14165.275
该组有收入人口比重 6	0.104	0.104	0.104	0.104
每组月平均总收入 7	3521.287	4303.795	5685.188	6948.563
年人均税收化入（元）8	0.000	729.107	4044.450	7076.550
全部人口税收总额（万元）9	0.000	5945927.462	32980319.174	57705465.939

表6-11　我国实施单一税后2011年个人所得税测算表2

项目	高收入户1	高收入户2	最高收入户1	最高收入户2	最高收入户3	最高收入户4
原组别月均工薪收入（元）1	8956.404		13173.190			
户数2	3286	3286	2595.2	2595.2	648	648

项目	高收入户1	高收入户2	最高收入户1	最高收入户2	最高收入户3	最高收入户4
户数占总户数比重3	0.050	0.050	0.040	0.040	0.010	0.010
每户有收入人口数4	2.120	2.120	2.090	2.090	2.090	2.090
该组有收入人口总数5 5=2×4	6966.32	6966.32	5423，968	5423，968	1355.992	1355.992
该组有收入人口比重6	0.051	0.051	0.040	0.040	0.010	0.010
每组月平均总收入7	8060.763	9852.044	11839.876	13173.190	14889.429	16790.207
年人均税收收入（元）8	9745.832	14044.906	18815.702	22015.656	26134.629	30696.496
全部人口税收总额（万元）9	39083430.29	56323884	58750004	68741513.9	20400641	23961626

上表中第6项，有收入人口比重=每组有收入人口总数/全部被调查家庭有收入人口数：全部被调查家庭有收入人口数=全国平均每户有收入人口数×全部被调查户数。

第9项，全部人口税收总额=年人均税收收入（8）×全部人口中有收入人口数量×有收入人口比重（6）。

表6-12　2011年全部人口中有收入人口数量（万人）

城镇人口	69079.000	农村人口	65656.000
城镇有收入人口比重	0.722	农村有收入人口比重	0.433
城镇有收入人口	49858.812	农村有收入人口	28432.926
全国有收入人口数	78291.737		

注：城镇有收入人口比重=被调查家庭平均每户有收入人口/被调查家庭平均家庭人口：农村有收入人口比重设定为城镇有收入人口比重的60%。

根据上述表格计算，假设2011年实施单一税之后，我国个人所得税应纳税额的测算额为363892811.23337万元，前文测算的2011年现行税制的个人所得税应纳税额是76138115.27万元，可得出实施单一税后我国个人所得税应纳税额增长了3倍多。同时，假设实施单一税后我国个人所得税的征收率能够提高到80%，则实际可获得的个人所得税数额为291114248.99万元，相比2011年国家税务总局公布的我国个人所得税实际征收额60446228万元增长3倍多。

（2）2011年单一税对基尼系数的影响测算

假定2011年1月1日起我国开始实施单一税，通过上述部分的个人所得税收入的测算，可以计算出我国税前和税后的基尼系数值（此处仅指扣除个人所得税之后）。

表6-13　实施单一税后2011年我国基尼系数测算表

	最低收入户	低收入户	中等偏下户	中等收入户	中等偏上户	高收入户	最高收入户
年人均税前总收入（元）y	5920.9	9173.3	11999.03	35795.584	61039.47	88657.94	130586.404
该组总人口数（万人）q	12357.528	12095.43	22820.37	21392.865	20253.4	9723.017	9449.345
该组年税化总额（万元）	0.000	0.000	0.000	5945927.462	90685785	95407314	171853784.8
征收率	0.800	0.800	0.800	0.800	0.800	0.800	0.800
实际税收总额（万元）	0.000	0.000	0.000	4756741.970	72548628	76325851	137483027.8
年人均税收收入（元）	0.000	0.000	0.000	222.352	3582.045	7850.018	14549.477
年人均可支配收入（元）	5920.900	9173.300	11999.030	35573.232	57457.42	80807.92	116036.927
P	0.114	0.112	0.211	0.198	0.187	0.090	0.087
F	0.114	0.226	0.437	0.635	0.823	0.913	1.000
W	-0.886	-0.659	-0.336	0.073	0.458	0.735	0.913

注：表中假设改为单一税后，所有收入组别的征收率为80%。

根据上述表格的计算，可得出我国2011年实施单一税么后，税前基系数为0.4722，税后基尼系数为0.4540。

通过比较现行个人所得税制和单一税制的税前、税后基尼系数可以发现，改为单一税制之后的调节作用要好于现行个人所得税制。

综上所述，首先，若我国实行单一税制，税率的降低和税制的简单、透明会有效减少我国大量存在的地下经济，尤其是可抑制高收入群体偷逃税的现象，可以使我国的个人所得税收入得到较大幅度的提高；其次，通过基尼系数的测算，单一税相较我国现行的个人所得税制能够更好地调节收入分配差距。单一税在组织财政收入的同时，并没有弱化对收入分配的调节作用，故单一税对我国新一轮的税制改革具有较强的借鉴参考价值。

第7章 我国个人所得税改革的模式选择

7.1 我国个人所得税模式选择的约束因素

新世纪以来我国税制改革实践充分表明，任何一项税制改革或政策上的调整，都必须放在更为全面和系统的社会经济环境中进行思考、决策和部署，否则改革带来的副产品可能会严重影响到税制改革的目的和意义。为稳步推进我国个人所得税制建设，必须系统分析我国个人所得税征管所面临的国内环境。唯有此，方能使我国个人所得税改革方案更加贴近发挥税收职能的需要、贴近征管实际、贴近百姓期待。

（1）经济发展水平

近三十年，我国经济保持了较高的发展速度，2010年我国的人均国民总收入达到4300美元，已经步入世界银行的中高收入国家行列。且IMF的数据显示，2014年我国的人均GDP为7589美元，在国际上排第77名。但是，目前仍然是发展中国家，我国2013年城镇居民人均可支配收入为26467元，农村居民人均可支配收入为9429.6元，2014年城镇居民人均可支配收入为28843.9元，农村居民人均可支配收入为10488.9元，2015年度城镇居民人均可支配收入31195元，农村居民人均可支配收入11422元。上述数据说明，我国人均国民收入得到了明显的提高，为提高我国个人所得税的收入奠定了一定的基础，但是我国人均收入的绝对数仍然较低，通过表7-1可以看出，我国与发达国家的差别还比较大，且城乡居民差距较大。

表7-1　2015年我国与主要发达国家人均国民总收入（美元）

国家	中国	美国	英国	德国	瑞典	挪威	日本
人均收入	7820	55200	43430	47640	61610	103630	42000

资料来源：世界银行WDI数据库。

人均国民收入的巨大差异代表着社会经济状况的巨大差异，因此，我国在个人所得税制的设计上与发达国家是不可同日而语的，不能盲目借鉴发达国家的模式。在经济发展水平不高的发展中国家，个人所得税制的改革是受到很多限制的，因此，在我国目前的经济发展水平之下，短期内通过提高边际税率或降低费用扣除额来提高个人所得税收入进而更好地发挥调节作用是不太现实的。

（2）税收征管水平

我国的税收征管水平与发达国家相比较低，且我国以间接税为主体的税制结构，使我国的税收征管长期以来一直将重点放在企业纳税人的管理上，因此对个人所得信息的获取能力较差。另外，我国税务机关与银行、工商、公安等部口的信息沟通并未实现，并且国地税之间信息畅通也存在着障碍，即我国税务机关与其他部门之间的信息交换既不顺畅也不全面，得到的数据可用性不高，不利于我国实行精细化的个人差别化税收政策。然后，我国税务机关处理涉税信息的能力也有限，尤其是面对数量庞大的个人纳税人，审核必要信息也非常困难。最后，我国是世界上人口最多的国家，而个人所得税的纳税主体是个人，因此，我国个人所得税的纳税人数量与其他国家不可同日而语，庞大的纳税人数量对我国税务机关获取信息和处理信息的能力提出了更高的要求，很多发达国家的个人所得税征管经验在一定程度上也不能完全适合我国。

（3）国际税收竞争

美国里根总统税制改革和英国撒切尔夫人税制改革为代表的20世纪80年代的减税浪潮，大大降低了各国国内个人所得税的边际税率。Bryset.al（2011）研究了OECD国家近30年来税制改革的趋势，发现在上世纪70年代末世界上绝大多数国家个人所得税的最高边际税率基本都在70%以上，而目前大多数的发达国家个人所得税的最高边际税率在50%以下，进入21世纪以来，除去英国和葡萄牙出于财政整顿考虑提高了个人所得税税率之外，有12个OECD国家的个人所得税税率下降了7个百分点甚至更多。发展中国家方面以金砖国家为例，不同于发达国家减税来刺激国内就业的目的，发展中国家意图通过税率结构扁平化改革来拓宽税基、提高纳税遵从度，进而达到提高财政收入的目的。俄罗斯2001年进行了单一个人所得税改革，将原来的三级累进税率改为13%的低税率；印度大幅降低了个人所得税的最高和最低边际税率；巴西提高了个人所得税的费用扣除标准；南非则大幅度减免了个人所得税。与此同时，不管是发达国家还是发展中国家的个人所得税税基都被拓宽。同时，世界大多数国家都减少了纳税级次，拓宽了纳税级次的幅度。例如，美国的个人所得税级次由1986年的15级降到了目前的10%到39.6%的7级累进税率，俄罗斯等很多东欧发展中国家则实行了单一比例税。

综上所述，自20世纪80年代以来，个人所得税制的改革的基本趋势是"低税率、宽税基、简税制"。之所以如此，其根本原因是过高的个人所得税边际税率会带来巨额的效率损失，严重影响经济的增长，而各国税改趋势相同，很重要的原因就是经济全球化背景下资本的流动性提高所导致的国际税收竞争。在目前资本自由流动的背景下，一国税制成为吸引资本流入的最重要因素之一。我国同样也处于资本竞争的大环境中，对个人所得税的改革就必须要考虑这些因素，而我国个人所得税的边际税率本较高，不利于提高我国税制的国际竞争力，故再提高个人所得税边际税率是不可取的。

（4）居民的纳税意识

首先，长期来我国实行的是间接税为主的税制结构，而间接税并不是直接对非经营性纳税人征税，故民众并不习惯直接缴税，我国个人纳税人的税法遵从观念较为淡薄，民众普遍缺乏主动纳税的意识，税收常常跟"苛捐杂税"联系在一起，因此，民间潜意识里对税收产生了一种抵触心理。所以，短期内将较重的税负通过增收个人所得税的方式，从间接税纳税人转移给直接税纳税人可能会遭到个人纳税人较为强烈的抵触；其次，我国的财政预算透明度较差，支出结构存在一些问题，也会导致很多纳税人抵触税收。同时，我国的个人信用系统也不完善，偷逃税者不会有污点记录，形成了社会对逃税行为比较包容的氛围，逃税者不会有较大的心理负担。最后，部分纳税人缺乏个人直接申报纳税的能力，而我国的税收中介机构也并不发达。

7.2　不同课税模式的适用性

鉴于第6章的测算分析和第5章中对不同课税模式的比较，本节认为，我国在接下来的个人所得税改革中，应当立足国情，不能完全照搬国外的个人所得税模式。

7.2.1　综合所得税模式在我国的适用性

美国是世界上最大的发达国家，其完善的个人所得税制度被许多国家当作改革的模板，但是这并不符合我国的基本国情。不能照搬美国的个人所得税的模板，最主要的原因是美国精细复杂的个人所得税制度在我国并不会促进社会公平。美国拥有世界上最完善的个人所得税制度，虽然其综合累进的个人所得税理论上具有促进社会公平的作用，但是最大的缺陷就是设计繁琐且复杂，并且近年来其个人所得税制度越来越复杂，仅美国联邦所得税法共4卷6400多页，负责所得税征收管理的美国国内收入局发行了480种税务表格，同时还发行T表格填写指导书3本，每个表格填写起来都十分繁琐和复杂。为了按时足额纳税，绝大多数美国人需要聘请税务专业人或者是借助报税软件完成申报，即便如此，多缴税或者少缴税的情况比比皆是。

一般来讲，复杂的税制设计不仅会带来高额的社会成本，同时还要求一国政府具有与之相匹配的征管能力，如果征管水平达不到，就会使个人所得税的调节功能徒有其表，从而造成社会的不公平。这是因为，税制越复杂，避税空间越大，而避税能力的大小，又与纳税人的收入水平成正比，复杂税制的避税空间大多被高收入者利用，这会大大减弱税制的实际累进性，进而会使纵向公平和横向公平难以实现，同时避税现象的增多，有损个人所得税筹集财政收入的功能，其调节功能势必会大大弱化。从美国近30年来国内贫富差距恶化的情况来看，说明其个人所得税并没有起到理想中的调节作用，综合的累进所得税在税收法规健全、征管水平较高的美国尚且出现这种情况，可见在征管水平并不完善的我国其调节功能的发挥可能会更不尽如人意。同时，通过第6章的测算可发现，我国实行现行分类所得税制下，地下经济大规模存在，导致我国个人所得税的征收率仅为52%，可想而知，当实行对征管水平要求更高的综合所得税制之后，我国个人所得税的征收率可能会更低，其对收入分配差距的作用会更为有限。

7.2.2　单一税模式在我国的适用性

俄罗斯的单一税改革取得巨大成功之后，不断有专家学者呼吁我国采取单一税制度，无可否认俄罗斯的单一制改革取得了促进经济发展、增加税收收入的巨大成功，但是俄罗斯的单一税改革是特定历史时期的产物，并不具备普遍性。但本节认为，我国目前不适宜改成比率税率的个人所得税。我国如果照搬俄罗斯的模式，那么会对我国经济社会的发展带来严重的损失。

首先，通过第6章的测算数据可发现，实施单一税后会使得我国个人所得税收入得到较大幅度的提升，且单一税也比我国现行的个人所得税制具有更好的累进性。但是，本节认为单一税在我国不具有政治可行性。究其原因，传统的经济学假设人类行为都是理性且自利的，这会自动导致个人和社会整体福利水平的最大化，但是现实经验告诉我们，人们的效用水平不仅仅取决于自身的利益，而且与其主观感受到的公平与否密切相关，人们不仅关心自身的经济利益，同时也十分在意他们和其他个体在收益上的相对差异，当其主观感受到不公平时，人们就会表现出不满和怨恨，行为经济学称之为不公平厌恶。而由于个人是有限理性的，因此，其可能会出现认知偏差，即依据其取得的片面信息来进行判断，从而得出与客观事实相悖的主观结论。所以，虽然单一税在客观上具有更强的收入再分配效应，但其比例税率可能会对大量纳税人，尤其是较低收入群体的主观感受造成冲击，使其产生不公平感，进而会导致其对单一税的较为强烈反对。

其次，我国与俄罗斯国情的不同也决定了我国并不适宜改为单一税。我国与俄罗斯的财政形势各异。苏联解体后，俄罗斯因为进行了激进的市场经济改革，致使税收锐减，国库亏空严重，财政预算连年赤字，在此局势下，增加财政收入、缓解财政赤字成为政府改革的首要目标，而个人所得税在俄罗斯财政收入中占据着重要地位，以上两种因素都促成了俄罗斯政府"重收入"而"轻调节"的政策目标。此外，俄罗斯国内劳动为短缺也是个人所得税实行比例税率的原因，俄罗斯地广人稀，劳动力短缺，资源丰富加上气候寒冷，居民缺乏工作的主动性和积极性，所以俄罗斯政府寄希望于取消累进税率，提高居民的人均可支配收入，进而提高俄罗斯居民的工作积极性。相对于俄罗斯的市场经济改革，我国市场经济的确立更为稳健与缓慢，并且在向市场经济不断接轨的过程中给我国的税收收入带来了大约每年20%的增长。我国没有像俄罗斯一样通过单一税改革来增加政府收入的必要性。但是，我国作为一个经济迅速发展的发展中国家，国内的收入分配差距较大，由表7-2可看出，我国最近十年间，基尼系数一直居高不下，远远超出国际上公认的0.4的警戒线，而贫富差距的拉大，对我国经济的健康发展构成不利的影响，容易引发一系列的社会矛盾。另外我国与俄罗斯的经济形势不同。从我国经济发展的状况来看，我国鼓励消费、转变经济发展方式的任务非常的迫切。但是单一税的一个重要的特征是消费税基。对消费征税，对投资不征税，将不利于我国消费规模的扩大，这与我国的整体政策导向相矛盾。在此背景下，我国个人所得税的理论定位和现实情况都决定了其应以调节收入分配差距为主要职能。所以，基于我国目前的国情和个人所得税改革的目标及现实定位，决定了我国不适用比例税率的单一税。

表7-2　2005-2015年我国基尼系数

2005	2006	2007	2008	2009	2010	2011	2012	2013	2014	2015
0.485	0.487	0.484	0.491	0.490	0.481	0.477	0.474	0.473	0.469	0.462

资料来源：国家统计局网站。

再次，我国与俄罗斯个人所得税的职能定位并不相同。俄罗斯的单一税改革是在经历激进式改革后GDP严重缩水、国库亏空、财政连年赤字和税收秩序混乱等的背景下进行的。个人所得税是俄罗斯联邦政府和地方政府的主体税种，个人所得税的职能定位在俄罗斯更多的在于组织财政收入。而对个人所得税实行13%的单一税率，能够提高纳税人的纳税积极性，增加税收收入，缓解国家税收困难。而我国实施的是渐进式的改革。我国面临的国内局面是经济高速增长，居民人均收入提高、经济繁荣、财政收入连年增长，同时居民就业的主动性和积极性也较高，随之而来的是我国居民收入分配差距的日益扩大，尤其是进入新世纪以来，不断扩大的居民收入差距越来越受到社会各界的关注。而个人所得税是我们政府至关重要的再分配工具，对于促进社会公平具有重要的意义。

俄罗斯的单一税改革取得了巨大的成功，但是单一税思想依然存在和我国现实的经济状况相矛盾的地方。我国可以借鉴单一税思想有利于我国经济发展的措施，但是对"单一税思想"不能全盘接受，否则会给我国经济社会带来很大的损失。单一税所倡导的"宽税基、低税率、简化税制"的原则有降低征管成本、提高纳税人税法遵从度、提高劳动参与率等作用，对促进我国经济的健康持续发展大有益处，因此，单一税制度可为我国新一轮的税制改革提供重要的启示：第一，尽量简化税制。太过复杂精细的综合税制大大增加了税务机关的征管成本，并且为部分不守法的纳税人偷逃税款提供了条件，同时也扭曲了资源的配置，违背了公平原则和效率原则。我国个人所得税改革的当务之急是简化税制、优化个人所得税征收模式。我国的税收实践表明分类征收的税制模式已经无法衡量纳税主体的纳税能力。借鉴单一税思想，把纳税人的收入分为经常性收入和非经常性收入进行征税。经常性收入综合征税，非经常性项目分类征收，两种征收模式并行。采用两种征收模式并存的税收制度能够使个人所得税的收入再分配职能得到优化，同时能够使一些原本难以监管的个人所得税收入项目得到有效的监管，并且能够起到简化税制的作用，有利于税收效率与经济增长；第二、我国政府应该规范个人所得税免征项目和税收优惠，以扩宽税基。我国的个人所得税法规定了31个免税项目和3项减税项目，还有其他的政策性免税项目。过多的税收优惠与免税项目，极大地增加了我国纳税人的偷税漏税的行为。根据单一税思想，我国政府"拓宽税基、整洁税基"的改革很有必要。减少繁杂的税收优惠既能够简化税制，同时也能够削减政府的征收成本。第三，要切实保障低收入者的利益，要完善与税制配套的转移支付体系，充分利用税收政策与转移支付政策相结合实现公平原则；第四，税制改革要注意保障大多数人的利益，这既可以促进国内经济的健康发展，同时可以大大提高纳税人的税法遵从度，进而减少个人所得税制改革的阻力。

7.2.3　综合与分类相结合税制在我国的适用性

税制模式选择的核心在于税率结构的选择。如对个人所得税所有应税收入适用同一税率，便不存在综合税制、分类税制、综合与分类相结合税制和单一税制之分。实行综合与分类相结合税制，便意味着综合所得与分类所得适用不同税率。基于我国当前国情、社情和民情，借鉴国际立法经验，在我国个人所得税制度改革中，应选择累进税率与比例税率相结合的方式，即建立综合与分类相结合的个人所得税制度。

（1）综合与分类相结合税制更利于发挥个人所得税调节收入分配职能

我国居民差距不断扩大的趋势要求个人所得税发挥调节收入分配职能。随着我国经济快速发展，不同行业、不同区域、不同职业间居民收入差距也呈扩大趋势。尽管在分配过程中形成的收入差距，无法通过个人所得税将其调节到一个合理水平，但征管实践充分表明，个人所得税在调节收入分配方面发挥了重要作用。如表7-3所示，根据某地调查统计数据，2015年工薪收入总税负为8.3%，但年收入6万元以下工薪收入者平均税负只有1.7%，而200万元以上工薪收入者平均税负达到36.2%。而且目前老百姓对个人所得税调节收入分配职能的期待积累到一个空前高度，如实行单一税率，无论是对税收立法者，还是对民众，都是难以接受的。

实行单一税率将会增加中低收入者税负，立即实行单一税制不利于维护社会稳定。如表7-3所示，2015年调查地区工薪收入者毛收入实际税收负担率为8.3%。如按照工薪所得应纳税所得额对应税负统计，实际税收负担率为15.75%。实行单一税率后，在保持现行每月3500元费用扣除标准不变的情况下，如要维持现有个人所得税收入规模不变，个人所得税单一征收率应为15.75%，此税率与香港15%的单一税率和俄罗斯13%的单一税率基本一致，但对我国中低收入者而言，实际税负却大大增加，这是绝大部分民众所不能接受的。在当前民众诉求多元化的大背景下，立即实行单一税制，不利于稳步推进税制改革，也不利于维护社会稳定。但当我国经济发展到一定阶段后，在居民收入进一步提高和居民间差距进一步缩小的情况下，实行单一税制将更加有利于简化税制、维护税收中性和促进横向公平。

表7-3 2010-2011年某地区工薪收入者税负统计

序号	收入额	税负	
		2010 年	2011 年
1	6 万以下	2.20%	1.70%
2	6 万-12 万	7.30%	6.50%
3	12 万-20 万	11.40%	11.00%
4	20 万-50 万	15.70%	16.20%
5	50 万-100 万	21.00%	22.90%
6	100 万-200 万	27.20%	30.20%
7	200 万以上	34.50%	36.20%
8	平均	9.50%	8.30%

（2）实行综合与分类结合税制更加有利于提高我的税收竞争力

随着经济全球化趋势的加剧和市场经济体制的不断确立，一方面，各国都在通过各种政策积极主动地排除阻碍资本流动的障碍，对资本的管制不断放松；另一方面各国的非税因素，如稳定的政治环境、可靠的法律体系、规范的经济秩序、完善的金融体系都已逐步形成，各国吸引国际投资的基本经济条件逐步趋于均等，相比较而言，税收因素对资本流动的影响越来越大。受国际税源竞争和国内经济社会政策目标影响，OECD国家普遍对资本性所得适用税收竞争力和征管效率。优惠税率，实行半综合所得课税模式或二元课税模式。为提高我国个人所得税国际竞争力在暂不宜实行单一税制的情况，对股息所得、财产转让所得等资本性收入保持分类征收模式，实行优惠税率，是最优选择。

实行综合与分类相结合税制更符合我国今后一段时期内的税收征管实际。从OECD国家征管情况看，综合税制对第三方涉税信息申报机制和自然人纳税申报体系提出了比较高的要求。美国、澳大利亚等国以及我国台湾、澳门地区都建立了覆盖社会各个行业的广泛的现金交易报告制度，无论银行还是企业都必须向政府有关部门报告现金交易情况。美国税务系统与银行、保险公司、各企业的计算机联网，银行、财产保险部门都必须定期将本身及发生经济联系的纳税人的经济情况如实传给联邦、州和地方税务部门，每个企业雇主必须定期将本企业经济活动情况及其雇员的工资薪金收入情况报送给三级税务部门，其他任何支付酬金的部门单位均需照此规定，否则会受到严厉处罚。从我国目前征管情况看，尽管已从2007年开始推行全员全额扣缴申报，但从中西部省市情况看，全员全额扣缴申报覆盖面还不太理想，而且尚未建立起面向自然人的纳税申报系统，因此短期内还不具备实行综合课税模式的征管条件。但实行综合与分类相结合税制，尤其是在初期只将工薪所得纳入综合所得的情况下，可将年度汇总申报义务交由任职受雇单位源泉扣缴，这对征管制度改革的要求会相对小得多。

我国政府应该立足现行个人所得税存在的种种问题，同时借鉴俄罗斯、美国及OECD等国家税改的成功经验，走出一条有中国特色的"税收改革"道路。按照我国个人所得税职能定位、不同课征模式的测算比较及税制适用性分析，本书认为我国应逐步建立健全综合与分类相结合的个人所得税制。成功的税制改革的实行必须是建立在有效的税收征管体系、完善的税收征管法规、高素质的税收征管队伍以及良好纳税人意识的个人所得税纳税这些基础上的。所以我国的个人所得税改革依旧是任重而道远，在改革的道路上，我们必须始终坚持"立足中国国情"这一点，只有这样我们的改革才能真正符合广大人民的利益。

7.3　综合与分类相结合税制特征分析

理论研究者习惯于将个人所得税课税模式划分为综合税制、分类税制、二元税制和单一税制。但从各国个人所得税立法实践来看，各种课税方式的融合现象越来越突出。严格地说，除实行分类税制和单一税制的国家外，其他国家个人所得税课税模式都或多或少地具有综合与分类结合税制的特征。各国出于提高本国税收效率和国际竞争力的考虑，对部分特殊所得项目（主要是资本利得）计税方法与一般所得计税方法进行了分离，使其税法或多或少具有综合与分类相结合税制的某些特征和功能。根据各国综合所得与分类所得具体划分方法的不同，可分为四种类型：

（1）保持综合课税模式主要特征但对特殊所得项目扣减税基或按照低税率征收

从OECD国家所得税制度来看，实际执行中，没有任何一个国家完全采用综合税制模式，许多国家对特定类型收入采用了特殊的税收处理方式，如将自有自用的住所估算收益排除在综合所得范围之外，对附加福利、股票期权所得实行优惠税率等，因此严格地说，这部分国家实行的是半综合所得税制，也具有综合与分类相结合税制或二元课税模式特征。美国、德国、法国便属于这类国家。美国所得税法是以综合课税为主、分项课税为辅的税制体系。联邦个人所得税对长期资本利得以外的一般所得实行综合课税，对长期资本利得实行较一般所得优惠的税率。并在对一般所得和长期资本利得分项课税的同时，保持了二者之间的关联：一是通过长期资本利得和短期资本利得的区分，将不符合长期条件的资本利得归入短期资本利得，按照一般所得计算纳税；二是长期资本利得或短期资本利得出现亏损的，首先在资本利得内部相互弥补，仍有亏损的可用一般所得弥补，对于使用短期资本利得或一般所得弥补长期资本利得亏损，待以后年度实现长期资本利得时，应相应调减长期资本利得，调增一般所得；三是长期资本利得税与一般所得个人所得税作为全部应纳税款的一部分，都体现在纳税人1040申报表中，只是以附表方式单独计算长期资本利得应纳税款而已。

（2）保持分类课税模式主要特征但对综合所得超过一定标准的征收附加税

即便对实行传统意义上二元课税模式的国家，不同国家税法关于综合所得项目与分类所得项目划分、综合计算方法的规定也不尽一致。一种是对于纳税人的各类所得，先按照所得类别分别适用不同的税率，在此基础上，对于收入超过一定标准的纳税人，再按照累进税率征收一道附加税；另一种是对部分所得实行综合征收，对部分所得实行分类征收，分类征收所得项目与综合征收所得项目不重合。第一种二元课税模式主要被二战以前的法国、意大利、西班牙葡萄牙及其所属殖民地国家所采用，即对纳税人的各项所得，应先按照所得类别分别适用不同税率，在此基础上，对收入超过一定标准的纳税人，再按照累进税率征收附加税。这是早期的二元课税模式。实践证明，因附加税纳税人范围的有限性以及附加税与分类税对于同一税基的竞争，导致附加税占个人所得税收入的一小部分。1960年，在法国、意大利和比利时，附加税占所得税的比例分别还不足2%、18%和10%。相对而言，发展中国家附加税比重稍高一些，如1984年科特迪瓦附加税占个税收入的27%。因其执行中的缺陷，二战以后，法国、意大利和西班牙纷纷将这一二元课税模式改革成为综合课税模式。葡萄牙是尚存这种税制模式的最后一个欧洲国家。葡萄牙分类所得税包括城市土地所得税、农用土地所得税、农业活动税、劳动所得税、营业利润税、动产所得税和资本收益税；附加税以上述各类所得和部分免征分类税的所得之和为税基，但已缴纳的分类税可从税基中扣除。塞尔维亚分类所得税包括不动产所得税、工薪税、营业利润税、专业活动所得税、动产所得税和对不动产征收的资本收益税；附加税税基是各项分类所得税基之和，但与分类税只以纳税人来源于国内的收入为税基不同，其以世界范围内的收入为税基。

（3）对综合所得项目与分类所得项目采取不同方法计算纳税

这类国家最为普遍，既包括理论研究中通常所指的瑞典、丹麦、芬兰、挪威等采取二元课税模式的北欧四国，也包括日本、韩国、荷兰等一般意义上被认为实行综合课税制或半综合所得税制的国家。此类属于实行传统意义上二元课税模式国家中的第二类。

瑞典、丹麦、芬兰、挪威北欧四国将应税收入区分为综合所得和资本利得，其中劳动所得按照累进税率征收，而所有的资本所得基本上是按照单一的比例税率征收。资本所得与非资本所得的划分是北欧四国税制的核心，其中资本所得包括来自金融资产的利息、红利和资本收益，业主自住房屋推定租金或租金收入，纳税人和雇主缴纳养老储蓄累积收益及生产经营活动产生了利润，另外，通过购买方式获得的特许权使用费所得，也属于资本利得。此税制下，资本所得不仅包括通常意义上的资本利得，经营所得、特许权使用费等收入项目也要区分出资本所得，从而进一步拓宽了资本所得的范围。同时，为使税收套利行为最小化，此比例税率和第一个所得档次劳动所得税率与公司所得税比例税率相近似或者相同。在费用扣除方面，二元所得税制对资本所得无任何扣除或抵免，然而非资本所得在课税时包括出于横向和纵向公平考虑而扣减的各种扣除和抵免。

韩国、日本、荷兰税法有一定的共同性。日本所得税法将个人应税收入区分为工薪所得、退休金所得、股息所得、利息所得、资本所得、不动产所得、营业所得、山林所得、偶然所得和杂项所得等十项。对其中的工薪所得、退职所得、营业所得、不动产所得、偶然所得和杂项所得，按照综合所得计算纳税。对利息所得和山林所得，实行分类计算纳税。对于红利所得，原则上讲，在获取时，由支付方代扣20%的源泉所得税，并作为综合课税所得，年终进行汇总计算，但对于一些小额红利所得可作为分类课税处理。转让所得中，土地、房屋及股票转让所得实行分类课征；其他所得综合课税。韩国所得税法将个人应税收入区分为综合收入，退职金收入（退职津贴、临时抚恤金），资本利得，以及林业收入（采伐、转让所得）。综合所得包括工薪所得（工资、薪金、养老金、奖金）、利息所得、不动产租赁所得、经营所得（股息、分红）和其他所得，按照累进税率计算纳税。对其他三项所得适用不同税率单独征收。荷兰将个人所得被划分为三个"专项"：第一项是劳动所得和推定租金等；第二项是来自持股至少5%的实际经营的收益，包括股息、利息和资本收益；第三项是储蓄和投资的所得。第一项适用累进税率，第二、三项分别适用不同的比例税率。另外，奥地利和比利时的资本所得税制也展示出来了相同的特征。

（4）对部分所得项目单独开征特殊税种

对英国和英联邦国家，无论其采取何种个人所得税课税模式，一般不将资本利得作为个人所得税课税对象，而是开征单独的资本利得税。因此，就个人收入负担全部税款而言，其税制也同样综合与分类相结合税制特征。同时，澳大利亚、新西兰开还征了附加福利税。附加福利一般是指雇主向雇员提供的正常工资以外的实物或货币形式的职务津贴，主要体现为工作餐、班车、工装、在职培训、带薪休假，等等。因部分附加福利具有不可分割性，将其并入雇员工薪所得征税存在一定的困难，因此澳大利亚和新西兰对雇主开征了附加福利税，纳税人是向员工提供福利的雇主。澳大利亚附加福利范围主要包括雇主提供车辆供私人使用，无息或贴息贷款，雇员债务的解除，代雇员承担私人支出，免费食宿安排或对世俗的补贴，对远离家乡雇员生活的津贴，以及这家产品或服务，但对于雇员持股买进计划、雇主提供的娱乐设施、雇主对养老金计划的贡献、员工往返工作地点之间的免费或打折旅行费用和调遣、上任费用支出，免于征收附加福利税。新西兰附加福利范围主要包括机构车辆供私人使用，低息贷款，免费或低价提供商品或服务，雇主对养老金、疾病、意外事故和死亡抚恤金的共享份额，一次性总付退休金，以及一些多余劳力支付款项。为防止纳税人采取收入转移方式降低税负，附加福利税与个人所得税税率基本保持一致。

7.4　税制改革中需要处理好的关键问题

按照逐步建立健全综合与分类相结合税制的改革思路，我国个人所得税改革过程中应着重处理好三个方面的关键性问题。

（1）税制改革中必须坚持用系统理论来推动制度顶层设计

个人所得税制度设计涉及课税模式、课税范围、税负分配、税率结构、课税单元、费用扣除（包括基本费用扣除和附加费用扣除）、税收优惠和税收征管等方面的具体安排以及与国家税收协定和企业所得税法等相关制度的配合协调，是项复杂的系统工程，各要素之间具有很强的联动性。比如，宏观税负水平的确定，不仅涉及最高边际税率和最低边际税率的确定，还涉及与社保税等其他税种的协调配合；具体税率的界定，不仅涉及最高边际税率和最低边际税率，还涉及中间税率的分布和税率级距的划分；基本费用扣除标准高低，不仅牵扯到一国经济发展水平，而且涉及与各分项扣除之间的搭配。因此，在税制设计过程中，要全面坚持系统性原则，不可片面地或孤立地借鉴某国或某地区单一方面的经验。

（2）税制改革必须坚持用依法行政准则进行保障

改革开放以来，社会变革日新月异，阶层分化，流动加速，利益多元，社会转型犹未完成，社会活力蓬勃迸发，社会问题不断出现，新老矛盾叠加交织。与此同时，法治精神深入人心。税收与百姓利息息相关，坚持依法行政至关重要。国家税务总局提出，要把依法行政作为税收工作的基本准则，将法治要求融入到税收决策、管理、监督、服务等各环节。坚持依法行政准则，立法是关键。个人所得税制改革过程中，要着重从四个方面抓好落实：一是要注重个人所得税立法建设，提高税收政策层级，减少税收规范性文件；二是要最大限度防止个人所得税政策之间的冲突，确保税收政策一致性；三是加强与国家税收协定的协调和统一，防止冲突；四是注重与物权法、公司法、劳动法等相关法律的衔接，提高税法执行效率。

（3）税制改革必须坚持与征管制度完善工作的协调配合

在世界各国税收发展过程中，税制设计与征管能力脱节的想象并不罕见，尤其对于发展中国家来说，相对先进的税法设计往往受制于相对落后的征收管理体系，最终导致税法规定流于形式。我国现行个人所得税存在的一系列问题中，很大部分是与征管环境紧密相连的，是征管不到位造成的。在我国税制建设中，应注重征管体制和机制的完善，这也是"十三五"规划提出的明确要求。实行综合与分类相结合税制，关键在于加强对自然人间支付所得源泉扣缴管理、建立起第三方信息申报制度和面向自然人的征收管理系统。通过加强自然人间支付所得的源泉扣缴管理，可防止自然人之间支付应税收入因难以监控而造成的税收流失。通过第三方信息申报制度，可将纳税人全部收入、成本信息归集在一起，以便进行综合计算纳税。通过建立面向自然人的征收管理信息系统，才能最大限度地实现自然人征、管、评、查一体化管理，而这正是我国现行个人所得税征管制度的缺陷。

我国课税模式改革有综合税制、综合与分类相结合税制和单一税制供选择。从各国个人所得税立法实践来看，几种课税模式间的竞合现象却越来越突出。部分国家在保持综合课税模式主要特征的情况下，开始对特殊所得项目扣减税基或按照低税率征收；部分国家在保持分类课税模式下，对综合所得超过一定标准的征收附加税；部分国家对综合所得与分类所得项目，分别按照不同方法计算纳税；部分国家却对部分所得项目单独开征独立于个人所得税的特殊税种。根据世界各国个人所得税征管实践，针对我国目前征管状况，我国个人所得税改革模式，宜采取对综合所得与分类所得项目分别按照不同方法计算纳税的模式。相对于单一税制，综合与分类相结合税制更利于发挥个人所得税调节收入分配职能；相对于严格意义上的综合税制，综合与分类相结合税制更有利于提高我国税收竞争力和征管效率。在建立健全综合与分类相结合税制过程中，应着重处理好三个方面的关键性问题，即税制改革中必须坚持用系统理论来推动制度顶层设计、必须坚持用依法行政准则进行保障，必须注重坚持与征管制度完善工作的协调配合。

第8章 综合与分类相结合的个税税制设计

相比于二元所得税和单一税来说，综合所得税具有有利于调节收入再分配，有利于社会公平，堵塞税收漏洞等的优点，并且鉴于第6章的测算分析，我国目前实行的分类课征模式确实存在很多弊端，改革势在必行，但是，并非综合程度越高越好，而且个人所得税改革不可太过激进，故我国个人所得税改革的短期方向不是纯粹的综合所得税，可实行综合与分类相结合的课征模式。

早在1996年"九五"规划中便已提出，要"建立覆盖全部个人收入的分类与综合相结合的个人所得税制"。随后，2001年"十五"规划提出，要"建立综合与分类相结合的个人所得税制度"；2003年党的十六届三中全会决定提出，要"改进个人所得税，实行综合与分类相结合的个人所得税制度"；2006年"十一五"提出，要"实行综合与分类相结合的个人所得税制度"。2011年3月，《国民经济和社会发展第十二个五年规划纲要》提出，要"逐步建立健全综合与分类相结合的个人所得税制度，完善个人所得税征管机制"。2013年，《国务院批转发展改革委等部门关于深化收入分配制度改革若干意见的通知》提出，要"加快建立综合与分类相结合的个人所得税制度"。综合与分类相结合的个税税制能够更好地发挥调节收入分配的作用，更有利于税收征管，遏制逃税现象，兼顾效率、简便和国际竞争力原则。我国税制改革的总思路是逐步建立健全综合与分类相结合税制。既然是逐步建立健全综合与分类相结合税制，纳入综合课税范围的所得项目便不会一步到位，而是要根据征管条件和税制改革目标需要逐步拓宽。总的指导思想是，先引入综合因素，建立起综合与分类相结合的个人所得税制，解决现行分类税制存在的突出问题。在进一步完善征管机制的基础上，今后再逐步扩大综合所得范围，最终建立起较为完善的综合与分类相结合的税制。依据我们在分类税制征管中积累的经验，在此过程中，合理划分综合所得与分类所得的范围，加强二者间的协调问题，包括税率结构调整、课税单位选择、成本费用扣除、无住所纳税人课税义务的界定以及完善征管体系等，是确保税制改革顺利进行的关键。

8.1 我国综合所得与分类所得划分

对综合所得项目与分类所得项目的划分，是当前理论研究的热点，也是税制改革的难点。在目前各种划分方法中，具有代表性的观点有两种：一是将工薪所得、劳务报酬、财产租赁等经常性所得并入综合所得，对财产转让所得和利息、股息、红利所得等带有偶然性的所得继续保持分类征收；二是将工薪所得、劳务报酬所得、稿酬所得、生产经营所得等具有劳动补偿性质的所得并入综合所得，对资本性收入继续保持分类征收。纵观世界各国个人所得税立法实践，对于综合所得税目与分类所得税目的划分并无定论。二者的划分，不仅与一国宏观经济社会政策目标、税制结构安排和现行个人所得税政策紧密相关，而且还与一国征管水平和纳税人税法遵从习惯紧密相连。借鉴世界主要国家个人所得税制改革趋势，结合我国征管实际，与上述分步建立健全综合与分类相结合税制相适应，我国综合所得与分类所得的划分，应采取分步实施的方法。

（1）先对工薪所得实行按年征收，其他项目所得仍保持分类征收

现行个人所得税在对工薪所得实行按月征收的同时，对全年一次性奖金、股权激励、解除劳动合同补偿金等18项特殊收入分别规定了单独的计算方法。这既不利于实现纳税人年度税负公平，也为高收入者提供了税收筹划空间。当前税制改革最迫切需要解决的问题是解决工薪所得按年征收问题。其他所得项目宜继续保持分类征收政策不变。我国的个人所得税的征管水平有限，不适宜大范围地将各种所得纳入综合课征范围。而工资薪

金所得有明确的扣缴义务人，纳税人信息的取得和处理较为容易，纳入综合课征范围更为可行，且可为今后进一步的工作积累经验。"十三五"期间，综合所得课税范围不宜设计得过于宽泛。

（2）将递延养老保险收入、其他收入并入综合所得，积极创造分类所得并入综合所得的条件

对养老保险收入有选择性的实行递延纳税政策，是世界各国个人所得税立法的普遍做法，也有利于国家养老保险制度的完善。为顺利实施企业年金和补充养老保险递延纳税政策，应在进一步完善企业年金和补充养老保险金在缴纳时允许税前扣除政策的同时，将纳税人基于养老保险取得的收入作为工薪所得外第二个纳入综合所得的收入项目计算纳税。同时，适用纳税人收入形式多元化发展的需要，为充分发挥个人所得税调节收入分配职能，借鉴日本和韩国做法，在征管能力进一步提高后，应将其他所得逐步并入综合所得课税范围。可将劳务报酬所得和稿酬所得纳入综合课征范围，以年为单位计算收缴个人所得税，有利于促进社会公平。工资薪金所得、劳务报酬所得与稿酬所得同为劳动所得，但是税负却不同，这是因为我国鼓励创造性的劳动，对稿酬所得的优惠税率为14%，将稿酬所得与工资薪金所得、劳务报酬所得进行了区别对待。同时，积极创造将生产经营所得、租金和特许权使用费所得并入综合所得的条件，择机稳步纳入综合所得。

（3）借鉴北欧国家"二元课税模式"立法经验，加强对劳动所得与资本性收入的区分，分别按照综合所得与分类所得计算纳税

随着税源国际竞争的加剧和投资活动的多样化，对劳动所得与资本所得进行区分，并分别按照综合所得与分类所得进行征收，是个人所得税制改革的长期趋势。按此进行区分，也更有利于为同属于劳动所得或资本所得的收入创造一个更为公平的税收环境。因此，可将北欧国家"二元课税模式"，作为我国综合与分类相结合税制改革的长期目标。

（4）在综合课征部分的课税方式方面，仍实行源泉扣缴和符合条件的纳税人年度自行申报相结合的方式

第一，我国现行的工资薪金所得等是以纳税人每月的收支为依据来计算应纳税额，我国可在接下来的改革中以纳税人每年的收支为依据来计算应纳税额。为方便纳税人缴纳税款，可在每年的1-11月仍然按照简易办法扣缴税款，而在12月，则按照纳税人上述三项的全部所得按照综合课征的税率计算该纳税人一个纳税年度应该缴纳的个人所得税税款，并将其与前11个月已经缴纳的税款相比较，多退少补。第二，可将现行个人所得税的12万元的自行申报标准提高到15万元，此项改革的原因是随着我国经济发展水平的提高，纳税人的工资水平也水涨船高，目前年收入在12万元以上的纳税人在一二线城市已经相当普遍，且税务机关对年收入12万元以上纳税人自行申报情况核查的难度就比较大，再加上有一部分纳税人对自行申报的操作流程不够了解，故实际上进行了自行申报的纳税人数量比较少。而将自行申报的标准改为年收入15万元以上以后，就可以适当减少需要进行纳税申报的纳税人的数量，今后随着我国税收征管水平的不断提高，此项标准可以再适当降低。

8.2 税率结构调整

在逐步建立健全综合与分类相结合税制过程中，为防止纳税人通过转移收入进行税收筹划、公平税负，应注重加强不同所得项目间的税率协调。同时，对累进税率应降低税率级别与边际税率。

（1）对劳动性收入适用相同的累进税率

工薪所得、递延养老保险所得、生产经营所得、劳务报酬所得和农林牧渔业所得同为劳动性收入，理应适用相同税率。"十三五"期间，即便在综合所得课税范围仅局限于工薪所得的情况下，为平衡税负，也防止纳税人通过收入转移方式进行税收筹划，应对上述五项所得适用相同的累进税率。

（2）对分类所得适用相同的比例税率

为充分发挥个人所得税调节收入分配职能，部分专家学者建议对资本性收入实行累进征收。在当前税收竞争逐步加剧的大环境下，对资本性收入征收过高的累进税率，会得不偿失。因此，对分类所得，应继续保持现行比例税率结构。同时，对需要鼓励的收入类型，可通过实行部分计征的方法，发挥税收调节职能。对其他所得，在正式并入综合所得课税范围前，为提高征管效率，应暂时保持比例税率不变。

（3）累进税率与比例税率间的协调

从实行二元课税模式的北欧四国劳动性综合所得与资本性分类所得税率结构来看，资本所得比例税率与综合所得最低税率和企业所得税比例税率一般保持一致。这是与北欧国家居民收入水平普遍提高、居民收入差距逐步缩小以及较为完善的社会福利制度相适应的。在我国社会主义初级阶段居民收入差距较大和社会福利制度还有待进一步完善的情况下，对中低收入者仍应采取相对较低的税率，暂时不宜将劳动所得最低边际税率与资本所得税率保持一致。

（4）累进税率的设计

累进税率的设计需要从税率值的高低和税率的级别两方面着手。如果设计的税率级次太多，就会加大税制的复杂性，并且增加了很多的漏洞，使得漏税和偷税事件的发生。因此在设计的时候，一定要从公平公正的角度出发，根据我国的现实国情有计划的调整税率，无论是最高的边际税率，还是税率的结构，都要进行一定程度的优化，这样才能满足不同家庭需求，满足税收机关征税。

通过第3章的分析可以看出，我国与大部分国家相比，个人所得税的边际税率偏高，同时税率级次过多，在国际税收竞争如此激烈的今天，过高的税率和过多的税率级次不利于我国吸引优质资本的流入，会降低我国的国际竞争力。通过第6章的测算可以发现，单一税所倡导的"宽税基、低税率、简化税制"的原则既保证了税收收入的增长，同时还能对我国的收入再分配起到更好地调节作用，为我国新一轮的个人所得税改革提供了重要的启示，故本节认为我国新一轮的个人所得税制度改革应降低边际税率，减少税率级次。考虑到我国居民的接受能力，同时为了刺激消费，提高我国个人所得税制的有效性，减少偷漏税现象的发生，本节认为我国接下来的个人所得税改革可将综合课税部分设置为最高边际税率在35%以下且税率级次在5级以内的形式。

8.3　课税单位选择

税收实践中，课税单位的选择会直接关系到一个国家个人所得税制要素的具体内容，是税制设计中的基础性关键问题。在我国个人所得税制改革方案的讨论中，关于课税单位的选择，也是专家学者争论的焦点之一。

8.3.1　主要国家课税单位选择

根据目前主要国家个人所得税法规定，个人所得税课税单位有以个人为单位、以家庭为单位和允许纳税人选择三种类型。

（1）以个人为课税单位

以个人为课税单位就是以独立的个人为个人所得税的申报课税单位。在申报纳税时，仅就自己的所得纳税，而不用考虑家庭其他成员的收入情况。目前，中国、加拿大、日本、奥地利、澳大利亚、丹麦、芬兰、新西兰、挪威等国都坚持以个人为课税单位。

这种方法的优点有四点。一是充分尊重夫妻之间的独立人格，符合个人主义原则；二是对婚姻保持中立态度，不会产生"婚姻惩罚税"或"婚姻奖励税"问题；三是有利于鼓励夫妻双方同时就业；四是有利于税款源泉扣缴，提高征管效率，降低遵从成本。其不足也有四点：一是不利于实现家庭综合税负公平；二是为纳税人在家庭成员间转移收入提供了动机，增加了征管成本；三是为考虑家庭负担，可能会导致成本费用扣除方面制度设计变得较为复杂；四是可能会降低各税率对应的级距，增加名义税负。

（2）以家庭为课税单位

以家庭为课税单位，就是以家庭生活单位为个人所得税课税单位。这一制度的特点是纳税人申报纳税时要对夫妻或全体家庭的收入进行加总。采取此制度的国家有法国、菲律宾、西班牙等。

这种方法的优点有四点。一是符合税收制度效率标准；二是能够体现税收公平原则；三是充分考虑家庭综合收支状况，体现所得税纯所得征税原则；四是可以防止家庭成员之间进行收入转移。其不足也有四点：一是容易造成"婚姻惩罚"或"婚姻奖励"，影响社会发展目标；二是汇算清缴工作量较大，要求较高的征管水平和纳税意识，征管成本和遵从成本比较高；三是不利于保护夫妻间隐私权；四是不利于鼓励就业。

（3）允许纳税人对课税单位进行选择

允许纳税人对课税单位进行选择就是为个人所得税设计两组或两组以上的税率，分别适用于已婚、单亲家庭、单身等不同家庭状态的纳税人进行申报。

这种方法为纳税人提供了较大的选择余地。假如夫妻都参加工作并取得收入，可选择分别课税方式或合计收入后适用其他税率表的共同申报方式。当前美国采取这种制度，将纳税人申报状态区分为已婚联合申报、已婚单独申报、户主申报、单身申报等四种情况。其优点是针对不同情况采用不同的税率，使税制更加具有弹性。其不足之处在于使得税制变得复杂，提高了征管难度和纳税人遵从成本。如美国个人所得税法规定的税前扣除项目尽管非常细致和人性化，但却大大增加了纳税人的申报难度。绝大多数美国纳税人并不具有税法专业知识，面对庞大而繁杂的收入和扣除项目以及每年都会变化的税率表和各种扣除抵免额，美国纳税人既担心因少申报了扣除项目而没能最大限度地保护自己的合法收入，又害怕因不了解税收政策而少申报了收入、触犯了法律，给自己信用留下污点。因此更多的人会去聘请专业人士帮助自己完成申报纳税工作。这就相应增加了纳税成本，进而造成适得其反的作用，降低了税收征管效率。

8.3.2 典型国家课税单位演化

美国、英国等主要国家对课税单位的选择并不是一成不变的，而是随着经济社会政策目标的变化而不断调整和完善。

（1）美国

美国个人所得税法自1913年开征以来一直坚持以家庭为课税单位，但为消除婚姻惩罚或奖励问题，一直不断进行调整。1913年到1947年，坚持家庭为课征单位，但并未完全执行到位。1913年开征的个人所得税税率为1%，个人免征额为3000美元，夫妻联合申报时免征额为4000美元，对超过50万美元的所得再额外征收一道6%的税。但此时美国地方州政府实行两种不同的税收制度："共同财产法"制度和"习惯法"制度。共同财产法制度允许夫妻先将其总收入进行均分后，再由夫妻双方分别申报纳税；习惯法制度则不允许居民在家庭成员间转移收入。这种申报纳税制度上的不同导致按照共同财产法申报纳税时的税负要远远低于按照习惯法申报纳税时的税负。为解决这一问题，美国国会曾经考虑过三种替代方案：一种是对所有夫妻都实行联合报税制度；二是对夫妻收入课税进行严格管理，对实行共同财产法的州政府要求其严格限制其所得税的税源管理；但由于当时个人所得税征税群体相对较少而且平均税率较低，1941年国会决定没有必要对个人所得税法进行修改。二战爆发后，为充实国库，美国个人所得税缴税人群和税率都有大幅提高，此时不同纳税制度下的纳税者税负差异变得更加明显，导致越来越多的州政府试图将其纳税制度由习惯法调整为共同财产法。

1948年到1969年，执行婚姻奖励税制。为改变因税制不统一而带来的不同地区居民个人所得税实际税负差异较大的不合理状况，美国在1948年颁布了《收入法案》，选择以家庭为课税单位，允许美国境内所有夫妻可对其总收入进行均分后，再分别申报纳税。这一改变的结果是，总收入相同的两个家庭，要负担数额相同的税收。此做法虽然达到了税收公平目标，但因个人所得税法的累进性，实际上却降低了夫妻总税负，成为一种"婚姻奖励"，违背了税收"婚姻中性"目标。随后的20多年里，这种"婚姻奖励"机制造成的后果不断增加。支持者主张这种税负差异是正常的，因为当时80%的美国家庭属于单收入家庭，因此家庭要承担更大的经济社会责任。然而以更大的社会经济责任作为理由，又会涉及单身户主如何申报纳税才算公平的问题。1951年，国会针对这一问题为单身户主单独设立了税率表。但在报税时个人免除额再加上第一个抚养人免税额，两者结合却导致单身户主与具有相同收入夫妻相比，享受了一个很大的税收抵免优惠。

1969年到1980年，执行婚姻惩罚税制。1969年美国颁布了《税收改革法案》，对单身税负比已婚同等收入者税负高出40%这一状况进行了改革。由于联合纳税适用税率比个人单独纳税适用税率要高，已婚夫妇选择家庭联合纳税时税负会提高，以家庭为课税单位又成为事实上的婚姻税。

1981年至今，家庭联合申报制度不断进行调整。1981年《经济复兴税收法案》又增加了一个针对家庭第二收入者收入的税收扣除条款，希望能降低联合申报税负，降低婚姻惩罚程度。1986年的《税收改革法案》尽管删减了上述条款，但却通过其他条款来降低家庭税负和居民个人税负差异，如增加了家庭申报纳税扣除项、降低了家庭申报纳税边际税率。20世纪90年代后，美国联邦政府税制改革趋势转向通过提高税率来增加婚姻惩罚。但进入21世纪后，美国税制改革趋势又重新转向降低婚姻惩罚。比如2001年颁布的《经济增长和恢复法案》进一步提高了对家庭的扣除标准，在税率表中新增10%这一档超额累进税率，同时拓宽15%这一档税率的适用范围，努力实现夫妻双方总税负与两个个人税负之和基本持平。2003年颁布的《就业增长和税收协调法案》延续了这一税制改革趋势。

（2）英国

以1990年为界，英国所得税课税单位选择可分为两个阶段。第一阶段为1990年前，坚持以家庭为课税单位。1799年英国废止了"三步联合税"，正式颁布了所得税法，成为世界上第一个开征个人所得税的国家。当时纳税人家庭收入全部归于丈夫一人名下，已婚妇女并不具有独立的法律地位和财产权。1802年至1803年和1815年至1842年期间，英国两次停征个人所得税，直至1842年，英国个人所得税才再次开征，并走上正轨。1882年，英国已婚妇女财产法生效，允许妇女保持对其单独财产和收入的管理权和控制权。1894年设立的一项特殊条款规定，如夫妇一年总收入不超过500英镑，则允许妻子如同单身者收入一样获得免税资格。从1909年开始，英国个人所得税由分类税制调整为采取累进税率的综合税制。1914年英国允许妇女拥有有限的私人收入，可以自行申报纳税，但对于已婚妇女，应将其收入全部汇总到丈夫名下，由税务机关按照双方收入的大致比例为双方分别填写税票。1918年设立了已婚男性补贴，1982年此项补贴额增至单身者补贴的1.6倍。直到70年代中期，税务部门仍只与丈夫进行联系，并且把从已婚妇女薪金支票上多扣的税额通过邮寄方式退至其丈夫。但这些做法受到广泛舆论指责。1978年出台的财政法赋予妇女接受预扣税款的退还权利，国内税务局也开始直接答复已婚妇女的来函。

1990年以后，英国规定已婚夫妇可以自行选择是合并纳税还是独立纳税。20世纪末，英国经济增长率较低，劳动力人均负担较高。学者们研究结果普遍表明，家庭中辅助劳动者的劳动供给对税收较为敏感。如坚持以家庭为课税单位，已婚联合申报的纳税人将因受到婚姻惩罚而加重应缴纳的个人所得税，这对辅助劳动者劳动供给造成较大冲击。与此同时，女性运动不断突进，已婚女性的权力地位也不断提高。在此背景下，为解决经济发展缓慢以及劳动力人均年负担较重等问题，在女性运动和学术支撑的共同推动下，英国在1998年取消了夫妻联合申报制度，其主要目的是减轻家庭制带来的婚姻歧视，提高已婚女性的经济独立性，在课税单位方面也建立税收刺激机制，以刺激劳动力供给，推动经济增长。

8.3.3　OECD 国家课税单位最新趋势

20世纪80年代以来，OECD国家伴随着拓宽税基、降低税率改革工作的深入，其课税单位也在悄悄发生变化，并体现出三个特征：

（1）部分国家由以家庭为单位转向以个人为单位

实行累进税率，如何选择课税单位将会对纳税人税负产生较大影响，特别是纳税人婚姻状况的改变可能会减轻或加重其税收负担。为了消除这一影响，自20世纪70年代以来，澳大利亚、丹麦、芬兰、意大利、荷兰、瑞典和英国等7个国家陆续由以家庭为课税单位转变成以个人为课税单位。完全以个人为课税单位的OECD国家已经达到17个。

（2）部分实行联合申报的国家引入"所得分割"制度单独申报之间进行选择

以家庭为课税单位的国家为消除联合申报面临的问题，引入了"所得分割"制度，即将所得按一定比例或系数做出分割，然后分别申报纳税。具体方法有两种：一是德国、爱尔兰实行的"折半乘二法"，将夫妻所得合并计算出家庭总收入，用总收入乘以1/2确定每人分得的收入，每人分得的收入按适用的累进税率计算出应负担的税款后，再乘以2得到家庭总收入应负担的税款。这是介于以个人为课税单位与以家庭为课税单位之间的一种折中课税方法。二是法国实行的"除n乘n方法（系数法）或称份额制"，将汇总后的家庭所得，根据家庭系数划分为若干份（大人系数为1，小孩系数为0.5，所有人员系数合计为家庭系数），每份应纳税额乘以家庭系数就是家庭全部应纳税额。

（3）部分实行以个人为课税单位的国家开始考虑纳税人家庭负担

以个人为课税单位的国家也在试图通过为纳税人提供特殊税收扣除或税收抵免的方式降低不同收入结构家庭之间的税负差异。加拿大税法规定，配偶、合法同居者或其他符合条件的依靠者2007年净收入低于9600加元的，差额部分可在纳税人税前扣除；纳税人配偶或合法同居者没有申请扣除的有关扣除，纳税人可以申请扣除。澳大利亚税法规定赡养费可全额扣除；日本税法规定赡养费和家庭成员保险费可在限额内据实扣除。

8.3.4　我国课税单位选择

到底是应以个人为课税单位，还是应该以家庭为课税单位，以及应该以何种形式、采取何种方法对家庭课税，每个国家在设计其个人所得税法时都要根据其面临的社会背景不同而进行综合考虑。理论上讲，课税单位的选择应坚持以下标准：一是结婚与否不应受到税收的影响，即税收不应成为影响人们选择结婚与否的因素；二是拥有相同收入或财产的夫妇应得到相同的税收待遇，至于财产在其内部如何分配不应影响其纳税；三是丈夫与妻子间财务的安排不应受复杂税收制度的影响；四是税制应在单身纳税者和已婚纳税者之间体现公平待遇，同时，已婚夫妇中依赖单一劳动者的和夫妇共同取得收入的税收待遇也应公平；五是税收上的任何安排都应力求使纳税人明确其纳税义务以及税务当局的税务管理；六是每位纳税者都有权保留其纳税方面的隐私。但在具体操作中，这些标准之间也经常出现矛盾。

按个人来征收税款的征收方式忽视了纳税人的真实税收负担，妨碍了收入分配的正向调节作用。把家庭作为总体的申报主体，就能够充分考虑到纳税人的家庭状况，进而了解到纳税人的实际税收负担，有利于保证税收的公平。

8.3.5　以家庭为课税单位

（1）以家庭为课税单位的含义

我国经济的快速发展使得我国的收入差距越来越大，同时滋生了不少的社会矛盾，在倡导和谐社会的今天，我国的个税征收制度也将变得越来越人性化，这一点已经在社会上引起了广泛关注。作为影响人们生活起居的最直接的税种，个人所得税如果能够以家庭为单位进行起征，比只是从个税的起征额度来进行征税，会让人们更容易接受，并且相对也比较合理。

以家庭为单位征收个人所得税是指以一个家庭为单位，将家庭内所有成员的收入作为征税对象，在扣除了必要的家庭支出项目，例如子女的教育基金，老年人的养老费用，医患费用以及住房贷款等，最后来确定应纳税所得额。以家庭为单位课征个税，即对家庭中所有成员的全部所得进行联合申报缴纳税款，征管机构需要考虑纳税人家庭的真实状况，如赡养老人、抚养子女、就业情况等进行客观分析及核定，再确定个税费用扣除标准。

通过纳税主体的变化，更能将税收的公平性原则体现出来。我国可以采用以家庭为单位来进行个税征收，这样对于缩小贫富差距、保持社会稳定也有积极的作用。并且能够有效地改善收入差距过大的问题。在最近几年，不少的专家院士都提出建议，将家庭作为纳税的主体，但是一直未被采纳和落实，在纳税项目的设计上仍存在着较大的难题，这和我国的目前现实背景也有着重要的关联，比如我国存在着地域性的经济发展差异、征管体系的不完善、税收制度的不合理以及每家每户的现实情况更为复杂等一系列的问题，这也就导致以家庭为单位变成个税征收主体的难以实现性。

以家庭为单位征收个人所得税体现了公平原则。征收个人所得税是调节收入分配的重要环节，历来是两会的热门话题。"考虑到家庭经济负担的差异，个人的实际税负能力其实并不相同"，全国人大代表、复星集团的董事长郭广昌（2016）提议"以家庭为单位征收个人所得税"，充分考虑纳税人家庭的实际经济状况和税收负担，客观地去评价纳税人真实的纳税能力，体现税收公平。我国目前个税实行的是分类征收制，它的公平性远不及综合征收模式。以家庭为单位进行征税是一种综合性质的课税，这种方式可以更好地实现税收调节我国的收入分配的问题。杨宜勇——国家发改委社会发展研究所的所长曾经提出税收的真正改革，是将以前的以分类项目来征税的方式变为综合性的整体征税。综合征收以一家人为单位征收。如果在一个经济条件相对落后的家庭里，家中只有唯一劳动力，那么他的工资将被划分倒赔每个家庭成员的身上，因此就可能达不到纳税的标准或者只需征缴较低额度的税，这对于该家庭的经济压力就会变小很多。

a. 工薪阶层是当前我国的纳税主体。我国的工薪阶层，月薪一般用于温饱、教育、医疗、养老等支出，然而许多工薪阶层的月薪仅够用于维持最基本的生存。中低收入的工薪阶层却是我国目前税收模式的主要调控对象，高收入阶层凭借收入来源的多样化，利用一系列规避税收的方式逃避课税，这显然有失公平。以家庭为单位征收个税，考虑了家庭整体的负担，更有利于社会公平。

b. 目前我国的个税体制在时间上存在滞后性。首先，个税调整需经全国人大的审理批准后再通过，有着复杂繁琐的程序；其次，经济发展以及通货膨胀等每时每刻都在发生变化，个税得不到调整，个税的调节作用就会丧失。把家庭作为个税征收单位有利于伴随经济发展状况，采取定额扣除与物价指数相结合的扣除办法进行动态调整，有效发挥税收调节作用，保障国人生活水平，增强国人幸福感。

c. "以一家人为单位计算征收个税"更能体现税收公平的内在意义。其实收入分配的差距就是家庭收入水平的差别。我们完全可以把对收入分配的调节转换为对家庭收入的调节上。如果使用家庭为单位，那么就可以将纳税人的家庭情况纳入到征税的需求中，可以更好地估量家庭的税负情况，这对于"人性化"的体现更为突出，并且更能表达出我国量能纳税的原则。而且希望通过这种方式，可以更好地改善我国贫富差距过大的现状。

d. 以家庭为纳税主体的方式更符合我国的历史文化积淀，作为"家文化"氛围浓郁的中国，家天下的思想是深刻记在每个人的脑海里的，家庭也是我国社会上最基本的单位，这是不可更改的现实。在我国颁行的婚姻法中，也强调了夫妻在婚姻存续的时间里，两个人的收入将作为共同财产，属于夫妻二人共同拥有，因此，如果将纳税主体变更为家庭，更能体现夫妻财产的共有性。

e. 以家庭为单位进行个人所得税的征税，可以完善我国的税收制度，而且更符合我国的现实国情，对于社会的稳定起到积极的作用。在采取这种纳税方式的时候，应当选择双向申报的方式，这样就可以规避偷税漏税的风险，不仅可以保证税收的稳定，并且能够体现出我国以人为本的理念。但是由于是以家庭为单位的设计，它不仅涉及经济方面的因素，还要考虑政治和法律等多方位要求。所以在设计征税项目的时候一定要更加周全。

（2）以家庭为课税单位的难点

虽然以家庭为单位来征收个人所得税，可以在一定程度上保证税负的公平，并且缓解收入的差距，但个税征管体系的构建是个庞大的系统工程，基于我国的社会发展现状和制度环境，倘若践行以"家庭"为单位来征收个人所得税，那么个税的改革就不是像以前那样在个税免征额上的变动或者是"减税多少"的简单讨论，它将牵一发而动全身，成为影响个税的征收税制以及征管等多方面改革的大问题，必须考虑到我国地区间和城乡间的发展差异、家庭收支情况、子女就读负担、赡养老人等现状，这些都需要相关的制度设计和流程规划，虽然这样的纳税方式对于实现纳税的公平，缓解目前收入差距太大以及减少社会矛盾，但是在我国的现实国情下，在实施的过程中也将承担的巨大的压力和阻力，可能会遇到以下的各种各样的制约瓶颈。

a. 纳税主体的界定不清晰。以家庭为单位，家庭这个词的概念是比较模糊化的，没有办法进行明确的界定，应用于现实生活中时，纳税范围界定不清晰就容易产生诸多问题，是以夫妻二人加上子女组成的家庭为单位，还是需要加上两位夫妻的父母，这样三世同堂作为单位来界定呢？这就成了以家庭为单位进行纳税的第一大难题，也会使得纳税的征管和申报更加的复杂。我国的家庭结构和西方的家庭结构存在明显的差异，在西方家庭中，一般很少出现几代同堂的情况，家庭结构基本是同质的，这样以家庭为单位征收个税比较简单易行。然而中国的家庭结构是比较复杂的，一般可以粗略分成三种家庭结构，即三口之家、三代同堂、四代同堂。这使得按照家庭来申报个人所得税的征收与管理变得复杂。有的家庭还会形成人户分离的情况，户口地和居住地不在一起，管控起来会更加的困难。如果找不到相关的纳税人，就会造成体制上的漏税情况。另外，以家庭为纳税主体的缴税负担远远超过单身纳税人，纳税人可能会为了逃避税收监管，采取"假离婚"或者直接选择"非法同居"等非法手段来减少上缴税款，甚至对婚姻产生抑制作用。

b. 我国税收的征管系统有待完善，税收的监管制度缺乏健全，而且我国人口基数大，不健全的征收和监管制度都给以家庭为单位征收个人所得税的改革增加了难度。安体富——中国人民大学的教授曾经提出，要想转变以家庭为单位的综合性征税方式就要拥有以下的几个条件。一是要让全国人民都有属于自己的永久的纳税的税号，跟身份证一样，人手一个，不重叠，终身化；二是所有的报酬都已货币来衡量，杜绝采用物品或者卡券等方式；三是积极联网，与个人的银行等各项金融机构所联通。

c. 在制定征税的标准上难以明确。目前我国实行的就是分类的征税方式，但是要想将家庭这个为征税主体的分类划分清楚，就需要花费更多的力气了，必须要充分考虑到地域性以及各个家庭的现实状况。

（3）以家庭为课税单位的国际经验借鉴

如今个人所得税已经是很多国家的主体税种之一。自1799年英国开始征收个人所得税以来，经历了二百多年的探索研究与改革，全球已经有140多个国家对个人所得税进行征收，个人所得税成为各国的主要税种。澳大利亚、日本、德国、法国等国家以家庭为单位征收个人所得税，而英国、日本等国家则以个人为单位征收个人所得税制度。

a. 美国经验。从1913年开始，美国就拥有了个人所得税的征收历史。美国在1986年进行了税制改革，不但大幅降低最高边际税率，减少级数，并且1988年调整了各级的级距。这对于美国有着深远的影响。在一个多世纪的沉淀之后，它们的税收制度已经趋向于完善化、科学化，也更加的公平和合理，因此值得我们进行学习和借鉴。美国联邦实行个人所得税采取的是扣除费用后的综合所得税制，其中的综合所得为收入减去"排除纳税"的收入、抵扣额和免税额，其征收的信念是"挣钱就要纳税"。这种综合性的纳税制度在一定程度上可以保障社会底层的人们可以获得最基本的生活保障，更好地体现公平性的原则，而这也是分类所得制不具有的。因此很多国家转向综合所得税制的怀抱，淘汰了分类所得的方式。这和维克多·瑟仁伊这位税法领域的学者趋同，他认为综合类税制是所有国家的最终税收方式。美国的个人所得税制从以下几个方面体现了横向公平：

一是法律层面上。不管是美国联邦公民，还是仅仅居住于美国境内的外国人，一律视为纳税人。美国联邦的个人所得税在美国的征税范围高达90%。个人所得税征收的普遍性有利于保证税收的横向公平。因为，有时候社会不稳定来自于一部分人群对于那些因为特权或者制度漏洞而不需要缴纳税款的那部分人群的心理失衡。

二是家庭结构方面。美国的纳税家庭可简单分为三种类型，一、带有孩子或没有孩子的夫妻家庭，夫妻可以合并或者分开报税；二、孩子在身边的单亲家庭；三、单身家庭。人口数不同的纳税家庭，税收优惠的政策也会有所差异。对于收入相同的两个家庭，人数越多的家庭会有更大的税收优惠政策。一些低收入的家庭，在过大的负担面前不仅可以将去年的缴税全部拿回，还以得到政府的家庭补贴。根据美国权威机构的数据，在2010年的时候，有47%的家庭不需要进行纳税，并且能够来自联邦政府的一部分补贴。以一组真实的数据来看，在2010的时候，如果一家有四口人，两个子女都是低于17岁的，并且一年的家庭总收入低于5万美元，就可以通过夫妻合并收入的方式进行报税，不仅不用缴税，还可以从政府那里获得35美元的补贴。

b. 德国经验。德国以家庭为单位征收个人所得税的制度切实发挥了税收调节杠杆作用。个税在德国被称为"经济自动稳定器"。从2000年开始，德国根据"富帮穷，富人多交，穷人少交，低收入者不交"的个税改革思路，着力于个税改革，每年都调整个税征收比例。德国征税的种类通过纳税人的家庭情况分类，如已经结婚的家庭子女未满18岁、子女在27岁以下但仍在上学的、在难以抗拒的特殊情况下，例如生病耗费高额花销等情况，可以少缴税。德国政府依据家庭情况的不同，划分了个税起征标准。有房有子的已婚家庭的免征额是年收入达到15328欧元。已婚家庭中未满18岁或未超27岁但依旧上学的子女，当遭遇不可抗因素而产生高额开支时，可以进行税收减免。德国税制依照每个家庭的实际经济状况与纳税负担来逐步递增税基标准，充分发挥税收调节的杠杆作用，人性化地照顾到中低收入纳税人。

c. 法国的纳税的参数则是以家庭人数为标准，一个成年人家庭参数为1.5，一个孩子家庭参数为0.6，这样，一对夫妇加一个孩子的家庭，参数就是3.6；以此类推，家庭人数及经济状况不同，其所缴纳的所得税也不同。而日本实施"所得税控除制度"，对于纳税者本人生活所需的最低费用、扶养家属所需的最低费用以及社会保险费等，免征所得额。我国不妨效仿发达国家的此类做法。

（4）以家庭为课税单位的具体建议

如果选择以家庭为征税对象，那么最大的好处就是在于收入相同的家庭，所缴纳的税也是相同的，体现了公平性的原则，是按能力纳税的一种体现。在实际的状况中，如果以两代人组成的三口之家为对象，通过扣除必需的生活费用后，就可以表现出其家庭的收入水平，从而很好的调节高收入家庭的水平，而中上等的家庭收入水平也能很好地体现出来，最终对于实现公平公正的社会有着极好的帮助。我国的家庭结构具有复杂性，有很多是复合的婚姻、重组的家庭、直系的关系等，这些家庭可以拆分为多个核心家庭来考虑。我国可以借鉴美国的做法，将申报主体分为四类（单身纳税人、已婚单独申报纳税人、已婚联合申报纳税人、以户主身份申报纳税人）。我国家庭一般又可分为四大类结构：单身家庭、两口家庭、三口家庭和三口以上的家庭。依据我国当前的基本国策与人口发展趋势，可以将"三口之家"及"四口之家（二胎）"两种结构的家庭设定为纳税核心家庭，即"由其夫妻双方和其尚未获得劳动收入的子女组建的家庭"，设定合理的税率和费用扣除标准。其他类家庭以此作为基础，结合每个家庭不同的人口数量，设定不同的费用扣除标准和不同的税率。针对常见的家庭结构设置几类纳税模式，纳税者根据自己所处家庭的实际情况进行选择，一经选择不得随意改动，如果家庭结构确有变更，则要经过严格的审批才能更换纳税模式，更加充分、公平地衡量一个家庭的实际纳税能力。以家庭为课税单位需要设计比较复杂的纳税模式，对国家征管能力提出了较高要求，我国可逐步由个人课税单位过渡到家庭课税单位。

（5）负所得税理论

目前我国对低收入家庭实行的低保制度，就是将处于保障线以下的收入进行差额补足，使得补足以后的收入达到能够维持基本生存的保障水平，这种补助制度容易使人变得懒惰，抑制劳动积极性，对社会发展产生反作用。而运用负所得税将有利于实现将高收入者缴交税款转移至低收入家庭，有利于低收入者通过享受这种差别待遇来激发自己工作的积极性。

弗里德曼所提出的负所得税计算公式是：

负所得税额＝收入保障数－（个人实际收入×负所得税率）　（公式1）

个人可支配收入＝个人实际收入＋负所得税　　　　　　　　（公式2）

即：以一定税收形式，把高收入家庭的真实收入扣除能够满足其基本生活需求的收入，再将这个差额按照一定的税率标准来计算最终应给予补助。

例：假设某地区四口之家（夫妻加两个孩子）的月保障线2000元，则其年保障线为24000元，有ABCDEF五个家庭，A家庭的月收入为5000元；B家庭的月收入为2000元；C家庭的月收入为2500元；C家庭的月收入为2000元，D家庭的月收入为1500元，E家庭的月收入为500元，F家庭的月收入为0元。（假设负所得税税率为40%）

A家庭，负所得税额=24000-5000×12×40%=0元

可支配收入额=60000+0=60000元

B家庭，负所得税额=24000-2500×12×40%=12000元

可支配收入额=30000+12000=42000元

C家庭，负所得税额=24000-2000×12×40%=14400元

可支配收入额=24000+14400=38400元

D家庭，负所得税额=24000-1500×12×40%=16800元

可支配收入额=18000+16800=34800元

E家庭，负所得税额=24000-500×12×40%=21600元

可支配收入额=6000+21600=27600元

F家庭，负所得税额=24000-0×12×40%=24000元

可支配收入额=0+24000=24000元

表8-2　结构相同月收入不同的家庭负所得税及可支配收入情况　（单位：元）

家庭号	月收入	年收入	负所得税额	可支配收入
A	5000	60000	0	60000
B	2500	30000	12000	42000
C	2000	24000	14400	38400
D	1500	18000	16800	34800
E	500	6000	21600	27600
F	0	0	24000	24000

由表8-2可以看出，同为四口之家的六个家庭，月收入在0—5000元的范围内，即年收入在0—60000元的范围内，负所得税额随着年收入累进，家庭实际的年收入越高，那么其所获得的国家补助就越少；反之，则越多。这有利于激励纳税者的劳动积极性，避免由于低保制度的"平均主义"，而滋生的纳税者对低保补助的过度依赖性。随着纳税者年收入的增加达到年保障线24000元，即高出免征额时，负所得税的反向补助作用消失，高于24000元的家庭年收入将税前可扣除项目及免征项目扣除掉后得到最终应纳税额。利用负所得税征收税款，依据量能补助的原理，剔除低保政策平均化的弊端，提倡多劳多得，鼓励贫困家庭通过多劳动来增加收入，逐渐摆脱对国家补助的依赖。与此同时，可支配收入也逐渐增加，有利于提高贫困家庭消费水平；改善日常生活质量、孩子受教育环境；提升医疗救助质量；增加外出旅行次数，兼顾衣食住行，不再是单一的保证温饱，提升纳税者幸福感，直至彻底的摆脱贫困现状。

在实施过程中，要设置合理的课税程序并加大征税监管力度，建立税

务信息系统，如实录入每个家庭的存在状况及实际年收入，符合条件的低收入家庭自行向税务部门申请负所得税额的补助，税务部门通过税务信息管理系统等多种途径严格审查核实该家庭收入情况的真实性后决定批准通过，再联合金融机构，向其发放负所得税额进行反向补贴。另外负所得税的税率一般固定，可根据社会经济环境的变动（通货膨胀）来进行相应调整。

我国目前实行的是以个人为单位来进行征税纳税的，在实施的过程中计算比较简单，操作性和实施性都比较方便，但是无法准确地反应出一个家庭的整体收入状况，也无法真实地表现出每个家庭的纳税能力。如果采用以家庭为征税单位，那么就可以将所有家庭成员的收入进行合并统计，去除必要的生活支出，就可以将余下的金额作为应征的所得税了。相对来说，以家庭为单位可以更好地满足我国的现实需要，更能考虑到大部分家庭的现实情况，从而体现出和谐社会的需求，满足以人为本的需要。将当前以个人为单位的个人所得税制转变为以家庭为单位进行课税，基于我国的真实情况以及我国家庭综合课征存在的瓶颈，借鉴美国和德国等国家的实践经验，扬长避短，制定切实可行的计划，按照计划分阶段落实，层层推进，逐步改善我国的个人所得税制度，达到社会公平，进而促进我国社会经济的平稳、快速以及可持续发展。

8.4 成本费用扣除

我国现行个人所得税法对11项应税收入采取分项扣除办法，成本费用扣除项目相对单一和僵化，民间要求完善成本费用扣除制度的呼声较高。在我国建立健全综合与分类相结合税制中，如何在进一步丰富和完善成本费用扣除项目的同时，妥善处理好各项成本费用支出在综合所得项目与分类所得项目间分配，是税制设计必须首先解决好的一个基础性问题。

8.4.1 主要国家成本费用扣除实践

一国成本费用扣除项目的设置及不同所得项目间成本费用支出的协调，与本国个人所得税税制安排紧密相连。实行综合税制的国家习惯于将成本费用统一进行扣除，实行分类税制的国家通常用同类收入抵扣同类成本费用，实行混合税制的国家则兼具二者特征。

（1）美国

美国是实行综合所得税制的典型国家。除长期资本利得外，其他所得统一归入综合所得计算纳税。其成本费用也采取统一扣除的方式，具体包括五部分：一是成本费用。纳税人所支付的、与取得收入直接相关的费用。综合所得减去成本费用后，为调整后的毛收入。二是免征额（Exemption）。纳税人、符合条件配偶和被赡养人都可以享受一份免征额，税前可扣除的全部免征额为可享受免征额的总人数乘以每年每人标准免征额。三是扣减额（Deduction）。包括医疗和牙医费用，州（市）个人所得税、财产税和房产税，利息费用，慈善捐赠支出，偶然和盗窃损失，工作相关费用以及杂项扣除。除分项扣减外，联邦个人所得税法还设置了标准扣减额，纳税人分项扣减额合计低于标准扣减额或分项扣减额计算比较复杂的，可选择标准扣缴额。用调整后的毛收入减去免征额和分项扣减额或标准扣减额后，为应纳税所得额。四是税收抵免。与费用扣除、宽免额和扣缴额不同，税收抵免不是冲抵应税收入，而是直接冲抵初步计算的应纳税款。五是弥补亏损。主要是指长期资本利亏与短期资本利亏（综合所得）之间的处理。

a. 成本费用。《国内收入法典》第62条直接规定了一些可在税前进行扣除的纳税人支付的、与取得收入直接相关的成本费用，包括教师履行职务费用、预备役军人履职费用、艺术家表演费用、健康储蓄账户缴费、搬迁费用、50%的自我雇佣税、自我雇佣纳税人向符合条件计划缴费、自我雇佣健康保险缴费、储蓄存款提前支取罚款、个人退休计划缴费、学生贷款利息、学费及与家庭生产有关的费用。联邦个人所得税严格规定了上述各项成本费用扣除条件和标准，不符合扣除条件或超过标准的费用支出是不允许扣除的，如年龄超过70.5岁的纳税人向个人退休计划缴费，就不能在税前进行扣除。应税毛收入减去成本费用后，为调整后毛收入。

b. 扣减额。联邦个人所得税将纳税人为维系生活所支付的费用分为宽免额和扣减额两部分。扣减额包括分项扣减额和标准扣减额，纳税人可选择二者之一进行扣减。而且在计算纳税时，扣减额先于宽免额扣减。

不同申报状态对应的标准扣减额是不同的，而且每年各种申报状态对应的扣减额会根据通货膨胀系数进行调整。2012年，未婚申报和已婚单独申报纳税人扣减额为5950美元，已婚联合申报纳税人和鳏寡申报纳税人扣减额为11900美元，户主申报纳税人扣减额为8700美元。如果纳税人年龄超过65周岁、失明、在其他纳税人申报中申请宽免额（Exemption）、缴纳州（市）房地产税或发生灾难损失并获得联邦政府认定的，各种申报状态对应的标准扣减额会进行一定的调整。如纳税人在其他人申报中申请免征额，而自己又必须进行年度申报的，2012年其标准扣减额不能超过自己劳动所得（Earned Income）外加300美元与950美元中的较大者，当然也不能超过其申报状态对应的标准扣减额。尽管各类申报状态对应的标准扣缴额的确定非常复杂，但是国家税务局每年都会以表格方式列明各种情况对应的标准扣减额，纳税人只需对自己申报状态和附加条件进行判定即可。

标准扣减额小于纳税人分项扣减项合计的，可选择分项计算扣减额，但对于已婚单独申报纳税人，其配偶选择分项计算扣减额，或年度内纳税人在美国居住不足一年的，只能分项计算扣减额。分项扣减项目包括医疗和牙医费用，州（市）个人所得税、财产税、房产税，利息支出，慈善捐赠支出，偶然和盗窃损失，与工作相关费用和其他杂项费用。联邦个人所得税法详细规定了各项扣减项目的计算方法。如医疗和牙医费用，其数额不超过调整后毛收入7.5%的部分不能在税前进行扣除，只有超过部分方能扣除；与此相类似的还有与工作相关费用和其他杂项费用，其数额不超过调整后毛收入2%的部分不能在税前进行扣除。其他扣减项目尽管不受调整后毛收入比例限制，但仍受到其他条件制约。各项目扣减额的合计为纳税人初步计算的扣减额，但如果纳税人调整后的毛收入超过一定标准的，要对初步计算的扣减按照一定规则进行调减。

c. 宽免额。除成本费用和标准扣减额（分项扣减额）外，纳税人还可为其本人、符合调减的孩子和被赡养人申请一份宽免额。宽免额每年都会根据通货膨胀系数进行调整，2012年为每人3800美元。纳税人只要进行自行申报的，便可为自己申请一份免征额。配偶符合下列两个条件之一的，也可申请一个免征额：一是已婚夫妇联合申报的，配偶在除纳税人以外的其他纳税人申报中没有作为被赡养人申请免征额；二是纳税人于申报年度结束前完婚，申报状态为夫妻单独申报或户主申报，配偶没有收入、不进行申报且没有作为其他纳税人的被赡养人。相对于配偶，被赡养人免征额的申请相对比较严格：首先要判定被申请人是否为纳税人的符合条件的孩子或亲戚，然后再判定其是否为符合条件的被赡养人。

与分项扣减额相类似，纳税人调整后的毛收入超过一定标准的，每人标准免征额要相应进行调减，而且每年需要对宽免额进行调减的毛收入标准会根据通货膨胀系数进行调整。

d. 税收抵免。联邦个人所得税法设定的税收抵免包括境外所得境外已纳税款税收抵免、孩子和被赡养人抚养费用税收抵免、年长者或残疾人税收抵免、教育支出税收抵免、退休储蓄税收抵免、劳动所得税收抵免（Earned Income Credit）、孩子税收抵免、抵押贷款利息税收抵免、符合条件费用税收抵免、居民置办高效能源财产税收抵免、以前年度替代性最小税收抵免、附加孩子税收抵免、使用特殊燃料税收抵免、健康保险金税收抵免和首次置办房产税收抵免等。联邦个人所得税法严格设定了各项税收抵免的享受条件和最高抵免限额标准，纳税人调整后毛收入超过一定标准的，部分税收抵免额要相应进行调减。

e. 弥补亏损。因资本利得采取优惠税率单独计算纳税，因此便涉及长期资本利亏与短期资本利亏（综合所得）之间的处理问题。具体操作步骤如下：第一步，根据各项资本性财产持有时间长短将资本利得或利亏分为长期资本利得或利亏和短期资本利得或利亏。第二步，将各项长期资本利得或利亏合并，确定长期资本利得或利亏；将各项短期资本利得或利亏合并，确定短期资本利得或利亏。第三步，上述两者同为资本利得的，长期资本利得按照资本利得优惠税率计算纳税，短期资本利得并入综合所得计算纳税。一方为资本利得，一方为资本利亏，二者相加后为正的，按照利得一方确定余额性质。余额为长期资本利得的，按照长期资本利得计算纳税；余额为短期资本利得的，并入综合所得计算纳税。二者相加后为负数的或者二者同时为利亏的，可以直接冲抵综合所得，但是不能超过纳税人申报状态所规定的冲抵上限。纳税人同时存在长期资本利亏和短期资本利亏的，在限额内要先弥补短期资本利亏，弥补短期资本利亏之后仍有盈余的，方可弥补长期资本利亏。未弥补完的资本利亏，可以顺延到以后年度，但利亏长短期性质不变，即首先用同性质的利得进行弥补，同性质利得不足弥补的，方可用另一种利得弥补。另外，资本利得或利亏的计算，适用权责发生制，即长（短）期资本利亏用短（长）期资本利得冲抵后，一旦日后长（短）期资本利亏方重新实行资本利得的，要相应调减长（短）期资本利亏方的资本利得，并相应调增短（长）期资本利得。

（2）英国

1803年之间，英国个人所得税为综合税制。1803年之后，随着源泉扣缴制度的普及运用，转向分类税制。新世纪以来，英国实施了税法重写计划，将原来的5类所得重新组合成一般所得和资本所得，分别征收个人所得税和资本利得税，但分类所得税的实质并未改变。

从1803年后税法规定的费用扣除制度来看，对不同类型的所得分别规定了相应的成本费用扣除项目和规则。来自英国国内土地和建筑物的收入可扣除项目包括租金、保险费、维修费和服务费等投资补贴。来自政府债券利息、不实行源头扣税的利息、外国有价证券利息和来自英国公司的股息，无独立扣除项目。来自经营的利润可扣除项目包括全部而且完全是为了工商经营、自由职业等目的而支出的费用投资补贴。来自自由职业的所得可扣除个人养老保险费等项目支出。来自外国财产所得可扣除项目比照国内类似所得的费用扣除原则确定。其他所得可扣除项目要视所得类型而定。工薪所得可扣除项目包括个人在履行本职工作是所发生的全部完全且必要的费用、个人养老保险金、退休金捐款、公益捐款等。因实行分类税制，各类所得的亏损不能用其他所得进行弥补。

（3）日本

日本是实行混合个人所得税制的国家。在十项应税所得中，不动产所得、经营所得、工薪所得、一次性所得、杂项所得及土地、房屋、股票其外其他财产转让所得按照综合所得计算纳税，利息所得、股息所得、退休金所得、山林所得和土地、房屋、股票转让所得分别单独征收。日本个人所得税扣除项目包括对各类所得的扣除、对综合所得的扣除和各项所得亏损弥补三部分。

a. 针对各类所得的扣除。各类所得为其该年度应税收入减去相应费用。费用包括成本、销售费、一般管理费和折旧等为取得收入而必须支出的费用。其中，利息所得没有扣除项目，红利所得需要扣除为购入股票等而借入资金的利息，营业所得和不动产所得减除必要费用，工薪收入减除工薪所得扣除额，退职所得以收入减去退职所得扣除额后的一半来确定，转让所得要减除转让资产的购置费和转让费及特别扣除额，山林所得需要减除必要费用和特殊扣除额，一次性所得需要减除获得收入时支出的费用和特殊扣除额，杂项所得中的养老保险收入需要扣除公共养老保险等扣除额，其他杂项所得根据所得类型不同减除必要费用。

b. 对综合所得的扣除。综合课税所得合计额的扣除，可分为对人的扣除和对事的扣除两类。对人的扣除包括所有人可享受的基础扣除和因本人及家庭成员原因的扣除。对人扣除的主要目的是照顾低收入者的生活需要而设置的。对事扣除包括社会保险费扣除、小企业互助基金扣除、人寿保险费扣除、财产保险扣除、杂项扣除、医疗费扣除和捐款扣除。

c. 弥补亏损。弥补亏损是针对不动产所得、营业所得、山林所得、转让所得等可能出现的负所得进行的税收处理。原则上，某项所得亏损，可按一定程序从其他所得中进行扣除，这被称作为亏损抵扣。具体做法是，先将综合课税所得区分为经常性所得和非经常性所得，从经常性所得类中减除不动产所得和营业所得亏损，从非经常性所得类中减除转让所得亏损。在各类所得内部仍不能全部抵扣的亏损，可跨类别进行抵扣。经亏损抵扣后仍不能抵扣完的亏损额，称作纯亏损，可按一定程序转到以后3个年度内进行抵扣，称作亏损转期。

（4）主要国家费用扣除制度设计借鉴

美、英、日三个国家个人所得税费用扣除制度设计，主要体现出三个方面的特点。

a. 与取得收入直接相关的经营成本费用可在本类收入中直接扣除。无论是实行综合税制的美国、实行混合税制的日本，还是实行分类税制的英国，对于取得各项收入直接相关的成本费用，要直接从该类收入中进行扣减。

b. 综合所得亏损可互相弥补，分类所得亏损一般不可互相弥补。对归入综合所得的收入项目，某项应税收入行为造成的亏损，不仅可用同类型的其他应税行为盈余进行冲抵，还可用归入综合所得的其他类型收入进行冲抵。如日本税法允许综合所得中经常性收入间可互相弥补，非经常性收入间可互相弥补。美国税法除允许综合所得项目间互相弥补外，还允许归入综合所得的短期资本利亏与按照优惠税率单独计算纳税的长期资本利亏在一定条件下互相弥补。对实行分类征收的各类所得，其发生的亏损，一般不允许用其他类收入的盈余进行弥补。

c. 宽免额和非经营成本费用在综合所得中进行扣除。宽免额是对有效维持纳税人本人及家庭生计及健康所必要的生活费用支出项目的扣除，其实质上是扣除纳税人的基本生活费用，保证劳动力的简单再生产。非经营成本是指，纳税人本人及家庭生计及健康所必要的生活费用支出项目以外的，与社会活动有关的其他的费用支出项目，如慈善捐赠、儿童看护费、赡养费、医疗费用、教育费用和社会保险缴费，是相对于经营费用而言的。从各国税前扣除制度来看，一般将宽免额和非经营成本费用在综合所得中进行扣除。但因各国归入综合所得的应税收入范围有所不同，因此在综合所得中允许扣除的非经营性成本费用项目也有一定的差异。

8.4.2　主要国家成本费用扣除发展趋势

基于税收公平的考虑，许多国家允许扣除各种个人费用，但是如考虑到税务行政效率，则不宜扣除。几乎所有税制都根据家庭规模的大小规定抚养扣除额，并在计算扣缴税时予以考虑。但一些欧洲国家已经用直接补贴代替税收减免。因为对特定纳税人的补助数额不会经常变动，这样行政负担不会太大。但是许多税制不允许额外扣除，尤其在发展中国家和转型国家，以便将纳税申报表的数量控制在最低水平。

在美国，几乎每个人都要进行纳税申报，因此允许个人扣除并不会增减申报表的处理数量。当然，分项扣除确实使得纳税人遵从和税收审计变得十分复杂。因此美国采用一种宽松的标准扣除代替分项扣除。大多数纳税人并不采用分项扣除。那些愿意采用分项扣除的纳税人，其个人扣除额通常较高。

除了经营费用外，各国允许扣除的范围有很大的不同。大多数国家仅允许商业借款利息或投资利息的费用扣除。这种做法与所得分类界定有关。美国对某些住房抵押借款利息允许特别扣除。除了少数例外，英国和法国只允许商业利息的扣除。法国比大多数国家的规定更为严格，甚至投资利息也不允许扣除。瑞典允许扣除所有的利息，但对分配规则有特殊规定，这与资本所得适用较低的税率有关。

几乎只有美国允许私人用途的财产的意外损失扣除，不过也规定了高额的扣除起点，因此限制了该项扣除的重要性。在德国，意外损失有时可以归入"额外费用"的一般项下予以考虑。许多国家允许医疗支出的扣除，不过通常有限额或者扣除起点的规定。慈善捐赠的扣除，也很常见但不普遍，一般同样有扣除起点和限额的规定。

8.4.3　完善我国成本费用扣除机制的政策建议

我国个人所得税改革目标是逐步建立健全综合与分类相结合税制，纳入综合所得课税范围的应税收入应采取逐步扩大的策略。在费用扣除机制设计方面，既要借鉴国外先进经验，又要充分考虑中国国情和我国个人所得税制改革进程。建立合理的费用扣除标准，减轻低收入者的税负负担；同时采取有效的手段让高收入阶层的隐性收入显化。我国现在的个人所得税扣除标准既没有发挥收入分配的功能，也没有促进我国消费的发展。对低收入者的减负作用不明显，同时也没有很好的起到让高收入者多纳税的作用。我国个人所得税对高收入者的调节作用很有限，而其中一个主要原因在于高收入者的收入呈现一种隐性的状态，不体现在纳税的"所得"方面。所以我国政府既需要确定合理的扣除标准，帮助低收入者减负；又需要建立更加合理的税收征管信息平台，将高收入阶层的隐性收入显化，让高收入阶层承担更高的社会责任。纵观各国个人所得税成本费用扣除项目设计一般规律，税前扣除成本费用支出通常分为经营成本费用类扣除、弥补亏损、个人宽免额和非经营成本费用四类。我国个人所得税立法也不例外。

（1）经营成本费用类扣除

根据各国个人所得税立法原则，对经营成本费用类扣除，应在各类所得中直接进行扣除。比如生产经营所得对应的成本费用，应直接在经营性收入中进行扣除；转让财产对应的财产成本，应在财产转让收入中进行扣除。但与现行税法不同的是，对劳务报酬所得、租金及特许权使用费所得、股息所得和其他所得，应引入据实扣除原则。劳务报酬所得成本费用扣除办法可参照生产经营所得成本费用扣除办法。对租金及特许权使用费所得，收入对应的财产和特许权获取成本和期间管理费用，应从租金收入和特许权使用费中进行扣除。股息所得对应的借贷成本，合理部分应允许进行扣除。其他所得在取得过程中发生的成本费用支出，应允许扣除，如纳税人取得中奖所得，为取得奖金而花费的本金应允许税前扣除。但需要坚持的原则是，一项（次）成本费用支出只可在其对应的应税收入中进行扣除，不可在同类型的其他应收行为对应收入中扣除。比如一项知识产权获取成本只能在本项知识产权许可使用费中扣除，不可在其他知识产权许可使用费中扣减；劳务报酬所得成本只能在其对应的劳务报酬收入中扣减，不能在当月或当年其他劳务报酬收入中扣减。因此，更不存在跨越所得类别进行扣减的问题。

针对部分所得项目无法取得成本发票问题，可先行采取定率（定额）扣除与据实扣除相结合的方式进行，待条件成熟后，再全面实行据实扣除。而且随着综合与分类相结合税制的不断完善，对股息、租金及特许权使用费所得、劳务报酬所得、财产转让所得成本费用扣除办法，可由分事项扣除转变为分收入类别扣除，即同类所得成本费用可从本类型收入中统一扣除，但这需要较为完善的汇算清缴条件。在目前主要实行源泉扣缴的情况下，还不宜急于实行。

（2）亏损弥补

个人所得税是对纯所得进行征收，当纳税人存在亏损时，严格上应允许纳税人用其收入进行弥补。这也是实行综合税制国家的通常做法，尽管各国对不同所得项目间互相弥补做了很多限制。在我国建立健全综合与分类相结合制度过程中，应本着稳中求进的总基调，对财产转让所得、理财产品收入、股息所得、生产经营所得、农林牧渔业所得逐步引入亏损弥补机制。但在税制建设初期，弥补亏损的范围，应根据各类应税收入特点和实际征管情况，将其限定在同税目对应财产、同类财产、同项财产或同一代扣代缴义务人负责管理的财产范围之内。对生产经营所得和农林牧渔所得，应继续沿用现行个体户生产经营所得计税原则，即对企业亏损只能用本企业以后规定年度内实现的经营收益进行弥补，不可用纳税人同类所得进行弥补，除非企业终止经营后尚未弥补完且仍可以抵扣的亏损额。对分类所得，不同所得类型间应严格禁止相互弥补。对同属于综合所得收入项目，可借鉴日本现行做法，将综合所得分为经常性所得和非经常性所得，允许经常性所得间互相弥补，非经常性所得间互相弥补。

（3）非经营成本费用

对非经营成本费用扣除，原则上应在综合所得中进行扣除。在综合与分类税制模式下，尤其是在改革初期综合所得范围局限在工资薪金所得的情况下，非经营成本费用扣除还应局限在综合所得一类所得中。具体来讲，可继续沿用现行税法分别在工薪所得和生产经营所得中同时引入扣除机制的做法。但需要解决的问题是，对兼有综合所得、生产经营所得、农林牧渔业所得的纳税人，为公平税负，纳税人不可进行重复扣减，即纳税人可选择在某类所得中进行扣减或分时间段在不同类型所得中进行扣减，但纳税人同一时期内，只能选在某一类所得中扣减。

按照上述原则处理后，比较难以处理的是只取得劳务报酬纳税人的非经营成本费用（如"五险一金"）问题。在将劳务报酬所得并入综合所得或对劳务报酬所得实行全面的分类征收（即将现行按次征收调整为按年征收）前，此问题不宜先行解决。因此，在综合与分类相结合税制改革初期，可不予考虑，但在税法中需要明确非经营成本费用只在综合所得中进行扣除，以免如现行税法规定一样，引起纳税人的误解和分歧。

（4）免征额

随着我国经济不断发展，公民收入渠道不断增多，收入水平显著提高，用于维持生活所必需的费用也随之增加。但是我国幅员辽阔，各地区的发展水平差异显著，所以有必要考虑由地区不同所带来的物价水平不同、人均收入有差异、家庭人口状况等因素对个税的影响。每个家庭的情况都是不同的，每个家庭所承担的家庭负担也不相同，即使收入完全一样，但是由于不同的成员数量，导致的压力也不相同。在我国这个经济转型的特殊时期，无论是社会保险的改革还是住房的难题，都会对生活的必备费用产生不同的影响，因此在制定固定化费用的扣除标准时，一定要仔细的考量，既不能过多，导致产生更高的管理成本，加大征管的难度，也不能过少，否则容易产生税负的不公平。所以必须充分来考虑不同家庭的现实情况，在区域性等方面都要进行人性化的考量。可参照美国的成功经验，完善我国的免征额费用扣除制度，对免征额进行指数化的调整，同时加以细化。

a. 指数化调整免征额。个人所得税免征额"一刀切"的做法对于当前的按家庭计征税款的税制显然并不适用，随着我国经济的快速发展，每年有着不同的通货膨胀情况、物价水平在不同地区也存在明显的差异，这些因素会影响到纳税者的生活成本。近几年全球的通货膨胀率居高不下，对居民生活造成了很大的压力，然而纳税人特别是中低收入者依然缴纳着对于他们来说很高的纳税额，使得生活压力进一步加大。为了更好地照顾到低收入者的利益，可将综合课税部分的费用扣除额适当提高，同时可设定将费用扣除额按照消费者价格指数（CPI）进行调整的机制，根据上年的消费者价格指数，在每年初公告费用扣除额的调整幅度，以适应当前的经济形势，缓解由通货膨胀给居民带来的生活压力。将物价指数与个人收入牵制起来，形成联动机制，既根据每年商品的物价指数来调整个人所得税免征额，消除通货膨胀的影响，一有变化及时调整。这种做法不仅充分考虑了当前的消费水平、纳税者的社会经济负担，而且还发挥了税收的弹性调节作用。

b. 细化免征额。目前，我国的个人所得税是以个人为单位进行征收的，由于纳税人的健康状况、婚姻状况、家庭人口、赡养负担等家庭情况各不相同，却因为收入相同缴纳着相同的税款，显然与税收公平原则背道而驰。随着我国失业率的上升，社会保障制度的尚不完善，致使每个纳税人都有较大的压力，尤其是对于下岗的家庭或者一般的家庭，因此采取家庭为征税对象可以更好地符合我国的基本国情。在下岗家庭可以以有收入的一方视为家庭的全部收入，再去除实际人口需要承担的必备费用，这样会减少这个家庭的压力，实现社会公平。家庭作为经济活动的基本单位，是由夫妻关系和子女共同构成的，但是这里的子女是指还不具有经济收入能力，因此在计算税额的时候，是要剔除掉类似的教育、医疗等必需的基本生活费用的。只有满足了日常必备的生活需要，才能更好地实现税负公平的目标。在以家庭为单位课征所得税税制下，将纳税人的家庭人员数目、食物支出、衣物支出、日常居住情况、家庭成员身体状况、老人的赡养费用支出、子女的教育费用支出、日常基本生活费支出、医疗保险支出等等纳入到费用扣除标准，用以满足纳税者的基本生存发展的需求。此外，还需考虑非满足基本生存发展需要却纳入费用扣除标准的其他情况，如国家补贴、政府补助、国务院津贴等税收抵免项目。上述这些扣除项目不宜在我国个人所得税改革的初级阶段过多涉及，究其原因，主要是一些特殊扣除需要政府做大量细致的甄别工作，比如，老人赡养费用，需要明确每位老人的赡养费用在每个子女之间如何进行分配，老人如果有退休金该作何处理，如果有退休金之外的收入该如何处理等等；在子女教育支出方面，需要明确子女教育支出在父母之间如何分担，离异家庭的子女教育支出如何在父母之间如何分配等问题；对于医疗支出，则需要明确各项医疗支出的分类和金额等等。因此，在当前我国税收征管能力有限的情况下，若一次性将这些特殊扣除项目全部加入，会直接导致我国税务机关税收征管成本的提高。故本节认为可先将比较容易处理的捐赠支出、残疾人费用等加入特殊扣除项目中，待我国税收征管水平、信息获取和甄别、处理能力进一步提高之后，逐步纳入上述特殊扣除项目。无论如何，落脚点都是"以人为本"。长远看来，细化免征额，注重人权，体现人性化，保障民生，实现税收公平。

c. 按照地区不同设立不同免征额。据调查我国大部分人觉得个人所得税免征额提高到3500元还是太低，因为中国各大城市的平均生活水平都不一样。例如上海北京等国内一线大城市的人平均收入和国内的一些二线三线城市的免征额都是3500元，所以我认为应该适当调高个税的免征额或根据不同城市人均收入水平来征收个人所得税。比如说，在北京上海等一些国内一线城市上班的人群，虽然收入水平较高，但同时消费水平也更高，可以适当地提高个税免征额，如7500元；而像济南这样的二线三线城市也应该将免征额提高到4500元这样的水平。同时提高高收入人群的纳税额，这样既减轻了中低收入者的生活压力，又能减缓贫富差距的不断扩大。

8.5 居民纳税人与非居民纳税人判定标准

一般来讲，居民纳税人需要就境内外所得计算纳税，非居民纳税人仅就来源于境内或与境内有关的所得计算纳税。因此，居民纳税人与非居民纳税人的划分，是税制设计的另一个核心问题。

8.5.1　现行政策运行情况评价

（1）纳税人住所难以判定，不利于确定税收管辖权

个人所得税法规定，在中国境内有住所，或者无住所而在境内居住满一年的个人，需要就中国境内和境外取得的收入在中国纳税；在中国境内无住所又不居住或者无住所而在境内居住不满一年的个人，只需要就从中国境内取得的所得在中国纳税人。前者为居民纳税人，后者为非居民纳税人。

我国税法在居民纳税人和非居民纳税人判断上采用了住所加居住时间的双重标准，即在实际征管中判定纳税人是负有无限纳税义务还是有限纳税义务，首先需要判定纳税人在境内是否有住所，如果无住所的，则要根据纳税人是否在境内居住一年以上来判断纳税义务。在实际征管中，住所的判断难度要远远大于居住时间的判断难度，要准确判断纳税人是否为居民纳税人关键在于判断纳税人在境内是否有住所，我国税法关于住所的判定标准非常难以执行。税法规定住所是指，"因户籍、家庭、经济利益关系而在中国境内习惯性居住。"该标准采取习惯性居住来判定纳税人住所，没有采取民法上"永久居住"的标准。按照此标准，对于习惯性居住地不在中国境内中国人，如华侨，虽然仍具有中国国籍，但因长期居住在国外，可以判定为在中国境内无住所；对于习惯性居住在境内的外籍人，可以判定为在中国境内有住所。由此可能带来两个方面的问题。一是税法中住所判定标准同实际执行中的标准不统一。执行过程中，税务部门很难根据纳税人家庭、经济利益判定纳税人是否在境内有住所，通常只根据纳税人户籍进行判断，即具有中国国籍的，判定为境内有住所；不具有中国国籍的，判定为境内无住所。因此在实际征管中无法严格按照税法中关于

住所的标准进行判定，从而造成税收政策标准同执行标准的不一致。而且这种不一致不是税务人员业务水平造成的，而是税收政策模糊规定造成的。如果继续采用住所标准，容易造成税收利益的丧失。二是过多拥有中国国籍的纳税人成为非居民纳税人，影响税收管辖权。随着国际人力资本流动性的增强，中国籍纳税人取得国外永久居住权，获得华侨身份越来越容易，如果仅仅依靠其国外永久居住权就判定其家庭和经济利益在国外，从而判定其在境内无住所，很容易造成税收利益的丧失。

（2）居住时间标准与国际通行做法不一致

对居民纳税人和非居民纳税人的居住时间判定标准，现行《个人所得税法》采用的是365天标准，即在中国境内无住所而在一个纳税年度内在中国境内居住满365天的个人为居民纳税人。目前国际上大多数国家均适用183天的标准，只有少数国家适用365天的标准。在全球经济一体化和我国加入世贸组织的背景下，我国经济上实行了更加开放的政策，但是居住时间判定标准却与国际通行做法不一致，使得一些本应在我国境内居住满183天的个人就成为居民纳税人的个人，却要延迟至365天才能成为居民纳税人，从而导致国家丢失了部分税收权益。

（3）采用多重课税主体标准造成税收政策混乱

在确定涉外人员税收政策时，不同个人所得税条文中使用了三个不同的纳税人判定标准，即非居民纳税人、无住所纳税人和外籍人。如表8-1所示，在判定全部纳税义务和部分纳税义务时，使用了非居民纳税人的概念；在确定工资薪金所得附加费用扣除时，使用了无住所纳税人的概念；在确定特殊免税津贴、补贴时，使用了外籍人的概念。准确判定非居民纳税人、无住所纳税人和外籍人的范围是正确适用税收政策的前提。因为三类纳税人存在一定的交叉，在实际执行中很难进行准确判定，从而造成税收政策的误用。

表8-1　无住所纳税人主要税收政策汇总

序号	政策类型	适用范围
1	全部纳税义务和部分纳税义务	在中国境内有住所，或者无住所而在境内居住满一年的个人，从中国境内和境外取得的所得，应依照税法规定缴纳个人所得税。 在中国境内无住所又不居住，或者无住所而在境内居住不满一年的个人，从中国境内取得的所得，应依照税法缴纳个人所得税。
2	1300元附加费费用扣除适用	个人所得税法规定，在中国境内无住所而在中国境内取得工资、薪金所得的纳税义务人和中国境内有住所而在中国境外取得工资、薪金所得的纳税义务人。 个人所得税法实施条例规定，附加费用扣除适用于在中国境内的外商投资企业和外国企业中工作的外籍人员；应聘在中国境内的企业、单位、社会团体、国家机关中工作的外籍专家；华侨和香港、澳门、台湾同胞；在中国境内有住所而在中国境外任职或受雇取得工资、薪金所得个人；财政部确定的其他人员。

8.5.2　纳税义务判定标准国际比较

（1）居民纳税人和非居民纳税人判定标准的国际借鉴

个人所得税纳税义务人是指税法规定的直接负有纳税义务的自然人。纳税人及纳税义务的确定取决于国家税管辖权的规定。一个国家，税收管辖权的原则不同，其个人所得税纳税义务人的确定内容也是不同的。个人所得税税收管辖权分为属人管辖权、属地管辖权及同时实行属地管辖权和属人管辖权三种。因此，个人所得税纳税人的确定也分为以公民为标准、以地域为标准和以居民为标准三种类型。个人所得税纳税人界定标准不同，其应税所得界定、费用扣除、税收抵免以及税收优惠等政策也有所不同。相同纳税人界定标准是政策比较的前提。

我国个人所得税法实行的是居民纳税人标准，即同时使用住所和居住时间两个标准来区分居民纳税人和非居民纳税人。居民纳税人需要就全球收入在中国纳税；非居民纳税人仅就来源于国内的收入在中国纳税。

目前国际上采用居民纳税人标准的国家主要有美国、法国、德国、韩国、荷兰、瑞典、挪威、波兰、澳大利亚、印度、泰国、新加坡、墨西哥和哥伦比亚等。采用居民纳税人标准的国家在确定居民纳税人时又分四种类型，即公民、住所加居住时间型、公民加居住时间型、住所加居住时间型及完全居住时间型。

a. 公民、住所加居住时间型。采用这种居民判定标准的国家主要有美国、墨西哥和哥伦比亚等。美国税法将纳税人区分为公民、居民和非居民，其中公民和居民就其来源全球的所得纳税，非居民仅就其来源于美国境内的所得纳税。美国公民是居民纳税人。对于外国人的居民身份判定需要根据具体条件判定。一是持移民护照或"绿卡"的外国人。持移民护照或"绿卡"的外国人拥有永久居住权，属于居民纳税人。如果纳税人刚获得"绿卡"不足一年，但在该年的某一期间曾在美国居住，那么从下一年度的1月1日起，他即被视为居民纳税人，并且是永久居民，不论其以后是否在美国居住。二是持非移民护照的外国人。确定持非移民护照的外国人是否具备居民身份，主要是看其是否符合实质性出场标准，一般是以居住天数进行判断，即持有非移民签证的外国人在本年及过去两年内在美国的居住时间，大于183天（包括183天），那么他在本年度内被视为美国居民。其中，本年在美国境内居住至少达到31天。具体计算公式为：本年居住天数+上年居住天数×1/3+前第二年居住天数×1/6。三是与美国签署税收协定国家的外国人。与美国签署税收协定国家的外国人，要按照协定的有关规定内容判定其居民身份。墨西哥税法规定居民纳税人负有无限纳税义务，非居民纳税人负有有限纳税义务。居民纳税人包括三类纳税人：一是公民，二是在墨西哥有住所的个人，三是在墨西哥无住所但在一个公历年度内在墨西哥停留183天的个人和在墨西哥有住所但在一个公历年度内在境外停留183天，且成为对方国家居民的纳税个人。哥伦比亚居民纳税人负有无限纳税义务，对全球的个人所得课税；非居民纳税人负有有限纳税义务，仅就来源于国内的所得课税。非居民纳税人主要为外国人。居民纳税人包括三类，一是哥伦比亚公民，二是一个年度中在哥伦比亚连续居住满6

个月（或期间离开不超过2个月者），三是在哥伦比亚居住满5年的称谓永久居民的外国人。

b. 公民加居住时间型。采用这种居民判定标准的国家主要有挪威和瑞典。挪威居民纳税人负有无限纳税义务，来源于境内外的普通所得（雇佣和资本所得）和个人所得（经营净所得、来源于雇佣的总所得和退休金）均要纳税。非居民纳税人仅就来源于挪威的所得课税。居民纳税人包括两类，一是挪威公民，二是在挪威居住6个月以上的个人。瑞典居民纳税人负有无限纳税义务，对全球的个人所得（勤劳所得、资本所得和营业所得）课税；非居民纳税人负有有限纳税义务，仅就来源于瑞典的所得课税。同挪威相类似，瑞典居民纳税人包括两类，一是瑞典公民，二是在瑞典居住6个月以上的个人。

c. 住所加居住时间型。采用这种居民判定标准的国家主要是属于大陆法系的德国和法国。德国居民纳税人负有无限纳税义务，非居民纳税人仅就来源于德国的所得纳税。德国居民纳税人包括三类纳税人，一是在德国拥有永久性住所的纳税人，二是一个日历年度在德国实际居住连续6个月以上的纳税人，三是在一个财政年度内至少90%的所得或超过1.2万马克的所得是在德国取得的，经申请成为德国居民纳税人。法国居民纳税人负有无限纳税义务，非居民纳税人仅就来源于德国的所得纳税。要成为法国居民纳税人必须满足四个条件，一是在法国拥有永久性居住房，二是一个财政年度内在法国居住时间超过183天，三是主要在法国从事专业性活动，四是主要经济利益来源于法国。只有同时满足上述四个条件，纳税人才可以成为居民纳税人。

d. 完全居住时间型。采用这种居民判定标准的国家主要有泰国、新加坡和波兰。泰国同新加坡一样，规定在境内居住超过183天的个人即成为居民纳税人，负有就全球收入在境内纳税的义务。非居民纳税人负有有限纳税义务，仅就来源于境内的所得在境内纳税。波兰税法规定，在一个日历年度内在波兰居住183天以上的个人为居民纳税人，负有全球纳税义务。在一个日历年度内在波兰居住184天以下的个人为非居民纳税人，同时规定外籍人员无论居住时间长短均视为非居民纳税人，仅就来源于境内的所得纳税。

（2）非居民纳税人纳税义务的国际比较

非居民纳税人纳税义务通常包括两个方面的内容。一是非居民纳税人仅就来源于境内的所得纳税，其他所得不在境内纳税；二是非居民纳税人不同于居民纳税人的额外费用扣除，譬如中国对无住所纳税人境内工薪所得给予附加费用扣除及对外籍人探亲费、子女教育经费等特殊费用采取实报实销政策优惠。

从国际经验来看，其他国家主要是在坚持无住所纳税人负有有限纳税义务的原则下，通过合理界定应税所得确定非居民纳税人纳税义务，很少通过额外费用扣除方式给予境内无住所纳税人特殊税收优惠。对相同性质的收入，居民纳税人和非居民纳税人适用相同的费用扣除标准和税收优惠（主要指免税政策，包括标准性减免和非标准性减免）。这些国家之所以没有给予非居民纳税人费用扣除和税收优惠，其原因主要源自两个方面。一是他们对非居民纳税人给予"国民待遇"而不是"超国民待遇"，对居民纳税人和非居民纳税人一视同仁。二是一般实行综合或者混合税制模式，在设计费用扣除和税收优惠政策时，对费用扣除和税收减免已经给予综合考虑，不需专门针对无住所纳税人给予特殊税收优惠。

8.5.3　完善我国纳税义务判定标准

针对外籍人员个人所得税征管中面临的问题，我国应借鉴国际经验，进一步完善相关政策。

（1）完善居民纳税人判定标准

根据税法规定，在境内有住所或者在境内无住所，但居住一年以上的个人为居民纳税人；在境内无住所又不居住或者居住一年以下的个人为非居民纳税人。在居民纳税人判定中使用了住所的概念。根据税收相关法律规定，住所是指因户籍、家庭、经济利益在中国习惯性居住。住所是从民法引进过来的一个概念，从我国居民纳税人判定标准同德、法居民纳税人判定标准的相似性就能看出这一点。我国民法受德、法等大陆法系国家影响比较大，民法在判定居民时采用了住所加居住时间的标准，因此税收也采用了大陆法系所采用的住所加居住时间的判定条件。实践证明，住所判定标准在执行中遇到问题越来越突出。一是本国侨民因长期居住国外而在国内丧失住所，将其判定为非居民纳税人；二是对长期居住国内的外籍人员，虽然按照住所标准能够判定为在境内有住所，但在实际执行中很少被判定为居民纳税人。鉴于这种情况，应该借鉴美国居民纳税人判定标准，实行公民、永久居住权和居住时间标准来确定居民纳税人。凡是具有本国国籍的公民无论居住在任何地方、居住时间长短，都始终是中国居民纳税人；拥有永久居住权的外籍人或者虽然外籍人不拥有永久居住权但在中国境内连续居住一定时限以上的，也是中国居民纳税人。实行公民、永久居住权和居住时间标准，既方便居民纳税人和非居民纳税人的判定，也有利于行使国家税收管辖权。

（2）改365天标准为183天标准

现行税法规定，在中国境内没有永久住所但在一个纳税年度内在中国境内连续一年以上的，可以判定为居民纳税人。目前大多数国家均以183天为基准确定税法意义上的居民和非居民。我国对外签订的国际税收协定绝大多数也是按183天来划分纳税人的无限纳税义务与有限纳税义务。因此，建议取消1年规则，使国内法与国际税收协定以及大多数国家的做法相一致。

（3）综合往年居住期间考虑次年纳税义务

为防止纳税人利用居住天数逃避境内纳税义务，在判定居民纳税人时，除考虑当年是否居住满183天外，还应考虑过去2年或3年居住情况。如美国税法规定，一个纳税年度内，外籍人在美国实际居住虽然不超过183天，但超过31天，且包括当年在内的三年内在美国实际居住超过183天的（当年实际居住天数加上上一年度实际居住天数的1/3和前一年度实际居住天数的1/6），纳税人不能证明其纳税年度内在其他国家有一个税收居住地

（tax home）且与这个国家的联系远比美国更为密切，也属于居民纳税人。在我国税改中应借鉴这一做法。

8.6　清理税收优惠项目，拓宽税基

我国现行的个人所得税制度中规定了31项免税项目和3项减税项目，较多的税收优惠项目削减了税基，增加了税制的复杂性，为高收入者钻税法空子逃避纳税提供了条件，违背了个人所得税的收入原则和公平原则。基于此，我国可借鉴俄罗斯单一税改革的做法，对现行的税收优惠项目进行必要的调整，对针对高收入群体的税收优惠项目进行一定的缩减甚至清除，而对保障居民基本生活需要的税收优惠应该保留，更好地实现个人所得税调节收入分配的职能。同时，在确定个人所得税的税基时，要充分考虑纳税人的所有收入，包括货币形式、实物形式和物质优惠形式的收入。

8.7　建立健全科学的税收征管体系

税收征管水平成为制约国家税制改革的非常重要的因素。个人所得税占各项税收收入份额的日益扩大及其随之而来的税收流失问题，已成为多方关注并迫切需要研究解决的重点问题。而征收管理是我国个人所得税在实际操作中遇到的最大难题，征管改革愈来愈显得紧迫而重要。一个良好的税制的运行及其目标追求，需要有健全的征管体制和高效的税收管理来保证和实现，再好的税收制度，如果没有完备的税收管理手段作支撑，也只能是纸上谈兵。我国个人所得税征管方面的漏洞是个人所得税规模始终偏小的一个重要的原因，现行税收征管体系对很多应纳税收入的监管处于真空地带，使纳税人逃避了纳税的义务，造成了社会不公平。通过第6章有关我国地下经济规模的测算分析，可看出当前我国国内税收流失严重，

地下经济大规模存在，尤其是不实行源泉扣缴方式的个体工商户生产、经营所得，税收征收率较低。我国的税收监管部门要对税收征收管理方式进行切实可行的改革，加大执法投入力度，强化纳税人的执法地位、简化税收征管方式，完善税收征管制度，同时加大税收立法，提高公民的纳税人意识。我国个人所得税的征管改革主要应从内部改革和外部改革两个方面入手，以达到标本兼治的目的。因此，应努为提高我国税收征管的水平，确保个人所得税及时足额上缴国库。本节认为我国税收征管水平的提高工作应按短期和长期分步实施，故短期内可在税制不变的前提下，采取以下措施.

（1）优化我国现行税务管理组织设置

税务机构是税收征管的组织保证。优化现行税务管理组织设置，一是资源整合，力量重组。对一部分税务机构先按经济区域设置，如跨区域设置办税服务厅以更好地为集中征税服务，跨区域设置信息中心使资源在更广的范围内实现共享，而且国地税还可以考虑联合跨区域设置，以更好地体现资源整合的效率，同时，对一些边远地区、税源较少的地区的税务分局、需要进一步加大撤并收缩力度，这既适应按经济区域设置机构的需要，又能有效地降低征税成本。二是围绕纳税人的需求设置并整合税务机构内部。另外，其他一些国家虽然没有按纳税人类别来设置税务机构，但也相应设置了一些为纳税人服务的部门，如加拿大的诉讼事务司、日本的国税申诉审判所、韩国的纳税人服务处等，这些都反映了为纳税人服务越来越受到各国税务机构的重视。同时，为纳税人服务是现代税务管理的核心要求，顺应这一核心要求，我国要建立以纳税人为中心的新型税收征纳关系，税务行政要从原先的统治行政、管理行政逐步向服务行政发展，我国有必要根据纳税人需求设置税务机构。

（2）充实征管力量，完善征管手段

a. 建立税务机关内部管理制度。税务机关应结合自身实际，一是加强机关效能建设和内部建设，明确各内部征管机构的职能和责任，理顺征管各环节，优化征管流程；二是明确征管各个岗位职责，建立岗责体系、考评奖惩体系、能级管理办法、竞争上岗办法、廉洁自律办法等，积极实行激励与约束相结合的干部人事制度。

b. 提高税务干部综合素质。在当前的背景下，仍有部分税务工作人员的素质不达标，在征税的过程中，也存在着一些诸如办事不公、执法不严的情况，因此提高税收征管人员的综合素质势在必行，只有这样，才能实现税收工作的公平性，保证税收工作的正常开展，最终实现维持社会的长治久安。提高税务干部素质，一是大量引进专业人才，提高进入税务机关的专业要求，注重引进具有税收专业知识、法制知识、计算机操作知识、统计分析能力的高素质人才；二是进一步提高内部税务人员的综合素质。包括业务素质和政治素质；三是在学校引进税务知识方面的教育，有针对性地培养未来专业人才。

c. 加强个人所得税税源的源泉管理。一是税务机关应该严格税务登记管理制度，认真开展漏征漏管户的清理工作，摸清底数；二是加强高收入者的重点管理。税务机关应将下列人员纳入重点纳税人范围：金融、保险、证券、电力、电信、石油、石化、烟草等高收入行业，民营经济投资者影视明星、歌星、体育明星、模特等高收入个人，临时来华演出人员。对重点纳税人建立专门档案，实施重点管理、跟踪监控，以最大限度堵塞征管漏洞；三是充分利用与各部门配合的协作制度，从公安、工商、银行、文化、体育、房管、劳动、外汇管理等社会公共部门获取税源信息。

d. 逐步以自行申报纳税为主或完全自行申报的纳税制度替代以源泉扣除为主的个税制度。目前各国在所得税征管方式上主要采用源泉课征法和申报纳税法。由于这两征收办法在实际运用中各有利弊，故在大多数情况下均结合起来使用，以互补不足。我国个人所得税法采取源泉扣缴为主，自行申报为辅的征收方式，在目前是符合我国国情的，因为我国公民的纳税意识还比较薄弱，自行申报纳税的观念尚未普遍形成，实行以代扣代缴为主的税款征收方式比较切合实际。但根据国际惯例，从培养公民自觉履行纳税义务的角度看，要改以源泉扣税为主的纳税制度为自行申报纳税或完全自行申报的纳税制度。

e. 加强对高收入纳税人的监控。逐步建立年收入在12万元以上的纳税人档案，在该档案中详细记录纳税人个人的基本信息、收入信息、申报纳税信息等，以此来加强对高收入纳税人的监控和管理。而在长期阶段，在前期税制改革的基础上，进一步优化税收征管体系。由于在长期阶段，我国的个人所得税制度引入了特殊费用扣除，这就需要税务机关能够掌握更多较为精确的纳税人信息，并且能够对这些信息进行有效的甄别、分析和处理。故税务机关需要与更多政府部口建立信息共享渠道，并且提高自身的信息处理能力。

（3）建立税务信息系统，实现税务金融网络化

a. 建立税务信息系统，实现税务金融网络化。将信息化融入税收征管之中，也是时代的所需，科技发展的必然要求。而且采取这样的方式，可以告别地域性的限制，在网络联通的情况下，可以实现现代化的征税方式，实现税收资源的优势共享，动态的实时更新数据，将网络的便捷功能发挥到极致，使我国的征管税收工作，朝着专业化、科学化的方向进步，并且可以通过互联网完成一系列的税收工作。个税课征税款的工程复杂繁琐，这就要求我们顺应网络化的社会潮流，利用科技手段和现代化网络技术来简化操作程序。推进信息化建设，将银行卡、税务信息、身份证等联通网络，进行一体化绑定。

b. 应用一体化信息管理系统，可大大缩短征税监管操作的时间，提高税收管理效率。要着力信息化，提高征管水平，建立具有开放性、监控性、高效性、标准性的个人所得税征收体系。对个人收入及纳税情况通过高科技手段及时地进行跟踪监视，构建公民收入监督共享机制使跨行业、跨地区，有效地监督公民收入所得，使纳税公民据实申报，严厉打击偷逃税行为。

c. 建立代缴代扣信息系统与个人收入申报记录，纳税人与扣缴义务人同时向税务机关申报制度。想要了解纳税人的税款是否准确，纳税行为是否合法，就需要将信息系统进行完善，通过系统里的数据比对，才能发现是否有漏税等行为的产生，是否准确的完成了纳税任务，保证了我国税收

收入的稳定，并且能够方便税务机关的核实。加强对个人收入的全部管理、对高收入者的重点管理、对税源的源泉管理，加快个人所得税信息化建设，提高税收监管效率。

d. 建立交叉的稽核系统。把代扣代缴信息系统的数据作为基础，建立起交叉稽核信息系统，通过信息对比来进行数据分析，既可以稽查纳税人的纳税信息，又可以及时发现纳税人和代扣代缴人是否存在违法行为。建立纳税者征信档案，及时记录纳税者的信用状况。对于信用不良甚至违反法律法规的行为人，将其录入纳税不诚信档案，使其信息能够被其他机构准确获得，使其在很多方面受到限制，从而在全社会形成一个依法纳税的良好氛围。随着社会的发展，个人征信的重要性越来越大，因此建立了征税信用系统，就可以让每个纳税人的信用状态记录在系统内部，并且可以将偷税、漏税等行为一目了然，纳税机关可以依据这个数据进行惩处，银行也可以以此拒绝他们的贷款申请，促进诚信社会的构建，使得纳税工作更加有条不紊的开展，并且让偷税、漏税的行为得到有效的遏制。

（4）建立国地税之间、税务机关与其他部门之间的信息共享机制，优化涉税信息的采集工作

a. 加强税务信息网络建设，建立不受行政区划限制的大型信息、数据处理中心，以此为依托将全国各地的纳税申报中心联为一体，形成覆盖全国、各行各业联通的计算机网络系统，实现对税源信息、数据的充分占有、共享与动态处理，完成对纳税人在不同地区、不同时间提供的个人所得税申报表的筛选、判断、汇总、审计和资料统计，可以准确获取、及时处理自行申报纳税人的涉税信息，更好地为综合与分类相结合的课征模式服务。

b. 税务机关要和公安、审计、工商、银行、海关、司法、房地产、证券部门以及新闻媒体等单位建立协税护税网络，建立纳税举报网络，促成社会协税护税机制。通过密切税务部门与其他相关部门的有效沟通，可以实现资源共享，从而更好地完成税收工作，保护纳税人和纳税机关的利益。对于税收机关的征管效率，还有社会上人力、物力、财力等资源的节

约，都有着很好的帮助作用，而且能够让相关部门有效的汲取群众意见。对于纳税人来说，也可以更加自觉的按时纳税，减少偷税漏税的行为，使得社会朝着更加和谐美满的方向发展。因此，必须大力支持加快税收联网的信息系统的建立和完善。个人所得税纳税客体较为分散，单靠税务机关的力量远远不够，必须加强部门间的信息资源共享、支持协作，靠各个方面提供税源信息，以法律形式明确有关单位和负责人的责任，如财产转让所得，转让人在办理房产证过户时，国土资源管理部门必须要求过户人提供相关税务完税证明；企事业单位在承包承租时，要求承包承租单位负责人必须报送承包承租的有关协议或合同到工商部门和税务机关备案；审计部门在对企事业单位进行审计时发现的涉税问题，及时将有关信息提供给税务机关。只有不断建立健全全方位、立体式的协税网络，才能保证国家税款的全额及时上缴。

（5）加强执法力度，严厉惩处偷逃税行为

a. 加大对偷税漏税的纳税人的刑法惩罚力度。建议在《征管法》中对税收征管中可能出现违法情况进行详细的列举，提高对偷逃税犯罪的法定量刑幅度，以加大纳税人偷逃税的成本，从而提高纳税人自觉守法程度。有实验表明，在税收检查率为0.3时，如果惩罚率由0.1提高到0.5，平均遵从成本从0.226提高至0.538；当惩罚率进一步提高到2.5时，平均遵从成本则达到0.802。可见，加大惩罚力度可以显著影响纳税人的守法决策。

b. 严肃法律尊严，通告偷逃税案件。对于偷逃税行为，除按照新《征管法》规定的承担法律责任外，还应在全社会进行通告，认真贯彻"有案必查、查办结果公开"的原则，实现有法必依，执法必严。

c. 法律应赋予税务机关相应的权力，税务机关应具有必要的侦查权、搜查权、获取支付收入有关的信息权、要求其他部门协助配合权、相应单独实施强制执行权等，可以建立单独的税收司法保障体系，赋予税务机关足够高的执法权力。有权要求有关部门提供纳税人的存款和其他财产情况，必要时还可以要求有关部门及人员配合，协助提供相应纳税人偷逃税款的证据或阻止其出境并有权冻结纳税人的账户，封存、拍卖纳税人的财产。加强与公检法等执法部门的联系与合作，严厉打击惩处偷逃税的行为，体现执法的刚性。

d. 确保税务行政执法不受行政干预和其他阻碍，税务行政执法应保持的独立性，如税务机关可以采取国家税务总局垂直管理的方式，包括人事权、财政权、管理权、执法权等都统一隶属于国家税务总局，或者采取税务局长任期制，避免有关部门和个人的滥用职权、人情买卖和行政干预。

（6）加大个人所得税法宣传的力度，提高公民自觉纳税意识

a. 税收使国家行使权利和履行职能的需要得到满足，而同时为纳税人带来了很多益处：例如纳税人生存环境变得安全、安稳，交通条件更加便利，教育费用变得更加廉价等等。但是，一直以来我国纳税人对纳税的了解是并不全面的，大部分人只看到了纳税是自己应尽的义务，但忽视了纳税行为为纳税人带来的在很大的程度上是权利。应加大个人所得税法宣传的力度，提高公民自觉纳税意识。

b. 个人所得税的纳税对象非常的广泛，因此针对不同的纳税主体，要采取不同的方法，有目的地开展各种形式的宣传活动。美国联邦税务局每年要向纳税人免费提供100多种税收法规信息，并备有涉税的录像带，供人们购买，税务部门经常举办不同类型的纳税人培训班；日本在主要的税务署专门设有负责税收业务宣传的税务官员，各个国税局都设有税务咨询机构。税务宣传特别注重利用电视、广播、报纸等各种媒介，国税厅统制作了面向从小学生到成人和各类纳税人的税收宣传录像节目。咨询的形式包括电话自动应答咨询、人工电话应答咨询、传真服务、网页查询服务、税务咨询室服务，且所有的咨询服务都是免费的。

c. 广泛的税务宣传和周到的税务咨询服务，增强了纳税对税法知识的了解，也体现了对纳税人的尊重，减少了纳税人对税法的抵触心理，对减少税收流失具有积极作用。我国应该利用一切渠道，开展形式多样、行之有效的税法宣传、辅导和培训。在整个社会，从小学开始，在学生中开设相关的课程、讲座，从小培养公民纳税意识；在各学校、各居民社区开展各种形式的宣教活动；通过各种媒体、网络扩大纳税宣传，在社会中树立

起纳税典范，给予积极纳税的公民精神奖励；在纳税人相对集中的地区、部门和行业不定期进行税法知识培训、考试，以获取作为一定社会信誉认可的专门依据；充分发挥新闻舆论的正确导向作用，对依法纳税的单位和个人的先进事迹给予宣传、表扬和奖励；对偷逃抗税等违法行为要进行曝光和严厉打击等等形成一种强大的舆论宣传攻势，不断提高纳税人的纳税意识，充分调动公民自觉纳税的积极性，使每个公民懂法、知法、守法、护法，增强公民自依法纳税的意识和主动性。

（7）优化征纳关系，提高纳税服务质量

a. 税务机关依法享有税收管理权，同时也负有为纳税人提供税收优质服务的义务。新《征管法》规定，纳税人享有纳税方便、获得信息权、隐私权、保密权、申请减免、举报偷漏税、司法救济、控告和检举的权力。

b. 税务机关必须强化服务意识。以提高优质服务为前提，为纳税人创造便利纳税条件，在提高工作质量和工作效率、改善工作作风、提高纳税人满意度等各个方体现对纳税人权利的尊重与保护。可以通过文明礼仪、美化办税环境、公开办税制度、开展纳税信用等级评定、税收宣传、税务事项公告、办税辅导、税收援助、税务咨询、税务法律救济、提高办税效率等措施来提高纳税服务质量，整个社会也应朝着实践这些权力的方向努力。纳税人只有真正有了主体权力意识，才会产生更强的依法纳税意识和更高的纳税自觉性。

c. 纳税人对自己所缴纳的税收收入的使用拥有知情权和监督权。例如，加拿大在1993年《税收指南》中对联邦政府征收个人所得税1加元钱是这样说明的：26分用支付老年金、失业金；24分用以支付财政债务；17分用于联邦政府转移到省政府；13分用于联邦政府日常活动；7分用于国防；8分用于社会活动；2分用于对外援助；3分用于其他方面。我国应借鉴这种做法，提高税收支出的透明度，实行定期公开制度，使税收支出在广大纳税人的监督之下，让纳税人真正感受到其所纳税款用到了实处，还要加强政府部门的廉政建设，提高公共产品和公共服务的质量，提高财政资金的使用效率。使纳税人在行使自己权力的过程中体会出税收对自己的好处，消除其逆反心理，增加其对纳税的认同度，因而愿意自觉缴纳税款。

（8）建立全国统一的个人纳税编码制度

纳税编码制度，即个人的纳税身份证制度。在美国等西方国家，规定对年满十四周岁的公民都要建立一个纳税编码，可与个人身份证号码一致，并输入计算机全国联网统一管理。每个公民的纳税编码独一无二、终身不变。个人收入支出等相关活动都必须使用其纳税编码，而且在国外，大多数款项一般都不用现金结算，都是用支票或信用卡通过银行转账，税务局通过纳税编码及时掌握个人的经济往来状况，使个人收入变得透明化，这样就可以有效避免偷逃税。根据世界各国的成功经验，建立纳税人编码，并在涉税事务中强制使用，是税收征管规范化和监控税源的有效手段。随着第二代身份证在全国的正式换发，它是非接触智能身份证，它集中了目前国内最新的防伪技术，主要有机读和视读组成，在经济可行性、技术可行性、操作可行性上符合居民身份证号码与纳税编码固定终身化制度要求，具有信息载体的优势，可以将居民身份证号码作为个人所得税纳税人的终身纳税编码。个人从事各种活动的收入，如出售不动产获得的收益、继承遗产的收益、银行利息收入、工资薪金收入、社会保险收入、福利收入等和个人所有的支出信息，均在此纳税编码下进行。结合个人财产登记制，规定个人在存取款、进行债券、股票交易、办理税务登记、申报纳税时均需登记个人的纳税编码，这些信息最终将从各个部门和银行、邮局、企业等处汇集到税务机关，税务机关通过计算机网络进行集中处理，方便准确地掌握纳税人的各项收入情况，从而更有效地进行个人所得税的征收管理和其他税种的征收管理工作。尽管这是一项庞大的系统工程，但它的付诸实施，对建立良好的经济秩序具有重大意义。

（9）推广税务代理制度

税务代理人，是指"受纳税人、扣缴义务人的委托在法律规定的代理范围内，代为办理税务事宜的单位或者个人"，税务代理是纳税者与税收部门的桥梁和纽带。推广税务代理制度可提高税收效率，由于纳税环节繁琐、税款计算复杂，征收要求多变，所以纳税人本人难以做到准确缴税，而税务代理可以减少纳税错误，避免产生经济损失；推广税务代理制度可减少偷税逃税等违法行为，避免造成经济行为的扭曲。税务代理人需要过问并了解纳税者的纳税背景以及相关事宜，对纳税人实施相关纳税指导和指引其进行税收自查工作，以达到使纳税人正确缴税的目的，帮助纳税人免受无谓的处罚，造成相应的经济损失。同时，代理纳税时刻监督纳税人的纳税行为，如果出现纳税差错，及时提醒纠正，避免偷税漏税等不法或者不道德行为的发生，减少国家的税收流失。

合理划分综合所得与分类所得的范围，加强二者间的协调问题，包括税率结构调整、课税单位选择、成本费用扣除、无住所纳税人课税义务的界定以及完善征管体系等，是确保税制改革顺利进行的关键。综合所得税目与分类所得税目的划分不仅与一国宏观经济社会政策目标、税制结构安排和现行个人所得税政策紧密相连，而且还与一国征管水平和纳税人税法遵从习惯紧密相连。在我国个人所得税制改革中，综合所得与分类所得的划分，应采取分步实施的方法，即"十三五"期间，对工薪所得实行按年征收，其他项目仍保持分类征收；"十四五"期间，将递延养老保险收入、其他收入并入综合所得，积极创造分类所得并入综合所得的条件；作为个人所得税改革长期目标，借鉴北欧国家"二元课税模式"立法经验，应加强对劳动所得与资本性收入的区分，分别按照综合所得与分类所得计算纳税。在分步推进综合与分类相结合税制过程中，为防止通过转移收入进行税收筹划，也为了公平税负，应注重加强不同所得项目之间的税率协调，即对劳动性收入适用相同的累进税率、对分类所得适用相同的比例税率以及注重累进税率与比例税率间的协调。个人所得税课税单位有以个人为单位、以家庭为单位以及允许纳税人进行选择三种方式，各有优缺点。从美国、英国课税模式选择来看，也不是一成不变的。但OECD国家纳税单元最新变动趋势却呈现出三个明显特征：部分国家由以家庭为单位转向以个人为单位、部分实行联合申报的国家引入"所得分割"制度以及部分实行以个人为课税单位的国家开始考虑纳税人家庭负担。借鉴OECD国家立法经验，结合我国实践，可以考虑以家庭为课税单位。一国成本费用扣除项目的设置及不同所得项目间成本费用支出的协调，与本国个人所得税税制安排紧密相连。实行综合税制的国家习惯于将成本费用统一进行扣除，实行分类税制的国家通常用同类收入抵扣同类成本费用，实行混合税制的国家则兼具二者特征。美、英、日三个国家个人所得税费用扣除制度设计主要体现出三个方面的特点，即与取得收入直接相关的经营成本费用可在本类收入中直接扣除；综合所得亏损可互相弥补，分类所得亏损一般不可互相弥补；宽免额和非经营成本费用在综合所得中进行扣除。纵观各国个人所得税成本费用扣除项目设计一般规律，税前扣除成本费用支出通常分为经营成本费用类扣除、经营亏损扣除、个人宽免额和非经营成本费用四类。我国个人所得税立法也不例外，对经营成本费用类扣除，应直接在各类所得中进行扣除；对各类所得亏损额，应逐步引入弥补机制，但应本着稳中求进的总基调，在税制建设初期，弥补亏损范围应根据各类应税收入特点和实际征管情况，将其限定在同税目对应财产、同类财产、同项财产或同一代扣代缴义务人负责管理的财产范围之内。居民纳税人与非居民纳税人的划分，是税制设计的另一个核心要求。我国现行规定存在的问题，迫切要求进一步完善居民纳税人判定标准，即实行公民、永久居住权和居住时间标准来确定居民纳税人，改365天标准为183天标准，综合往年居住期间考虑次年纳税义务。税收征管水平成为制约国家税制改革的非常重要的因素。个人所得税占各项税收收入份额的日益扩大及其随之而来的税收流失问题，已成为多方关注并迫切需要研究解决的重点问题。提高税收征管水平，需要优化我国现行税务管理组织设置，需要充实征管力量，完善征管手段，需要建立税务信息系统，实现税务金融网络化，需要建立国地税之间、税务机关与其他部门之间的信息共享机制，优化涉税信息的采集工作，需要加强执法力度，严厉惩处偷逃税行为，需要加大个人所得税法宣传的力度，提高公民自觉纳税意识，需要建立全国统一的个人纳税编码制度，需要推广税务代理制度。

结　语

个人所得税从诞生到发展变革保留至今，经受了长时间的考验，这足以说明个人所得税对我们的社会、我们本身、甚至我们的国家有着举足轻重的地位。社会经济在发展，个税不可能停滞不前，应该跟随经济社会环境的变化潮流加以改革完善，充分发挥个税调节居民收入分配、增加国家财政收入的作用，保证社会的可持续发展。目前，我国的个人所得税税制明显不能满足当前经济社会的需求，而综合与分类相结合的个税税制是社会现阶段关乎民生税收方面的热点问题，广受社会各界的关注。

目前在我国实行综合与分类相结合的个税税制存在很多困难，但有困难并不代表不可行，我们可以先选择一些典型的地区作为试点，借鉴西方国家成功经验，在实践中做到层层推进，发现问题，改正问题；发扬优势，精益求精，不断积累经验，进而对此模式加以完善，直至推广。个人所得税在所有税种中最反映民主、最体现人性、最符合社会性，综合与分类相结合的个税税制改革任重而道远，个税关乎着每个人的切身利益，因此在个税改革进程中，社会各界人士都应该参与其中，积极响应与配合个税改革。坚持"以人为本"，积极营造公平透明的税收环境，促进我国社会经济健康稳步发展，构建社会主义和谐社会新蓝图。

参考文献

［1］Mirrlees, James A. An Exploration in the Theory of Optimum Income Taxation ［J］. Review of Economic Studies, 1971, 38, 175-208.

［2］Saez. Using elasticities to derive optimal income tax rates ［J］. Review of Economic Studies, 2001, 68, 205-229.

［3］Heady. Optimal Taxation as a Guide to Tax Policy: A Survey ［J］. Fiscal Studies, 1993, 15-41.

［4］Ramsey. A Contribution to the Theory of Taxation ［J］. Economic Journal, 1927, 47-61.

［5］Mankiw, N., Matthew Weinzierl, Danny Yagan. Optimal Taxation in Theory and Practice ［J］. Journal of Economic Perspectives, 2009, 23（4）, 147-174.

［6］Seade. On the Shape of Optimal Tax Schedules ［J］. Journalof Public Economics, 1977, 7（2）, 203-235.

［7］Altig, David., Charles T. Carlstrom. Margital Tax Rates and Income inequality in a Life-cycle Model. Cleveland Fed, sWorking Paper, No. 9621, l996.

［8］Bert Brys and Christopher Heady. Fundamental reform of personal income tax in OECD countries: trends and recent experiences, IMF, 2006.

［9］Howell H. Zee. Personal Income Tax Reform. Concepts, Issues, and Comparative Country Developments, IMF, 2005.

［10］Hugh J. Ault and Brian J. Arnold. Comparative Income Taxation: A StructuralAnalysis（Third Edition）, Wolters Kluwer Law and Business, 2010.

［11］KPMG. KPMG's Individual Income Tax and Social Security Rate Survey,

2012.

［12］OECD. Tax Administrationin OECD and Selected Non-OECD Countries:.
Comparative Information Series（2010），2011.

［13］罗伯特. E. 霍尔，阿尔文. 拉布什卡著，史耀斌译. 单一税［M］.北京:中
国财政经济出版社，2003.

［14］克鲁格曼.一个自由主义者的良知［M］.北京:中信出版社，2012.

［15］杨志勇.税收经济学［M］.大连:东北财经大学出版社，2011.

［16］财政部税收制度国际比较课题组.美国税制［M］.北京：中国财政经济
出版社，2000.

［17］财政部税收制度国际比较课题组.英国税制［M］.北京：中国财政经济
出版社，2000.

［18］财政部税收制度国际比较课题组.德国税制［M］.北京：中国财政经济
出版社，2004.

［19］财政部税收制度国际比较课题组.加拿大税制［M］.北京：中国财政经
济出版社，2000.

［20］财政部税收制度国际比较课题组.澳大利亚税制［M］.北京：中国财政
经济出版社，2002.

［21］财政部税收制度国际比较课题组.日本税制［M］.北京：中国财政经济
出版社，2000.

［22］财政部税收制度国际比较课题组.瑞典税制［M］.北京：中国财政经济
出版社，2005.

［23］财政部税收制度国际比较课题组.韩国税制［M］.北京：中国财政经济
出版社，2001.

［24］财政部税收制度国际比较课题组.法国税制［M］.北京：中国财政经济
出版社，2002.

［25］财政部税收制度国际比较课题组.台湾税制［M］.北京：中国财政经济
出版社，2002.

［26］财政部税收制度国际比较课题组.新加坡税制［M］.北京：中国财政经

济出版社，2006.

［27］丁一. 比较税法［M］. 北京：北京大学出版社，2006.

［28］高培勇. 个人所得税:迈向走出"综合与分类相结合"的步伐［M］. 北京：中国财政经济出版，2011.

［29］国家税务总局税收科学研究所译. 对所得的分类综合及二元课税模式［M］. 北京：中国财政经济出版社，1993.

［30］国家税务总局. 中国税收发展报告:2009-2010［M］. 北京：中国税务出版社，2011.

［31］郭庆旺，刘茜. 美国税制改革的经济影响［M］. 北京：中国人民大学出版社，2001

［32］蒋自强，史晋川. 当代西方经济学流派（第二版）［M］. 上海：复旦大学出版社，2004

［33］刘军，郭庆旺. 世界性税制改革理论与实践研究［M］. 北京：中国人民大学出版社，2001

［34］毛程连，庄序莹. 西方财政思想史［M］. 上海：复旦大学出版社，2010.

［35］宋晓梧，李实等. 中国收入分配:研究与争论［M］. 北京：中国经济出版社，2011.

［36］夏琛舲. 所得税的历史分析和比较研究［M］. 大连：东北财经大学出版社，2003.

［37］解学智. 个人所得税［M］. 北京：中国财政经济出版，2002.

［38］解学智. 企业所得税［M］. 北京：中国财政经济出版，2002.

［39］解学智. 税制改革的政治经济学［M］. 北京：中国人民大学出版社，2001.

［40］张文春，匡小平. 成功税制改革的经验与问题第1卷［M］. 北京：中国人民大学出版社，2001，出版

［41］邓力平. 成功税制改革的经验与问题第2卷［M］. 北京：中国人民大学出版社，2001.

［42］杨灿明. 成功税制改革的经验与问题第3卷［M］. 北京：中国人民大学出

版社，2001.

［43］许建国.成功税制改革的经验与问题第4卷［M］.北京：中国人民大学出
版社，2001.

［44］于国安.我国现阶段收入分配问题研究［M］.北京：中国财政经济出版
社，2010.

［45］张文春，匡小平.发展中国家的税制改革［M］.北京：中国人民大学出
版社，2001.

［46］解学智，夏琛舸，张津主译.美国联邦税制［M］.北京：东北财经大学
出版社，2001.

［47］郑幼锋.美国联邦所得税变迁研究［M］.北京：中国财政经济出版社，
2006.

［48］卜祥来等.从OECD国家个人所得税改革趋势看我国税制改革［J］.税务
研究，2009，01.

［49］刘丽坚.论我国个人所得税的职能及下一步改革设想［J］.税务研究，
2006，08.

［50］刘尚希，应亚珍.个人所得税:功能定位与税制设计［J］.税务研究，
2003，06.

［51］刘尚希，应亚珍.个人所得税:如何发挥调节职能［J］.税务研究，
2004，03.

［52］刘尚希，按家庭征个人所得税会更公平吗？——兼论我国个人所得税改
革的方向［J］.涉外税务，2012，10.

［53］史耀斌.结构调整与税制改革［J］.中国财政，2010，09.

［54］史耀斌.科学认识税收增长与GDP增长的关系［J］.中国财政，2009，
11.

［55］史耀斌.以科学发展观为统领构建有利于科学发展的税收制度［J］.经济
研究参考，2008，01.

［56］史耀斌.充分发挥CFO作用促进税收改革和发展［J］.新理财，2008，05.

［57］史耀斌.十一五时期的税收特点和内涵［J］.税务研究，2006，02.

［58］史耀斌. 优化自主创新的税收政策环境［J］. 中国财政，2006，09.

［59］史耀斌. 发挥税收政策作用促进和谐社会建设［J］. 中国财政，2006，02.

［60］史耀斌. 积极运用税收政策支持创业投资企业发展［J］. 中国创业投资与高科技，2004，07.

［61］孙钢. 我国个人所得税制改革进展："快板"还是"慢板"［J］. 税务研究，2010，03.

［62］孙钢. 试析税收对我国收入分配的调节［J］. 税务研究，2011，03.

［63］孙钢. 我国个人所得税评价［J］. 人民论坛，1999，03.

［64］肖捷. 服务科学发展促进改善民生［J］. 求实，2008，08.

［65］张文春. 全球性税制改革的经验与教训［J］. 经济经纬，2006，05.

［66］谷成. 税收与收入分配:基于发展中国家个人所得税的思考［J］. 经济管理，2010，07.

［67］胡鞍钢. 加强对高收入者个人所得税征收，调节居民贫富收入差距［J］. 财政研究，2002，10.

［68］王小鲁. 灰色收入与居民收入差距［J］. 中国税务，2007，10.

［69］汤贡亮，周仕雅. 从税基的视角完善个人所得税制［J］. 税务研究，2007，06.

［70］李文. 征管水平约束下的选择——单一税改革［J］. 涉外税务，2011，04.

［71］杨志勇. 收入分配与中国个人所得税制改革［J］. 涉外税务，2009，10.

［72］马骄. 我国个人所得税的征收及调节收入差距效果的研究［J］. 财贸经济，2011，03.

［73］白彦锋. 个税免征额调整对政府税收收入和居民收入分配影响的研究［J］. 财贸经济，2011，11.

［74］邓子基，张华东. 单一税对社会公平与经济增长的影响综述［J］. 涉外税务，2008，10.

［75］傅志华. 俄罗斯个人所得税制改革考察［J］. 财政研究，2003，04.

［76］童伟.俄罗斯个人所得税改革评述［J］.税务研究，2011，10.

［77］贾康，梁季.关于个人所得税改革的国际经验借鉴及引发的思考［J］.中国总会计师，2011，05.

［78］刘建民，印慧.西方主要发达国家税制改革经验与借鉴［J］.财政研究，2004，04.

［79］李文.发展中国家的税制累进性与再分配［J］.财贸经济，2013，05.

［80］谷成.从理论研究到制度优化——现实约束下的中国个人所得税改革［J］.经济社会体制比较，2014，01.

［81］葛玉御，安体富.税收如何影响收入分配——文献述评［J］.经济研究参考，2014，05.

［82］刘生旺.从欧盟国家的单一税改革看税收政策的有效性［J］.中央财经大学学报，2010，02.

［83］周化，谢波峰.从发达国家税收征管经验看我国税收征管机制的改革［J］.税务研究，2006，06.

［84］贾康，梁季.我国个人所得税改革问题研究——兼论"免征额"问题合理解决的思路［J］.财政研究，2010，04.

［85］黄讳.借鉴单一税思想指导我国个税改革［J］.财会研究，2011，06.

［86］郑文琳.公平视野下的美国联邦个人所得税研究——兼论对中国个税改革的借鉴［J］.中央财经大学学报，2011，03.

［87］冯守东.20世纪80年代以来美国税收政策的变化及其启示［J］.税务研究，2004，10.

［88］马蔚云.俄罗斯收入分配政策评析［J］.俄罗斯中亚东欧市场，2012，11.

［89］孙浩进.中俄收入分配制度变迁比较研究——兼论对于中国的启示［J］.西伯利亚研究，2008，03.

［90］任太增.金砖国家国民收入初次分配格局的演变趋势与基本特征［J］.经济问题探索，2014，03.

［91］周鹏飞，贺俊程.不同来源收入对城镇居民收入不平等的影响及政策安排

［J］.税务研究，2013，01.

［92］杜莉.实行单一个人所得税制不利于调节收入分配吗——基于2012年城镇
住户调查数据的模拟分析［J］.财贸经济，2015，08.

［93］岳希明，徐静等.2011年个人所得税改革的收入再分配效应［J］.经济研
究，2012，09.

［94］刘扬，冉美丽等.居民收入分配与公平——基于中美个人所得税实证比较
［J］.经济学动态，2014，01.

［95］刘生元，杨澄宇等.个人所得税的收入分配效应［J］.经济研究，2013，
01.

［96］徐建，马光荣等.个人所得税改善中国收入分配了吗——基于对1997-
2011年微观数据的动态评估［J］.中国社会科学，2013，06.

［97］陈建东，罗涛等.试析个人所得税对区域间城镇居民收入差距的调节效果
［J］.税务研究，2013，09.